남태평양 25년 사업개척기

탐험과
비즈니스

권주혁 지음

지식산업사

탐험과 비즈니스 – 남태평양 25년 사업개척기

초판 제 1쇄 발행 2004. 2. 10.
초판 제 4쇄 발행 2009. 6. 25.

지은이　권 주 혁
펴낸이　김 경 희
펴낸곳　(주)지식산업사
　　　　본사 ● 413-832, 경기도 파주시 교하읍 문발리 520-12
　　　　　　　전화 (031) 955-4226~7 팩스 (031)955-4228
　　　　서울사무소 ● 110-040, 서울시 종로구 통의동 35-18
　　　　　　　전화 (02)734-1978 팩스 (02)720-7200
　　　　한글문패 지식산업사
　　　　영문문패 www.jisik.co.kr
　　　　전자우편 jsp@jisik.co.kr
　　　　등록번호 1-363
　　　　등록날짜 1969. 5. 8.

책값 12,000원

이 책을 읽고 저자에게 문의하고자 하는 이는
지식산업사 전자우편으로 연락 바랍니다.

남태평양, 솔로몬 군도의
밀림과 바다에서
회사를 위해 땀을 흘린
동료 직원들을 위하여

머리말

　눈부신 교통, 통신의 발전은 오늘날 우리가 살고 있는 지구촌을 점점 작게 만들고 있다. 그러므로 과거 몇 십 년 전에는 꿈조차 꾸지 못했던 해외여행이 가능해져 수많은 우리나라 사람들이 지구촌 곳곳을 누비고 있다. 관광, 여행뿐만이 아니고 날로 치열해지고 있는 무역전쟁에서 이기고 살아남기 위해 우리나라 여러 회사의 많은 직원들이 해외시장 개척을 위해 오늘도 외국 어디선가 땀 흘리며 뛰고 있다. 또 무역장벽을 무너뜨리고 외국 현지투자의 유리한 점을 살리기 위해 국내 기업들이 중국, 동남아를 비롯한 세계 곳곳에 투자하며 코리아의 위상을 높이고 있다.

　내가 근무하고 있는 이건산업(이건창호, 이건리빙, 우아미가구와 가족회사)도 오래전부터 자원이 풍부한 외국에 나가 투자해 오고 있다. 일반적으로 국내기업이 외국에 투자할 때 외국 회사에 자본을 투입하거나 또는 공장부지를 얻어 현지공장을 지은 뒤 그곳에서 나오는 제품을 한국에 가져오거나 그 나라 시장에 판매한다. 이건산업(앞으로는 이 책에서 우리 회사라고 말하겠다)도 큰 맥락에서 보면 같은 유형의 투자 범주에 있다.

　그러나 우리 회사가 솔로몬 군도에 투자한 과정과 성격은 다른 많은 회사들과 다르다. 즉, 상대국의 투자 허가를 받아 토지를 얻고 공장을 지어 제품을 생산하는 일반적인 유형이 아니고 계속적인 정글 탐험을 동반한 투자였다. 우리 회사는 1970년대 말부터 동남아시아와 남태평양에 진출하였다. 1970년대, 우리나라는 합판을 만들 수 있는 큰 나무가 전혀 없었음에도 당시 세계에서 가장 큰 합판 수출국이었다. 그래서 우리 회사는 합판 수출용 원자재인 원목을 확보하기 위해 삼림자원국에 진출했으나 시간이 가면서 우리 사업은 현지에서 나무를 심는 조림사업으로 바뀌었다.

나는 입사하여 26년이 되도록 이 사업에 직접 관여하여 왔으므로 언젠가 이것에 대한 기록을 남김으로써 회사에 계속 남아 일할 후배 직원들에게 회사의 역사와 선배의 과거 행적을 알려 주려고 이 글을 썼다. 그러나 기록을 정리하던 가운데 생각을 바꿨다. 우리나라의 젊은이들에게 남들이 별로 관심을 기울이지 않는 이러한 분야에서 묵묵하게 일하고 있는 회사와 젊은이들이 있다는 것을 알리고 싶어, 한 권의 책으로 발간하기로 작정한 것이다.

우리는 흔히들 말하는 뉴밀레니엄에 살고 있다. 그러나 이 책에 나오는 이야기들은 인터넷 시대에 살고 있는 우리들에게는 먼 이방인의 이야기로 들릴지도 모르겠다. 오늘날 많은 젊은이들이 미래를 고민하며 방황하고 있다. 대학교를 졸업한 뒤 외국 유학까지 갔다온 사람들도 자기가 원하는 직장을 얻지 못해 절망하고 있는가 하면, 이른바 일류회사에 들어가서도 만족하지 못해 어렵게 얻은 직장을 박차고 나가는 사람들도 많다. 다른 친구가 편하게 일하면서 많은 연봉을 받고 있는 것을 부러워하며 자기가 받고 있는 대우에 상대적인 빈곤을 느끼며 불만족해 하다가 다니고 있는 직장보다 많은 보수를 주겠다는 직장이 있으면 훌쩍 직장을 옮긴다. 쉽게 돈 버는 것이 꿈이니 돈이 오라고 하면 따라가는 것이다. 그렇게 돈의 부하노릇만 하다가 귀한 인생이 다 지나간다(물론 돈 때문만이 아닌 사람도 있겠지만).

요즈음 젊은이들 4만여 명이 서울의 신림동에서 고시공부를 하고 있다고 한다. 이 가운데에는 우리나라의 병폐인 관존민비(官尊民卑) 생각에 물들어, 시험에 합격하여 별세계에서 힘들이지 않고 대우 받으며 살고 싶어 하는 젊은이들이 대부분이 아닌가 염려된다. 이밖에도 젊은 나이에 고액을 받는 외환전문가 · 펀드매니저 · 운동선수 · 연예인 등이 요즘 젊은이들의 희망직종이다. 이런 풍조를 보면 최근에 머리 아프게 수학, 물리를 공부해야 하는 이과 지망생이 적은 것이 이해가 간다. 그러므로 돈이 인생의 전부요 꿈이 되어 버린 세상에서 내가 쓰는 이런 책은 잘 팔리지 않을 가능성이 많지만 돈 버는 방법, 부자되는 방법에 대해 쓴 책은 잘 팔린다(하긴 그런 책 읽고 돈 벌어 부자 되었다는 사람이 있다는 이야기는 아직까지 주위에서 들은 적이 없지만).

이 책은 남태평양 한 구석에 원시 그대로 남아 있는 솔로몬 군도의 초이셀이라는 섬에 저자가 몸담고 있는 회사가 투자하면서 나와 우리 회사 젊은이들이 투자 초기부터 정글 지대를 탐험하며 현지 원주민들과 힘을 합해 20년이 넘도록 사업을 벌여나가고 있는 과정에 대한 기록이다. 그러므로 해외투자에 일반적인 이해를 갖고 있는 독자들에게는 해외투자의 새로운 면을 보여 줄 것이다.

인간성이 황폐해져서 외모와 돈(연간수입, 재산, 소유 아파트 크기, 소유 자동차 크기 등)으로 그 사람의 인격을 평가하는 오늘날, 이 한 권의 졸저가 우리 젊은이들에게 다른 삶의 방법과 길이 있고 자기 한 사람보다는 많은 사람에게 유익을 주는 보람된 인생의 큰 길이 펼쳐져 있다는 것을 보여 줄 수 있다면 나로서는 더 바랄 것이 없겠다.

이 책의 출판을 기꺼이 맡아 주신 지식산업사의 김경희 사장께 깊

은 감사의 마음을 표한다. 아울러 이 책에 대한 독자 여러분의 많은
비평과 충고를 바란다.

2003년 10월 2일

남태평양, 솔로몬 군도의 초이셸 섬에서

저자 권주혁 씀

차 례

3. 초이셀 섬 · 71

4. 보물섬 · 171

7. 우정의 다리를 넘어서 · 285

1. 불로로 골짜기

첫 해외여행

🌿 1979년 2월 1일, 목요일 이른 아침, 나와 유한선 사원(현재 우아미 가구의 감사)은 김포 비행장에서 태국항공의 마닐라 행 A300 에어버스 여객기에 올라탔다.

당시 사장님이 다리를 다쳐 집에 계시던 터라 그 전날 저녁, 서울 신촌에 있는 사장님 댁을 방문하여 출국 인사를 하고 집으로 오는데 그날 저녁부터 내린 함박눈 때문에 남산 일주도로에 자동차가 다니지 못했다. 할 수 없이 그날 밤, 남대문에서 이태원까지 남산 일주도로를 따라 미끄러운 빙판길을 걸어서 집에 왔다. 밤늦게 집에 도착한 뒤 여행에 필요한 짐을 꾸리고 새벽녘에야 잠이 들었으나 초등학교 때 첫 소풍가는 아이들의 심정으로 눈을 제대로 붙이지 못하고 이른 아침에

솔로몬 군도와 파푸아뉴기니

집을 나왔다. 우리 두 사람에게는 이것이 첫 해외여행이었으므로 상당히 긴장도 하고 마음이 부풀었다.

요즘은 여권 발급이 이틀이면 되지만 당시는 여권 신청을 하면 신원조회, 소양교육(주로 반공교육) 등 여러 절차를 거쳐 보통 두서너 달이 걸렸으므로 일반 사람들이 해외여행하기가 좀처럼 쉽지 않은 때였다. 그러므로 그무렵 회사 업무로 해외에 나가게 되는 직원들은 다른 직원들에게 부러움을 샀다.

비행기에 올라탄 나는 전날 밤 잠을 자지 않았음에도 처음 국제선 여객기에 탄 설레임 때문에 전혀 졸리지 않았다. 여기에는 처음 보는 이국 스튜어디스의 아름다운 모습도 한몫했다. 비행기가 김포에서 이륙하고 얼마 뒤 구름 없는 맑은 하늘 아래 제주도가 보였다. 그리고 잠시 뒤 비행기는 타이베이의 장개석 공항에 도착했다. 우리는 그 공항의 웅장한 모습에 혀를 내둘렀다. 전에는 몰랐는데 방금 떠나온 김포공항 국제선 청사(현재 대형 할인매장)의 모습이 대만 공항과 견주어 너무 작고 옹색하게 생각되었다. 대만이 부자 나라라는 것을 이 공항을 보고 느낄 수 있었다. 또 40분 가량 비행장에서 기다리는 동안 면세점을 둘러본 우리는 동양 사람으로 보이는 승객은 거의 일본인이었는데, 면세점 점원들이 이들에게 일본말로 유창하게 대화하는 것을 보고 일본의 국력을 새삼 느끼게 되었다. 잠시 뒤 다시 타고 온 비행기에 올라 마닐라를 향하여 출발하였고 얼마 되지 않아 마닐라에 도착했다. 마닐라 공항 청사 건물은 크기가 김포공항 청사와 비슷하였다.

이민국과 세관 수속을 마친 뒤에는 공항검역소 직원들이 옐로우카드(예방접종카드)를 보자고 했다. 물론 요즘에는 아프리카 일부 나라를 제외하고는 이 카드가 필요 없다. 우리는 서울 출발 전 이에 대해 들은 적이 없었으므로 당황하였다. 타고 온 비행기에는 필리핀 건설

현장에서 일하던 N토건 근로자도 여러 사람 있었는데 이 가운데 한 사람도 옐로우카드가 없어 우리 세 명은 한쪽 구석으로 가서 팔에 주사를 맞게 되었다. 주사를 놓기 전에 필리핀 검역원이 주사 한 방에 미화 10달러라고 하자, N토건 직원은 나를 보고 자기는 주머니에 가진 돈이 없으니 대신 지불해 주면 나가서 동료들에게 돈을 받아 갚겠다고 하길래 나는 3명 분 30달러를 검역원에게 지불하였다. 그러자 주사를 놓는 직원 옆에 있던 다른 필리핀 공항직원들도 모두 약속이나 한 듯이 좋아서 어쩔 줄을 몰라 했다. 지불한 돈에 대해 영수증을 달라고 하자 이들은 깔깔거리고 웃으면서 손짓으로 자기들은 영수증이 없다고 했다. 그때만 해도 나는 그것을 믿었다. 공항 밖을 나오자 N토건 직원은 동료직원들을 만나고서도 빌린 돈 10달러를 내게 갚지 않고 도망치듯이 어디로 사라져 버렸다.

입국장 밖에서 우리를 기다리고 있는 유병희 사장을 만났다. 이 사람이 혹시 유 사장이 아닌가 싶어 내가 먼저 유치한 영어로 정색을 하고 말을 걸었다. 그때 "Are you Korean?"이라고 물었는데 이 말은 그 뒤 두

마닐라 시내. 지프차를 개조하여 만든 '집니(서민 교통수단)'가 많다.

고두고 우리가 만날 때마다 이야기하며 웃는 소재가 되었다. 22년이 지난 2001년, 마닐라를 방문한 나는 유병희 사장과 만나 다시 이 말로 웃음꽃을 터트렸다. 유 사장은 저자보다 대학교 17년 선배되는 분으로, 필리핀에서 30년 이상을 살면서 사업을 하고 계시는 분이다. 마닐라에서 파푸아뉴기니의 수도인 포트모스비로 가는 비행기는 그날 밤에 출발하므로 사람 좋고 자상한 유 사장은 우리 두 명을 자기 차에 태워 마닐라 시내 구경을 시켜 주고 저녁에는 한국 식당에 데려가 저녁을 사 주었다. 우리는 그때 로하스(Roxas) 가도에 차를 세우고 그 유명한 '마닐라 만(灣)의 석양(夕陽)'을 보았다. 뒤에 마닐라 공항에서 예방주사는 무료라는 것을 알게 되었다. 첫 해외여행에서 외국인과 한국인에게 동시에 속은 일은 그 뒤 나에게 좋은 교훈이 되었다.

포트모스비

당시 마닐라와 포트모스비 사이는 필리핀항공과 뉴기니항공이 각각 일주일에 한 편씩 운항하고 있었다. 우리는 그날 밤 11시 50분, 필리핀항공의 DC8 여객기에 올랐다. 그 비행기는 좌석이 서울에서 마닐라까지 타고 온 태국항공 비행기 좌석보다 훨씬 크고 좋으며 단추를 누르니 등받이가 쫙 뒤로 젖혀질 뿐만 아니라 스튜어디스들도 미인이었다. 그런 스튜어디스가 의자에 쭉 누운 나에게 담요까지 덮어주는 등 서비스도 훨씬 정성이 들어 있었다. 거기에다 탑승기념으로 선물(조개 장식 액세서리)까지 받았다. 비행기에 일등석이란 것이 있다는 사실을 모르고 있던 우리는 필리핀항공이 태국항공보다 훨씬 좋다고 격찬하였고 앞으로 여행할 일이 있으면 필리핀

항공으로 하자고 의견의 일치를 보았다. 그러나 사실은 마닐라와 포트모스비 사이를 운항하는 비행 편수가 적어 좌석 구하기가 힘들었으므로 당시 서울사무소 함동식 과장은 할 수 없이 신입사원인 우리 두 명에게 일등석 항공권을 구입해 주었던 것이다. 이러한 사실을 모르던 우리는 한참 뒤에야 일등석을 타고 왔다는 것을 알게 되었다.

비행기가 그 다음 날 아침 포트모스비 공항에 착륙하려고 고도를 내리자 창문 너머로 포트모스비 주변이 보였다. 그런데 뉴기니 섬은 열대우림 기후이므로 수목이 빽빽하게 들어선 정글이 보이리라고 기대했던 우리들에게 포트모스비 주위는 전혀 다른 모습으로 나타났다. 즉, 나무도 많지 않고 넓은 지역이 마른 풀로 덮여 있어 마치 영화 속에 본 사자들이 뛰노는 아프리카 케냐의 사바나 기후 지역 같이 보였다. 포트모스비 지역은 사바나 기후이므로 열대우림으로 덮인 뉴기니 섬의 다른 지역과는 식생이 달랐던 것이다. 비행기는 밤새 날아와 그 다음 날 아침 6시 50분 공항에 도착하여 수속을 마치고 나오자 H양행의 정계종 차장이 마중을 나와 있었다. 사람 좋은 정 차장은 저자의 대학교 8년 선배였으므로 처음 만났지만 무척 친근감을 느낄 수 있었다.

우리는 정 차장이 예약해 놓은 아일랜드 호텔(당시 포트모스비에서 가장 좋았다)에 여장을 풀었다. 호텔에 들어가자 입구부터 복도, 방 모두 카펫을 깔아 놓았을 뿐만 아니라 호텔 건물 전체에 에어콘이 작동되는 것을 보고 원시와 현대가 공존하는 나라라는 것을 실감하였다. 이날 나는 호텔에서 아내에게 처음으로 외국에서 보내는 편지를 써서 띄웠다.

1979년 당시 포트모스비의 인구는 12만 명으로 이 가운데 1만 명은 호주 · 영국 · 뉴질랜드 · 중국에서 온 외국인으로 구성되어 있었다.

1975년에 호주에서 독립한 이 신생국가의 정부에는 호주인들이 공무원이나 고문으로 많이 와서 일하고 있었다.

그 다음 날 우리는 그곳에서 북쪽으로 3백km 떨어진 오웬스탠리 산맥 속에 있는 불로로를 향해 떠났다. 파푸아뉴기니 본 섬에는 산이 많고 또 거의 모든 지역이 열대우림으로 덮여 있어 도로를 만들기가 어렵다. 그러나 다행히 태평양전쟁 때문에 곳곳에 잔디로 된 비행장이 만들어져 있어 주민들은 항공기로 여행을 하고 있다. 큰 도시에는 뉴기니항공(Air Niugini)의 중형기가 운항하지만 조그만 도시나 마을에는 서너 명에서 20여 명 타는 소형 프로펠러 비행기가 운항하고 있다. 이 조그만 비행기들은 여러 조그만 항공사에 속해 있다. 불로로도 작은 마을이므로 우리는 2월 3일 낮 12시, 탤에어(Tal Air)라는 조그만 비행기 회사가 운항하는 소형 비행기를 타게 되었다. 이 회사의 공항 건물은 포트모스비의 잭슨 비행장 국제선 옆에 있는데, 창고 같은 모습이다.

소형 비행기는 화물의 무게가 너무 무거우면 비행에 위험하므로 탑승객은 모두 탑승수속을 하면서 몸무게까지 저울에 달았다. 우리가 탄 비행기는 10인승이었는데 오웬스탠리 산맥을 향하여 가면서 여러 번 요동쳤으나 드디어 포트모스비를 출발한 지 1시간 만에 오웬스탠리 산맥을 넘자 조그만 마을이 멀리 완만한 계곡 사이에 보였다. 호주인 조종사가 손으로 저기가 불로로라고 가리켜 주었다. 잔디로 된 비행장에는 미리 연락을 받고 삼림대학교의 호주인 강사 피터스(Noel Peters)와 기숙사 사감인 뚱뚱한 아주머니가 마중 나와 있었다. 1930년대 금광 개발 때문에, 불로로 비행장은 그 당시 세계에서 가장 항공기의 이착륙을 많이 했다는 기록을 갖고 있다(여기에 대해서는 저자의 다른 저서 《여기가 남태평양이다》에 자세하게 썼다).

불로로산림대학

1970년대 한국은 세계에서 합판을 가장 많이 생산하는 나라 가운데 하나였으며 합판 수출에서는 세계 제일이었다. 합판을 만들 수 있는 직경이 큰 나무 자원이 전혀 없는 우리나라는 당시로서는 경이로운 기록을 수립했던 것이다. 그리고 물론 합판 수출은 당시 우리나라 수출품목 가운데 수년 동안 1위를 차지하였으며 따라서 수출에 크게 이바지하였다.

한국전쟁 뒤 우리나라는 필리핀에서 조금씩 목재를 수입해 오다가 1960년대부터는 필리핀에서 본격적으로 많은 목재를 수입하였다. 그때 우리나라에 들어온 필리핀의 목재 수종이 라왕(Lauan)인데 한동안 라왕은 열대목재의 대명사가 되기도 하였다. 그 뒤 1970년대에 들어서면서 필리핀의 목재 자원이 바닥나기 시작하자 열대목의 공급지는 인도네시아와 보르네오 섬 북부에 있는 말레이시아의 사바(Sabah)주(州)가 되었다.

인천의 도화동에서 개펄을 메우고 공장 건축을 시작한 초기의 이건산업 (1974년)

그러나 1970년대 후반기가 되면서 서서히 동남아시아의 목재 자원국들은 자원 내셔널리즘을 보이기 시작했다. 그리고 국제 원목 가격은 1978년 하반기부터 천정부지로 매일 같이 치솟아 한국의 합판 회사들은 늘어나는 원가를 감당할 수 없게 되었다. 두세 배로 치솟는 원자재 가격만큼 제품가격을 받을 수 없게 되자 처음 몇 달 동안은 그런대로 버텼지만 이 상황이 1년 이상 계속되자 드디어 한계에 달했다. 1980년이 되자, 당시 세계에서 가장 큰 합판 공장이었던 동명목재(당시 종업원 7천 명)가 도산하고 그 뒤를 이어 여러 합판 회사들이 문을 닫았다. 세계 제일의 합판 수출국이었던 한국은 합판 수출용 원자재 확보에 등한시한 뼈아픈 실수를 하고 강한 카운터펀치를 맞은 것이었다. 당시 큰 합판 회사들은 앞으로도 계속 동남아시아에서 쉽게 원자재를 구입할 수 있다는 막연한 생각을 하고 원목 산지 확보에 거의 관심을 두고 있지 않았다.

　　내가 근무하고 있는 이건산업은 1978년 당시 우리나라 합판업계에서 생산량 기준으로 13위에 머물던 조그만 회사였다. 그러나 당시 박영주 사장(현재는 회장)은 목재 원자재 공급의 앞날에 대해 동업계의 다른 회사들과는 다른 관점을 가지고 있었다. 산지 나라들의 자원민족주의를 미리 내다본 박 사장은 한국 목재 회사들이 전혀 관심 밖이었던 뉴기니 섬과 그 근처 지역이 앞으로 남양재(南洋材) 공급의 주산지가 될 것을 예측하고 이에 대한 준비를 하였다. 그로부터 10년 뒤 박 사장의 예측은 정확하게도 현실이 되었다. 덕분에 이건산업은 다른 큰 합판 회사들이 문을 닫을 때 계속 성장하여 수년이 지난 1980년대 중반부터 우리나라 합판업계를 대표하는 회사로 떠올랐을 뿐만 아니라 생산품의 절반을 계속 수출할 수 있었다. 그리고 사업품목을 다각화하여 창문과 마루의 세계적인 명품을 만드는 회사로 발돋움할 수 있었다.

박 사장은 1978년 말, 자신의 예측에 따른 장래 준비를 위해 신생 독립국 파푸아뉴기니(Papua New Guinea ; PNG)를 16일 동안 방문하여 그 나라의 곳곳을 다녀 보았다. 학자풍의 사업가인 박 사장은 그 출장 기간 동안에 PNG의 야우얍(Andrew Yauieb) 산림청장을 방문하여 여러 관심사를 이야기하였다. 또 당시 PNG 유일의 합판 공장이 있는 불로로를 방문하여 합판 회사인 CNGT(Commonwealth New Guinea Timber) 공장을 방문하고 불로로 주위의 침엽수 조림지를 둘러보면서 우연히 이 오웬스탠리 산맥 기슭에서 삼림대학 앞을 지나가게 되었다. 그런데 바로 지나온 학교가 세계 유일의 열대 삼림대학이란 말을 들은 그는 차를 돌려 곧 그 대학으로 갔다. 그리고 사전 예약도 하지 않은 채 호주인 고들리(John Godlee) 학장을 만났다. 학교를 둘러본 그는 고들리 학장에게 PNG목재를 공부하기 위해 이 대학에 한국인 직원 2명을 보내고 싶다고 이야기하였다.

이 제안은 고들리 학장이 야우얍 산림청장과 상의한 뒤 곧 받아들여졌다. 당시 PNG에는 한국 대사관도 없었고 그 나라의 문화·지질·자원(특히 목재자원) 등에 대해 잘 알 수 없었으므로 직원 2명을 이 대학에서 공부시킴으로써 PNG에 대해 많은 산 정보를 얻을 수 있고 특히 이 대학 출신이 PNG 산림청과 정부 곳곳에서 활약하고 있었으므로 이들과 동창 관계를 만들어 놓으면 장차 이 나라에 투자할 경우 여러 가지로 협조를 받을 수 있겠다는 것이 박 사장의 생각이었다. 이런 연유로, 나와 유한선 사원이 PNG(특히 이 나라의 목재자원)를 공부하러 불로로삼림대학(Bulolo Forestry College)에 온 것이다.

호주 식민지 시절인 1961년, 호주 정부는 이 3년제 과정의 대학을 설립하였다. 우리는 이 대학에서 주로 목재, 지질에 관련한 우리에게 필요한 과목만을 선택하여 1년 동안 공부하였다. 학생들은 PNG뿐만 아니라 솔로몬 군도·바누아투·사모아·피지 등 남태평양 여러 나라에서 왔으며 독립 이전에는 호주와 뉴질랜드에서도 왔다. 내가 잘 알고 있는 호주인 피터(Peter Eddows)는 제1회 입학생이었는데 그 뒤 호주와 PNG에서 열대목재 전문가가 되었다. 그는 1978년에 PNG 목재에 관한 책을 발간하였는데, 아주 유용한 책이므로 한 권을 구입하여 모교 은사인 안원영 교수에게 보냈더니, 안 교수는 이것을 복사하여 당시 임업 시험장에 보냈고 임업 시험장에서는 이 책을 우리말로 번역하여 출간하였다.

우리가 불로로대학에서 공부하고 있을 때는 학생 수가 1학년 40명, 2학년 30명, 3학년 20명이었는데, 매년 연말에 성적이 미달하는 학생은 퇴교시키므로 학생들은 밤늦게까지 도서관에서 공부에 열심이었다. 한편, 이곳 학생들의 수학 수준이 아주 낮은 것을 알게 된 나는 시간을 내어 그해 5월부터 날마다 1학년 학생들에게 수학을 가르쳤다.

학교에는 학생들이 일구는 조그만 채소밭도 있고 기숙사 식당에서 나오는 음식찌꺼기로 키우는 돼지도 몇 마리 있었다. 그러므로 학생

불로로산림대학 3학년
기숙사 앞에서(1979년)

들은 교대로 당번을 정해 채소밭에서 야채를 가꾸고 돼지에게 잔반을 날라다 주었다. 그러므로 나도 4월 초에 며칠 동안 아침저녁으로 돼지 당번 일을 하였다. 또 학생들은 매주 수요일 점심식사가 끝나면 4시간 동안 연장을 들고 학교에 필요한 일을 하였다. 이것을 학교에서는 '일과 행진(Work & Parade)'이라는 과목으로 불렀다. 여학생들도 모두 참여해야 하는 이 시간은 운동장 한 구석에 연못을 만들기도 하고 연습림 속에 길을 만들고 학교 주위를 청소하는 등 잡일을 하는 시간이었다. 한번은 연장과 자재를 가지러 창고에 가서 합판 한 장을 들어내니 그 뒷켠에 직경 3cm, 길이 2m 정도의 뱀이 고개를 들고 나왔다. 놀란 나머지 삽으로 뱀의 허리를 찍어 버리니 뱀은 독이 가득한 눈으로 금방이라도 나를 공격할 듯이 노려보다가 결국은 머리를 땅에 떨구었다. 그런데 이때 함께 자재를 가지러 가서 옆에서 보고 있던 마리아(Maria Bume)라는 여학생이 나에게 고맙다고 할 줄 알았는데 오히려 야생(Wild Life)을 해친다고 불평하여 기가 찼다.

학생 수는 적으나 학교 부지는 넓어 우리는 창고 속에 있는 시멘트나 무거운 자재를 운반하기 위해 황소가 끄는 수레를 이용하였다. 학교에서는 필립이라는 잡일을 하는 일꾼이 있었는데, 그는 수레에 짐을 싣고 사역현장까지 물건을 날라다 주곤 했다. 그러던 가운데 한국정부에서 원조로 PNG 정부에 보내준 국산 경운기(대동) 한 대가 학교에 배당되어 필립은 그 뒤부터는 황소 대신 경운기를 몰고 다녔다. 당시 불로로 마을에 다니는 자동차는 거의 일본제였고 나머지는 호주제였다. 그리고 가게에서 파는 가공식품은 거의 호주나 뉴질랜드제였고 신발·옷가지·학용품 등은 거의 중국제로서 한국제는 유일하게 이 경운기밖에 없었다. 우리는 이 경운기가 한국제라는 것을 은근히 기회 있을 때마다 학생들에게 말하였다.

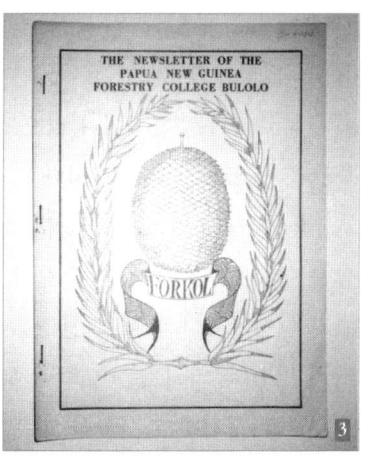

1. 황소가 끄는 수레를 이용하는 학교의 일 꾼 필립
2. 한국 정부에서 원조로 PNG 정부에 보 내 준 국산 경운기(대동) 한 대가 학교 에 배당되어 황소 대신 경운기를 몰고 있는 필립
3. 불로로산림대학의 교지 `FORKOL`

학교에서는 매년 두 번 'FORKOL'이라는 교지(校誌)를 발행하였다. 편집장은 우리가 불로로 비행장에 도착하는 날 마중 나왔던 호주인 강사 피터스가 맡았다. 불로로에 도착하고 몇 달이 지난 뒤 그가 나에게 글을 부탁하여 신통치 않은 영어 실력이지만 〈나의 PNG 생활〉이라는 글을 썼다. 24년 전에 나온 그 교지를 최근 다시 열어 보니 당시의 내 영어 실력에 웃음이 절로 나왔다.

돌아온 악어

우리가 불로로에 도착하기 2년 전인 1977년, 학교에서는 큰 연못을 만들어 놓고 많은 악어들을 키웠다. 물론 악어가 도망가지 못하게 연못 주위에 높고 튼튼한 울타리를 쳐 놓았다. 그해 불로로 지역에는 큰 비가 내려 홍수가 나서 많은 가옥이 피해를 보았다. 악어 연못은 묘목장이 있는 낮은 지역에 있었는데 너무 비가 많이 내려 연못 물이 넘쳐나는 바람에 비가 그치자 그 많던 악어들도 모두 사라져 버렸다. 이 사실을 알게 된 학생들과 마을 사람들은 처음에는 악어가 민가에 나타날까봐 걱정했으나 2년이 지나도 나타나지 않자 이 일을 잊었다. 불로로에는 늪지대가 없으므로 숲속으로 도망간 악어들은 모두 죽었을 것으로 생각한 것이다.

그러나 1979년 6월, 호주인 피터스 강사 부부는 집이 학교 안에 있어 밤에 학교로 오다가 길가에 길이 2m의 통나무 같이 길쭉한 물체가 있는 것을 발견했다. 자동차 전조등 불빛에 보니 물체는 약간 검은 색을 띠고 있었다. 피터스는 트럭이 통나무를 싣고 가다가 하나를 떨어뜨린 것으로 생각하고 그것을 피해가기 위해 속력을 줄이며 차를 길

옆으로 붙였다. 그러자 통나무는 앞다리를 들면서 일어났다. 그리고
는 길 옆 배수로 속에 들어가더니 재빨리 근처의 숲속으로 사라져 버
렸다. 2년 전 홍수 때 사라졌던 악어가 아직도 숲속에서 살고 있었던
것이다. 이 일이 알려지자 방에 출입문이 없이 커튼만 있는 1학년 기
숙사 학생들은 한동안 모두 아래층 방을 비우고 모두 2층으로 올라가
서 잠을 잤다. 그러나 다행히 악어는 기숙사나 민가에 들어오지 않았
다. 숲속에 먹이가 넉넉했던 모양이다. 악어가 많은 PNG에서는 악어
를 자기네들 말로 푹푹(Puk-Puk)이라고 부른다.

시마가 교수

🌿 불로로에서 배운 중요한 것 가운데 하나는 시마가(John
Simaga) 교수로부터 체계적으로 배운 열대목재 식별학이다. 시
마가 교수는 뉴기니 섬의 동남쪽 지역에서 태어난 현지인인데 나뭇
잎, 줄기, 표피, 잘라낸 목재의 부분, 서 있는 나무를 멀리서 보고 그
수많은 나무 종류를 기가 막히도록 정확하게 식별해 낸다. 열대나무
는 그 종류가 한대나 온대 지방 나무보다 수십 배나 많은데, 그 많은
수종을 즉시 정확하게 식별하는 것에 우리는 놀라움을 감추지 못했
다. 학교에는 호주 · 네덜란드 · 뉴질랜드 · 영국 출신 교수들도 있었
지만, 그들은 시마가 교수에 견주어 열대수종 식별 실력이 훨씬 떨어
졌다.

　요즈음도 나는 솔로몬 군도에서 좀 이상하다 싶은 나무가 있으면
잎과 목재 부분을 잘라 내 시마가 교수에게 보내는데, 즉시 학명(과 ·
속 · 종)에 대해 답이 온다. 그는 요새 PNG에서 두 번째로 큰 도시인

라에(Lae)에 있는 기술대학(University of Technology)의 임학과에서 후진을 양성하고 있다. 저자는 시마가 교수가 열대재 식별에 관해서는 세계 제일이라고 믿어 의심치 않는다. 저자가 이 정도나마 열대수종에 대한 식별 능력과 지식을 갖게 된 데에는 시마가 교수의 도움이 컸다. 이 대학에서 배운 공부는 실질적인 것에 중점을 두었으므로 우리가 이곳에서 배운 것은 그 뒤 회사일에도 많은 도움을 주었다. 실제로 1980년에 우리 회사는 서부 뉴기니, 즉 인도네시아 영토인 이리안자야에서 처음으로 배 한 척의 원목을 수입하였는데 여러 수종이 섞여서 선적되었고 선적 서류에는 이들 원목 수종이 제대로 적혀 있지 않았다. 그들도 정확한 학명을 몰라 현지에서 부르는 일반 이름을 그대로 적어 보냈으므로 국내에서는 더욱 아는 사람이 없었다. 이 소식을 듣고 나와 유한선 사원은 이 목재들을 자세히 식별하여 이 가운데 학명의 속명(屬名)이 미리스티카(*Myristica*)인 수종이 대부분인 것을 알게 되었다. 물론 이 미리스티카라는 나무도 시마가 교수한테서 배운 것이었다.

정글 속의 젓가락 공장

불로로 골짜기는 아름답다. 오웬스탠리 산맥의 분수령 위쪽으로 완만하게 퍼져 있는 이 골짜기를 따라서 주위에는 광활한 천연림 지대가 펼쳐져 있다. 특히 식민지 시절부터 호주인들이 이 지역에서 자라고 있는 침엽수 수종을 식재하기 시작하였다. 그리하여 곧고 높게 자란 침엽수들이 하늘을 찌를 듯이 골짜기 주위에 숲을 만들고 있는 것이다. 그러므로 독립 이선부터 앞서 나왔던 'CNGT'라는 목재 회사가 대규모 합판 공장, 제재소, 젓가락 공장을 가동하고 있었다. 우리나라나 일본의 합판 회사들은 원자재인 원목을 수입하므로 물류비용을 줄이기 위해서 해안 지역에 세우는데, CNGT는 원자재인 원목을 쉽게 구할 수 있는 오웬스텐리 산맥 속에 공장들을 지었다. 1979년 당시, 불로로의 인구는 5천 명이었는데 거의 모든 사람들이 이 회사에서 일하고 있었

불로로 골짜기의 크링키 파인(가운데 높이 솟은 나무)

으므로 실업자가 없고 건달이 없어 PNG에서 가장 범죄율이 낮고 살기 좋은 마을이 됐다. 그때 우리나라에서는 아가티스(Agathis)라는 목재가 무늬목으로 또는 바둑판 용으로 인기가 있었다.

이 수종은 인도네시아나 말레이시아에서는 알마시가(Almaciga)라고도 불리고 호주나 뉴질랜드에서는 카우리파인(Kauri Pine)이라고 불린다. 불로로에 도착해서 한 달쯤 지나 이 지역을 돌아다니면서 나는 이 아가티스 나무가 많은 것에 놀랐다. 숲속에 들어가 보면 직경 2m 정도의 아가티스가 곳곳에 서 있었다. 이뿐만이 아니었다. 목재를 제재하고 보면 아가티스와 비슷한 다른 수종도 있었다. 크링키 파인(Klinki Pine)과 후프 파인(Hoop Pine)이 그것이다. 이 회사는 이렇게 좋은 수종들로 아주 고급 가구용의 합판을 만들어 비싼 값에 팔고 있었다. 이곳에 와서 공부해 보니 이 세 가지 수종 모두 아라우카리아 과(科 ; Araucariaceae)에 속한다는 사실을 알게 되었다.

당시 이 회사는 PNG 정부와 일본의 소부(總武)회사가 공동으로 투자하였고 경영은 일본 회사가 맡고 있어 공장에는 일본인 관리자 서너 사람이 일하고 있었다. 일본인 가운데에는 기요노 후지오(清野不二雄)라는 늙은이가 있었는데 그는 태평양전쟁 때 소좌(소령)로 뉴기니에서 근무했던 사람이다. 나는 이 일본 회사가 부러웠다. 일본 회사가 이 PNG 산골짜기까지 진출하여 일하고 있다는 사실은 바로 일본의 국력이 강하다는 것을 뜻한다고 생각했던 것이다.

한편 우리를 만난 일본인들도 한국의 목재 회사가 젊은 직원 두 명을 뉴기니 산골에 있는 학교에 장기간 유학 보낸 것을 알고 놀라워했다. 이 회사에서는 크링키 파인과 후프 파인을 사용하여 젓가락을 만들고 있었다. 앞서 말한 대로 수종이 좋아 여기서 만드는 고급 젓가락은 모두 비싼 값으로 일본에 수출되고 있었다.

첫 번 말라리아

1학기가 거의 끝나갈 무렵인 6월 9일, 갑자기 불로로를 방문한 박 사장은 너무 말라 있는 우리 모습을 보고 놀란 것 같았다. 그는 불로로를 떠나면서 비행기에 오르기 전에 우리 두 명을 보고, 방학 동안에 한국에 다녀오라고 하였다. 우리는 뜻하지 않은 선물을 받고서 며칠 동안이나 들떠 잠을 제대로 이룰 수 없었다. 방학 동안에 서울을 다녀온 우리는 8월부터 다시 학교생활을 하였다. 그러던 가운데 1979년 9월 19일, 불로로산림대학에서는 각 학년별로 야외실습(Field Trip)을 갔다. 1학년은 불로로와 라에(Lae) 사이에 있는 정글 속에서 삼림조사를 하고 2학년은 PNG의 북부 해안을 따라 해안

지대에 발달되어 있는 삼림 생태계 조사를, 3학년은 뉴기니 섬의 동부 해안 지역으로 졸업여행 겸 실습을 가게 되었는데, 나와 유한선 사원은 2학년을 따라 북부 해안으로 갔다.

PNG는 산지가 많고 토지소유권이 복잡하므로 육지에 도로가 거의 없다. 때문에 2학년 학생 모두는 일단 주임 교수인 뉴질랜드인 밥(Bob Johns)과 함께 학교 버스를 타고 라에에 가서 그곳에 있는 조그만 연안 여객선을 타고 북부 해안에 자리한 조그만 항구도시 웨왁(Wewak)까지 이동했다. 우리는 특별히 밥의 허가를 받아 9월 18일 오후 2시 30분, 텔에어항공사의 소형 비행기를 타고 불로로 비행장을 떠나 30분 만에 라에 시내에 있는 비행장에 도착한 뒤 그 다음 날 공항버스를 타고 시내에서 멀리 떨어진 나잡(Nazab) 비행장에 갔고, 그곳에서 웨왁으로 출발하는 뉴기니항공의 F28 중형 제트기를 탔다. 당시 인구 5만의 도시 라에에는 큰 비행장이 두 개나 있었다. 하나는 1930년대에 만들어진 비행장으로 라에 시내의 해안에 있었는데, 이 비행장은 소형 비행기와 PNG 방위군의 오래된 C47 군용 수송기가 사용하였다. 다른 하나는 시내 서북쪽에 있는 나잡 평야에 우리나라 현대건설이 1977년에 세운 비행장으로 뉴기니항공의 중형 여객기들이 사용하고 있었다.

저녁 6시, 웨왁 비행장에 도착하니 비행장에는 웨왁 지역 영림서장 리차드(Richard Jimlake)와 우리가 잠시 묵을 파삼국립고등학교(Passam National High School)의 교장 부인이 차를 갖고 마중 나와 있었다. 교장 부부는 호주인으로서 그곳에서 오랜 기간을 보낸 사람들이었다. 우리는 며칠 머무는 동안 이 학교 기숙사에서 고등학생들과 함께 먹고 같은 방에서 잠을 잤다. 기숙사 건물이라야 양철 지붕으로 비만 피하게 만든 집이었다. 나행히 학교에는 발전기가 있어 지역에는 전기가 들어왔으므로 갖고 간 책을 잠시 읽다가 잘 수 있었다.

어느 날 저녁에는 학생들을 모두 모아 놓고 영화상영을 하였다. 당시 이곳 사람들은 영화를 무척이나 좋아했다. 특히 포트모스비나 라에의 시내 극장에서 홍콩의 쿵푸 영화를 상영할 때는 극장이 미어터질 정도였다. 그래서인지 이날 밤 큰 교실에서 영화를 상영할 때 많은 학생들이 몰려와 발을 들여놓을 틈도 없었다. 이날 상영한 영화는 〈사상 최대의 작전(The Longest Day)〉이었는데 상영 시간이 3시간이나 되었는데도 모두들 진지하게 움직임도 없이 영화를 감상하는 모습은 아주 모범적이었다.

그곳에서 우리 과제는 웨왁 지역을 중심으로 트럭을 이용하여 북부 해안도로를 따라 이동하면서 해당 지역의 삼림을 조사하는 것이었다. 밤은 강의실이나 야외실습 현장에서 어떤 것을 설명하기가 무섭게 "훼이납" 하고 묻곤 했다. 우리는 처음에 이 말이 뭔지 도저히 알아들을 수 없었다. 한 달쯤 지나 우리들은 이것이 'Fair Enough?(충분히 잘 알겠나?)'란 것을 간신히 알아듣게 되었다.

야외실습 마지막 일정에는 웨왁 앞바다에 있는 조그만 섬인 카이리루(Kairiru)에 가서 섬 중앙에 가파르게 솟아 있는 산에 올라가 고도에 따른 식물 생태계를 조사하는 것도 포함되어 있었다. 이 지역을 한 달 동안 돌아다니며 삼림조사를 하는 동안 우리는 거의 매일 비스킷과 커피만으로 식사를 하고 가끔 고구마와 생선을 현지인 식으로 조리하여 먹었으므로 조사 기간이 끝나자 몸이 무척 야위어 있었다. 나는 삼림조사가 끝날 무렵에 학질모기에 물렸던 것 같다. 물론 이에 대비하여 매주 말라리아 예방약을 두 알씩 먹었으나 빈약한 식사 때문에 체력이 약해져서인지 효력이 없었다. 실습이 끝난 뒤 학생들은 다시 주임 교수를 따라 배를 타고 라에를 향해 출발했고 우리 둘은 특별히 옥스퍼드대학 출신의 영국인 조교 알리스타(Alistar Hay)와 함께 웨왁 비행장에서 저녁 8시에 뉴기니항공사 비행기를 타고 동해안에 있는 해안도시 마당(Madang)을 거쳐 라에의 나잡 비행장에 내렸다. 그리고 거기서 대기하고 있던 학교 지프차를 타고 산길을 세 시간 동안 달려 밤늦게 불로로에 돌아왔다.

한참 밤길을 달리고 있는데 구렁이 한 마리가 길 가운데 몸을 감고 앉아 있었다. 자동차의 전조등 불빛을 보고도 도망가지 않고 우리가 탄 차를 노려보고 있자 운전을 하던 현지인 강사며 서무과장인 잭(Jack Wau)은 차를 세우고 앞바퀴를 구렁이의 위치와 조준하여 정렬한 뒤 액셀러레이터를 급히 밟아 지나가면서 구렁이를 바퀴로 깔아 죽였다. 우리는 구렁이가 죽은 것을 확인한 뒤 안심하고 다시 밤길을 달려 다음 날인 10월 6일 새벽 1시 30분 불로로에 도착하였다.

오랜만에 기숙사 내 방에 돌아온 나는 피곤하여 그냥 잠이 들었다. 그날 아침에 일어나니 이상하게 몸에 힘이 없고 머리가 아팠다. 그러나 나는 그 전날 하루 종일 여행하여 생긴 여독이라고 가볍게 생각하였다. 아침에 세탁실에 가서 그동안 밀렸던 옷을 빨려고 하자 손에 전혀 힘을 줄 수 없었다. 그제야 이거 뭔가 이상이 있다 생각하고 방에 들어가 쉬었으나 몇 시간을 쉬어도 몸에 땀이 심하게 나고 머리가 계속 아팠다. 그리고 입맛이 없어 아무것도 먹을 수 없었다. 그런데도 변소에는 자주 가고 싶고 가면 설사가 계속 나왔다. 그날 밤 유한선 사원은 나를 학교 차에 태워 불로로 마을에 있는 병원에 데리고 갔다. 마침 호주인 의사가 당직으로 있어 그는 내 피를 뽑아 검사하더니 말라리아라고 했다.

PNG에는 네 종류의 말라리아가 있는데 내가 걸린 말라리아 바이박스는 그 가운데 두 번째로 센 것이라고 했다. 그러면서 '당신은 한국인이므로 매운 것을 잘 먹기 때문에 금방 회복될 것'이라며 주사를 놓아 주고 치료약을 주었다. 그러나 며칠 분 약을 다 먹어도 말라리아 증세는 수그러들지 않았다. 그러는 가운데 주일날이 되었으므로 나는 독실한 신자인 모스비(Moresby Tunge)와 함께 학교에서 걸어서 30분 걸리는 침례교회에 갔다. 모스비는 PNG에서 성격이 가장 호전적이고 거친 하일랜드 출신답지 않게 아주 온순하고 겸손했다. 내가 말라리아에 걸린 몸으로 예배당에 걸어서 가겠다고 하니 그는 깜짝 놀라며 그냥 쉬라고 했다. 그러나 나는 어차피 말라리아에 걸려서 죽을 바에야 침대에 누워 있다가 죽는 것보다 예배당에 걸어가다가 쓰러져 죽는 길을 택하고 싶었다.

그리하여 이를 악물고 모스비와 함께 걸어서 교회로 가 현지인 존(John Oje) 목사에게 내가 말라리아에 걸렸으니 나를 위해서 기도해 달라고 했다. 그러자 그는 나보고 말라리아가 아니라며 '만약 당신이 말라리아에 걸렸다면 여기에 오지 못했을 것'이라고 했다. 그는 나중에 내가 정말로 말라리아에 걸린 것을 알고서는 교인들에게 나를 위해 기도하라고 부탁하며 또 "한국인 형제는 중병에 걸려서도 교회에 오는데 우리는 비만 내려도 믿음이 약해 교회에 안 나오는 것을 회개하자"고 하며 "우리도 앞으로는 말라리아에 걸리더라도 교회에 나오자"고 힘차게 설교하였다. 그래서 그랬는지는 몰라도 그 뒤로 교회는 나날이 부흥되고 특히 그때까지는 주일날과 목요일 저녁 예배에 몇 명밖에 참석하지 않았었는데, 많은 교인이 저녁예배에 참석하게 되었다. 아마 하나님께서는 나에게 주신 말라리아로 그 교회 교인들의 믿음을 북돋우어 주시려고 했는지도 모른다. 결국 두 달 동안 말라리아로 고생한 끝에 나는 회복될 수 있었다.

불로로 골짜기에서 1년은 빨리 지나가 11월 29일 아침 9시 30분, 우

불로로를 떠나던 날 비행장에 나온 학생들과 함께(불로로 비행장의 잔디 활주로에서)

리는 그동안 정들었던 불로로를 떠나게 되었다. 한때는 세계에서 가장 바빴던 잔디 활주로 위의 하늘은 며칠 동안 내리던 비가 걷히고 열대의 아침 햇살이 강하게 내리쬐고 있었다. 이날 아침 비행장에는 곧 졸업할 3학년 학생들이 모두 나와 작별인사를 하였다. 우리는 비행기 속에서 그들이 안 보이게 될 때까지 손을 흔들었고 그들도 우리가 탄 비행기가 시야에서 사라질 때까지 손을 흔들었다.

우리는 포트모스비에 도착하여 그동안 우리를 도와준 산림청 직원들에게 작별인사를 하고 주요 목재 회사를 방문한 뒤 포트모스비를 떠났다. 비행기에 올라타고 막상 떠나려고 하니 항상 그렇듯 시원섭섭하였다. 12월 8일, 오후 늦게 서울에 도착해 곧바로 서울사무소에 가서 박영주 사장과 전계수 부장에게 도착보고와 귀국인사를 하였다.

불로로 침례교회에 주일마다 함께 갔던 모스비는 그 뒤 목재 회사에 들어갔다가 뜻한 바 있어 신학을 공부하고 지금은 포트모스비에서 교회의 목사로서 시무하고 있다. 2001년 11월, 그는 오랜만에 나에게 안부를 전해 왔다. 그 뒤 몇 년이 지나 나는 솔로몬 군도에서 다시 말라리아에 걸렸는데, 그때는 식사가 좋았는지 며칠 만에 회복되었다.

웨왁 비행장

🌿 1980년, PNG의 이스트세픽(East Sepik) 주의 수도였던 웨왁은 북부 해안에 있는 작은 도시였다. 이스트세픽의 영림서는 웨왁 항구 부두 근처에 있는데, 이곳의 영림서장은 불로로산림대학 출신의 리차드였다. 나는 그가 1979년 불로로산림대학을 며칠 동안 방문했을 때 처음 만난 이후 편지를 주고받으며 친하게 지냈다.

1980년 9월, 나는 서울을 떠나 한 달 동안 말레이시아와 필리핀을 방문한 뒤 PNG에 도착하였다. 포트모스비를 방문, 당시 야우얍 산림청장을 만나려고 10월 20일 산림청을 찾아가 그의 여비서를 통해 면담 약속을 하려고 했다.

그런데 비서는 내가 만나기를 원하는 날짜에는 청장이 시간이 없다며 청장이 제시한 날짜와 시간을 알려 주었다. 그 날짜를 보니 만약 내가 그날 청장을 만나게 되면 다음 목적지인 바니모(Vanimo)에 가기 위해 포트모스비를 일요일 비행 편으로 떠나야 한다. 바니모는 인도네시아와 접경 지역에 있는 작은 항구 마을이었으므로 비행편이 자주 없었기 때문이다. 나는 비서에게 그러면 내가 바니모를 갔다가 다음에 포트모스비에 오면 다시 들리겠다고 하고, 평일에 바니모로 가는 비행기를 타고 포트모스비를 떠났다. 성경 이사야 58장에는 안식일에 여행을 금하고 개인적인 볼일을 보지 말라고 쓰여 있다. 그러므로 나는 회사일로 오대양 육대주를 다니면서도 주일날은 여행을 하지 않고 있다.

독자들은 16, 17세기 종교개혁자, 또는 구약성경에 나오는 사람들이 가졌던 신앙을 가지고 저자가 어떻게 21세기에 살고 있는지(그것도 회사일을 하면서) 한심하게 생각할지도 모르겠다. 대부분의 목사들도 이렇게 살지 않기 때문에 더욱 저자 같은 사람의 신앙이 비현실적으로 보일 것이다. 요즈음에 어떤 목사가 설교 시간에 주일날은 아무리 급한 사업이 있어도 출장가지 말라고 하면 아마 그런 교회에는 교인이 나가지 않을 것이다. 그런 고리타분하고 케케묵은 신앙보다는 그저 듣기 편하고 기독교인이 아니더라도 누구나 말할 수 있는 사회활동, 정치 관여, 경제비판 내지는 도덕과 관련된 좋은 이야기를 해 주는 목사가 더 현대적이고 많은 지식을 갖고 있는 것 같고 친근해 보이기 때문이다. 그러나 성경은 그렇게 가르치고 있지 않다. 시대와 관계없이 어제나 오늘이나 내일도 변하지 않는 성경말씀을 그대로 믿고 순종하는 것이 기독교인이요, 그렇게 가르치는 것이 참 목자라고 나는 생각한다.

바니모는 서부 뉴기니, 즉 뉴기니 섬의 서부에 있는 이리안자야(Irian Jaya) 주와 국경을 맞대고 있는 조그만 마을이다. 서부 뉴기니는 네덜란드 식민지였으나 네덜란드가 인도네시아를 독립시키면서 인도네시아 영토가 되었다. 그러나 그 주민은 PNG 종족과 같은 멜라네시아인들이고 인도네시아 사람들과는 종족이 다르며 산속 마을에서는 아직도 원시에 가까운 생활을 하고 있다. 한편 오래전부터 독립을 원하는 목소리가 이리안자야 주민들로부터 나오다가 최근에는 조직적인 독립 운동이 일어나고 있다. 이에, 국경을 맞대고 있는 PNG의 국민은 같은 종족들이 살고 있는 이리안자야의 독립을 지지하고 있다.

바니모 비행장은 활주로가 특이하다. 즉, 아스팔트나 콘크리트로 되어 있는 일반 활주로와 달리 바다에서 채취한 산호석으로 활주로를 만들었으므로 하늘에서 보면 하얀색으로 보인다. 바니모로 가는 도중에 불로로와 라에의 거래처를 방문한 뒤 10월 29일 오전, 바니모에 도착하였다. 도착하자마자, 웨스트 세픽주의 주지사 탈리스(Jacob Talis)를 만나고 항구 근처에 있는 호주 원목 회사인 웨스데코(Wcsdcco)를 방문하였다. 당시 바니모에 유일하게 있던 호텔은 해안에 있는 조그만 나리모(Narimo) 호텔이었다. 이 호텔은 호주인이 경영하며 방 10개 정도와 조그만 식당이 있었는데, 주인은 친절하였으나 식당에서 나오는 음식은 양고기 요리뿐이었다. 양고기를 좋아하는 호주, 뉴질랜드 사람들에게는 좋겠지만 양고기가 입맛에 맞지 않는 동양인이 이 호텔에 며칠 동안 있으려면 고통스럽다. 그러나 다른 선택의 길이 없었다.

한편 바니모의 영림서에서 뜻밖에 불로로대학 동문인 마크(Mark Martin)를 만났다. 마크는 학교에서 축구와 럭비를 가장 잘하는 학생이었으며 현지인으로서는 외모와 행동이 멋있던 젊은이였다. 그는 나를 영림서의 지프차에 태우고 바니모 근처를 보여주었다. 몇 년 전에, 모스비에게 들으니 마크는 뜻한 바 있어 산림청을 그만두고 요새는 포트모스비에 있는 신학교에 다닌다고 한다.

바니모에서 일을 끝내고 다음 날 아침, 라에로 가기 위해 바니모를 떠나 웨왁으로 갔다. 바니모는 작은 마을이므로 큰 비행기가 오지 않아 더글라스항공사(Douglas Airway)의 10인승 소형 비행기를 타고 웨왁으로 가서 거기서 중형 비행기로 갈아타야 다른 도시로 연결이 된다. 웨왁 비행장은 태평양전쟁 동안 일본군이 사용했는데, 1944년 3월, 대규모 미군 폭격기 편대의 낙하산 폭탄 폭격을 받아 아직도 활주로 주변에 그

바니모에서 만난 마크와 함께(1980년)

당시 생긴 큰 구멍 몇 개가 그대로 남아 있다.

10월 30일, 웨왁에 도착한 나는 연결 비행기를 탈 때까지 몇 시간이나 남아 있어 이 책 앞부분에 이미 나온 리차드를 깜짝 놀래키려고 아무 약속도 없이 택시를 타고 영림서에 갔다. 그리고 그의 방문을 노크하면서 문을 확 열자, 방에는 있어야 할 리차드는 없고 뜻밖에 포트모스비에 있어야 할 야우얍 산림청장이 리차드 자리에 앉아 있었다. 우리는 물론 구면이었지만 그는 나를 보고 깜짝 놀라고 나도 놀랐다. 그에게 자초지종을 설명해 주니 한국의 기독교인들은 그렇게 원리원칙대로 하느냐고 놀라면서 자기는 산림부장관과 함께 이곳에 왔으며 아직 비행기 시간이 충분하게 남아 있으니 자기가 이 동네를 안내하겠다고 했다. 산림청장은 원래 고향이 그곳이다. 그리고 당시 PNG의 소마레(Michael Somare) 총리가 같은 고향 출신이므로 야우얍은 총리의 후광을 얻어 PNG에서 가장 중요한 부서의 하나인 산림청을 맡고 있었던 것으로 보였다.

어떻든 그가 운전하는 산림청 소속의 랜드크루저 지프차를 타고서, 비행기 기다리는 시간 동안 웨왁 지역을 구경하고 우리는 곧바로 비

야우얍 산림청장
(왼쪽), 산림부 장
관과 함께(1980
년) 웨왁 비행장
에서

행장에 갔다. 거기에는 장관이 우리보다 먼저 와서 기다리고 있었다. 청장은 나를 장관에게 소개하여 주었고 우리 세 명은 비행기 좌석을 나란히 받아 함께 앉았다. 나는 비행기를 타고 오면서 장관, 청장과 함께 PNG 산림개발에 관한 이야기를 하였다. 산림청장은 자기 일정을 이야기해 주며 포트모스비에서 만나자고 하여 나는 그를 며칠 뒤 포트모스비에 있는 그의 사무실에서 다시 반갑게 만나 여러 가지 문제를 상의할 수 있었다.

만약 내가 산림청장 만나는 것을 주일날 지키는 것보다 중히 여겨 그가 원하는 날짜에 만나고 주일날 바니모 가는 비행기를 타고 갔다면 이렇게 청장이 운전하는 차를 타고 다니며 허심탄회한 이야기를 할 수 없었을 것이다. 사무실에서 만나면 보통 30분 정도 만날 수 있고 길어야 1시간이다. 그리고 딱딱한 분위기 속에서 이야기하는 것이 보통이다. 그러나 나는 하나님의 말씀을 뒤로 두고 청장 만나는 것보다 대부분의 사람들이 관심 없고 시시하게 여기는 하나님의 말씀 작은 것 하나 지키는 것을 더욱 귀중하게 여겼다. 그러므로 하나님께서는 청장과 개인적으로 친해질 기회도 주시고 충분히 회사일을 상의할 기회도 주셨다고 나는 믿는다.

그 당시 나는 만 27살이었다. 아무리 후진국이라지만 뭐가 답답해 그 나라의 장관과 청장이 아무것도 가진 것이 없는 27살 난 동양인 회사원을 그렇게 잘 대해 주었겠는가. 하나님께서 그들의 마음을 움직여 부족한 나에게 호감을 갖게 하신 것을 나는 알고 있다. 전쟁은 병력이 많고 무기가 좋고 병사를 잘 훈련시킨다고 해서 반드시 이기는 것이 아니다. 하나님께서 이기게 해 주셔야 이긴다.

이것을 내 나름대로 증명하기 위해 몇 년 전에 나는 태평양전쟁의 갈림길이 된 미드웨이 해전과 과달카날 전투를 예로 들어《헨더슨 비행장》을 썼다. 오늘날 헨더슨 비행장은 두 곳, 즉 미드웨이 섬과 과달카날 섬에 있으며 양쪽에서 전쟁의 역사를 증언해 주고 있다. 내가 전쟁의 역사를 통하여 주장한 하나님의 주권(主權)에 대해 그렇지 않다고 생각하는 독자는 이들 전투 경과에 대한 더욱 객관적이고 자세한 자료를 가지고 한번 반박해 보기 바란다.

이 글을 쓰고 있는 2002년 1월 5일 토요일 아침에 나는 솔로몬 군도의 총리와 통화를 하였다. 총리는 내일 오후에 자기 집에서 만나자고 했다. 물론 우리 회사 사업에 관한 이야기이다. 그래서 내가 "내일은 주일날인데 내가 주일날은 사업 이야기 하지 않는 것 당신 잊었느냐"고 웃으며 말하니 총리는 "아차, 미안하다"라고 하며 그러면 다음 주 화요일 이른 아침에 자기 사무실에서 만나자고 한다. 어떤 사업은 정치가와 좋은 관계를 맺어 놓아야 좋을 때도 있다. 그러나 이것도 우선순위를 하나님과의 관계 뒤로 놓아야 된다는 것이 나의 믿음이다. 나는 그 화요일에 이루어진 만남의 내용이 몇 십 년 세월이 흐른 다음에 생각하여도 "아, 그때 회사를 위해서 현명한 결정을 했구나"라고 말할 수 있도록 하나님께서 도와주실 것을 알고 있다.

일본인 목사

1982년, 우리는 PNG에서 두 번째로 큰 도시인 라에 근처에 있는 영국계 목재 회사에서 원목을 수입하였다. 이를 위해 나는 현지에 나가서 원목의 수량과 품질을 검사하는 일을 하였다. 묵는 곳은 라에에 있는 멜라네시아 호텔이었는데 주일날은 그 호텔의 영국인 지배인을 따라 그의 승용차를 타고 연합교회(장로교회와 감리교회가 연합한 교회)에 갔다.

예배당에 들어가니 놀랍게도 백인과 흑인이 갈라서 앉아 있었다. 우리 동양인은 이 나라에서 흰색으로 분류되고 있었으므로 나는 백인들 쪽에 앉으려다가 이러한 피부색에 따른 차별에 항의하는 뜻으로 원주민 쪽에 앉아서 예배를 드렸다. 식민지 시대에 식당, 영화관에서 흑백 차별을 했다고 하는 이야기를 들었으나 독립이 되고 몇 년이 지난 그때까지도, 그것도 하나님 앞에 모든 인간이 평등한 인격체를 가진 것을 가르쳐야 할 교회에서 이런 일이 존재한다는 것이 얼른 믿겨지지 않았다. 다시는 그 교회에 가고 싶지 않았다.

그래서 그 다음 주일에는 미리 알아둔 시내에 있는 다른 예배당을 가기 위해 호텔을 나왔다. 호텔 입구에서 택시를 기다리고 있는데, 마침 차 옆에 조그만 십자가를 붙인 봉고형 승합차 한 대가 지나가기에 그 차를 세웠더니 동양인이 운전하고 있었다. 이야기를 들어보니 일본인 감리교회 목사가 직접 차를 운전하여 먼 동네에 사는 교인들을 태우고 교회에 가는 중이었다. 나는 별도의 예배당이 없이 개인집에서 예배를 드리는 이 교회의 오전, 오후 예배에 참석하였다. 물론 이 예배당에는 흑백 차별이 없었다.

그 다음 해에도 라에에 수입할 목재의 품질과 수량을 검사하러 갔을 때 주일날에는 이 교회에 갔다. 그때는 렌터카 회사에서 차를 한 대 빌렸는데 그때만 해도 나는 운전이 서툴러 간신히 그 교회를 찾아갔다. 저녁 예배에도 갔는데 그날따라 교인이 많이 왔으므로 일본인 아이하라 유조(相原雄三) 목사는 그가 운전하는 교회 승합차에는 교인들을 다 태우지 못하므로 나에게 교인 몇 사람을 좀 데려다 줄 것을 부탁해 나는 그 예배에 참석한 영국인 존(John Brooks) 교수와 함께 서너 명씩 각자의 차에 태웠다. 존은 라에에 있는 기술대학의 전산학과 교수로 재직하고 있었는데 독실한 신자였다.

그리하여 존의 차를 뒤따라가기로 하였다. 존은 내가 출발도 제대로 못하는 초보운전자인 것을 모르고 밤길에 속력을 내고 달렸으므로 나는 그 차를 따라가느라고 이마에 땀이 났다. 내 차에도 물론 헤드라이트(전조등)가 상향조정될 수 있었으나 나는 모든 자동차에 아주 간단하게 조작하는 상향, 하향 조정장치란 것이 있다는 사실을 몰라 멀리까지 보이지 않는 하향등을 하고 전속력으로 밤길을 달렸다.

나를 포함해서 예수 믿는 사람 5명이 탑승했는데 하나님께서 설마 사고로 우리를 죽이시겠나 생각하며 앞이 잘 보이지 않는 라에 교외의 비포장 시골길에서 액셀레레이터를 힘껏 밟으며 존의 차를 따라갔다. 운전이 서툰 상태에서 그렇게 전속력으로 달리다가 맞은편에서 달려오는 승합차와 아슬아슬하게 스치는 스릴을 맛보기도 했다. "어휴!" 하는 소리가 나도 모르게 나왔다. 존은 이 도시에 몇 년 동안 살고 있었으므로 지리를 잘 알고 있어 밤길인데도 속력을 내며 달리고 있었다. 이럴 줄 알았으면 출발 전에 사실을 직고하는 건데……. 후회했지만 이미 때는 늦었다. 내 옆에 앉은 젊은 원주민 청년이 불안한 눈치로 전조등을 상향조정(High Beam) 하라고 조심스럽게 말하길래 나는 처음 듣는 말이므로 무조건 이 미쓰비시 콜트차는 차체가 작으므로 그런 장치가 없다고 하였다. 그랬더니 이 청년은 '아! 이 한국 사람은 뭘 아직 모르는구나'라고 생각했는지 몸을 눕혀 운전대 밑으로 손을 넣고서는 전조등 레버를 툭 건드리며 상향조정을 해주었다. 그러니까 앞이 멀리 보여 운전하기가 훨씬 쉬웠다. 이른바 말하는 현대인이 원시인(?)에게 현대 문명의 이기(利器) 사용법을 한 수 배우는 순간이었다.

그 청년 덕택으로 나는 밤실 운선을 하며 호텔에 길 돌아올 수 있었고 자동차마다 전조등이 상향·하향조정 된다는 것을 알게 되었다. 이런 기본적인 것도 모르고 한국에서 운전면허증을 딴 것이 내가 생각해도 신기하였다.

한번은 호텔 로비 옆에 있는 렌터카 사무실에서 소형차 한 대를 빌렸는데 열쇠를 받아 그 차에 가서 시동을 거니 시동이 안 걸렸다. 자동차 운전학원에서 배운 대로 혼자 아무리 시도를 해도 시동이 안 걸려서 렌터카 사무실에 가서 알려주려다가 혹시 내가 서툴러 시동을 못 건 것으로 판명되는 날에는 한국 운전면허증 체면이 말이 아니게 될 것 같아 아무 일 없다는 듯이 그 렌터카 사무실 앞을 지나 호텔방으로 들어온 뒤 라에에 있는 불로로산림대학 동문인 영림서장에게 전화를 해서 급히 이곳으로 오라고 했다. 무슨 일이냐고 하길래 오면 알게 되니 하여간 급히 오라고 하자 그 친구가 얼마 되지 않아 영림서 지프차를 몰고 나타났다. 산림청 직원들은 차를 몰고 산에 돌아다니므로 그 친구 운전 실력은 믿을 수 있었다. 차에 시동을 걸어 보라며 열쇠를 주었더니 시동이 안 걸린다고 한다. 이제는 되었다 싶어 나는 렌터카 회사 사무실에 가서 호주 아가씨에게 차가 시동이 안 걸리니 다른 차로 바꿔달라고 점잖게 이야기하였다.

라바울 항구

🌿 1979년 4월 24일, 나는 처음으로 라바울(Rabaul)을 방문하였다. 이날 아침 9시 30분, 뉴기니항공의 F27 포카 중형 여객기편으로 포트모스비의 잭슨 비행장을 떠나 2시간의 비행 끝에 뉴브리튼(New Britain) 섬의 동북쪽 끝 부분에 있는 PNG에서 세 번째로 큰 도시 라

1980년대의 라바울 항구. 1994년 화산 폭발로 이 지역은 화산재에 덮였다.

바울에 도착하였다. 비행장은 라바울 시내에서 멀지 않은 마투핏 섬에 있는데, 섬이 작으므로 활주로도 짧아 뉴기니항공사가 가지고 있던 F28 중형 제트기는 내릴 수 없어 쌍발 프로펠러기인 F27만이 이곳에 운항하고 있었다. 당시 PNG에서는 뉴브리튼 섬이 목재의 주요 수출지였는데, 뉴브리튼의 중심지는 섬의 동북쪽에 있는 아름다운 항구 라바울이었다. 이 항구는 현대에 들어 주인이 다섯 번이나 바뀌었다. 즉, 처음에는 독일·호주·일본으로 바뀌었다가 태평양전쟁이 연합국의 승리로 끝나는 바람에 다시 호주가 주인이 되었으며 마지막에 PNG가 주인이 되었다.

이날의 방문 목적은 당시 라바울에 있던 천주교회에서 경영하던 부나포페(Vunapope)라는 원목 회사가 우리 회사에 원목 판매를 의뢰해 왔으므로 그 원목의 품질과 그 회사의 상태를 조사하기 위해서였다. 부나포페는 일본의 종합상사 가운데 하나인 마루베니가 지분을 갖고 있는 회사였다. 당시 라바울에는 많은 원목 회사들이 있었는데 대부분이 일본에서 투자한 회사들이었으므로 나는 그들을 볼 때마다 부러웠다. 오늘날에는 당시 라바울에 있던 신아사히카와(新旭川), 가이쇼(外

商), 뉴아일랜드 오츠카(大塚) 등 여러 일본 회사 가운데 한 회사만 남고 나머지는 벌써 모두 문을 닫았다. 4월 25일, 호주인 직원 이안(Ian)과 함께 차편으로 아침 일찍 라바울을 떠나 라바울 남쪽에 있는 부나포페 회사의 임지(林地)로 향했으나 도중에 코코포(Kokopo) 지역을 지난 뒤 강물이 너무 불어 가지 못하고 라바울로 되돌아왔다.

우리는 다음 날 다시 아침 일찍 출발하여 이번에는 강물이 어제보다 줄어들었으므로 강물을 건너 회사 임지가 있는 풋풋(Putput) 지역

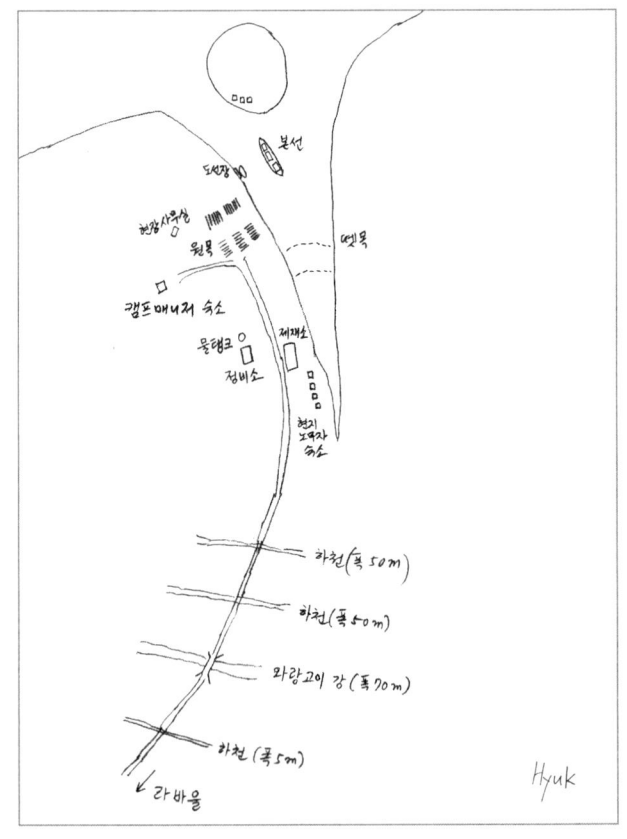

풋풋 지역 가는 길과 부나포페 회사의 캠프(1979년, 현지 스케치)

으로 향했는데, 도중에 몇 개의 개울을 더 건너서 오후 늦게야 도착하였다. 풋풋은 항구 조건이 좋아 이 회사에서 벌목한 원목들은 항구 안에 뗏목을 이루어 떠 있었고 항구 한 가운데는 '아와시마 마루'라고 크게 써 놓은 일본 원목선 한 척이 닻을 내리고 원목을 선적하고 있었다. 캠프 시설을 둘러본 뒤 이런 곳에까지 투자하여 원자재를 확보해 놓은 일본의 국력이 부러웠고 언젠가 우리 회사도 이들보다 훌륭한 임지를 얻어 원자재가 부족한 우리나라의 국력을 키우는 데 일조하는 날이 오기를 바랐다. 항구가 내려다보이는 언덕에는 캠프 책임자가 살고 있었다. 나는 그 집에 올라가 이것 저것 물어보면서 언덕에서 아래로 내려다보이는 캠프의 현황을 나중에 필요할 것 같아 노트에 지도로 그려 놓았다. 왼쪽의 그림은 당시에 간단하게 그린 캠프의 지도이다.

부나포페 회사는 내가 거래를 위해 처음으로 방문한 외국 회사였으며 그 회사의 사장인 오닐(O'neil) 신부는 나로서는 처음 만나 거래 상담을 한 인물이었다. 비록 가격문제로 첫 거래를 성사시키지는 못했지만 나는 '아! 외국, 특히 백인 장사꾼은 이렇구나' 하는 첫 감각을 얻었다.

부겐빌 섬

불로로산림대학에서 1년을 공부한 뒤 귀국하여 인천에 있는 본사에서 근무하던 나는 1980년 9월 13일 낮 12시 40분, 말레이시아항공편으로 김포공항을 떠나 그날 저녁 7시 말레이시아의 사바주 수도인 코타키나발루(Kota Kinabalu)에 도착하였다. 이날부디 3개월 여정으로 말레이시아, PNG, 솔로몬 군도를 차례로 방문하였다. 물론 수출용 합판 원자재인 원목 확보를 위한 것이었다.

동부 말레이시아의 사라왁(Sarawak) 주(州)는 그 당시 한국 회사에 목재를 수출하지 않고 있었다. 구체적으로 말하자면 당시 한국 합판 회사들은 값은 비싸지만 상대적으로 품질이 좋은 인도네시아나 말레이시아의 사바에서 생산되는 원목을 수입하고 있었으며, 품질은 약간 떨어지나 값이 싼 사라왁 목재에는 관심이 없었다. 그러므로 이건산업에서는 당시 자카르타 지사에 근무하던 이규웅 과장과 남영걸 사원을 파견하여 남들이 사지 않는 원목을 싼 값에 구입하는 한편 공장에서는 접착제 등 가공기술을 개발함으로써 품질을 보완하였다.

그리하여 저자는 그때 동부 말레이시아(사바, 사라왁)의 목재 수출 회사들을 방문하고 필리핀을 거쳐 PNG에 도착한 뒤 거기에서도 여러 목재 수출회사들을 방문하고 부겐빌 섬을 거쳐 솔로몬 군도에 오게 되었다. 1980년 10월, 다시 라바울을 방문한 나는 이곳의 영림서를 찾아갔다. 물론 영림서장은 불로로산림대학 출신인 시릴(Cyril Kondang)이었고 그 밑에서 일하는 직원은 나와 같이 대학에서 공부

강물 위에 수출용 원목을 띄워 놓고 있다(말레이시아, 사라왁 주, 탄종 마니).

하던 자넷(Janette Kawasi)이었다. 자넷은 여자지만 남자들 못지 않게 몸집이 크고 실습시간이면 정글도를 힘차게 휘두르며 산림조사에 앞장섰던 여장부였다. 나는 이들로부터 여러 가지 도움을 받았다. 다음 목적지가 부겐빌이라고 하자 거기 가면 영림서장 브로간(Brogan Zaneky)을 만나라고 했다. 그 역시 불로로 동창생이다.

　뉴브리튼의 동쪽에 있는 부겐빌 섬을 방문한 뒤 거기서 동쪽에 있는 솔로몬 군도를 방문하기로 계획을 세우고 우선 소형 비행기를 타고 부겐빌 남부의 키에타(Kieta)로 날아갔다. 11월 8일 아침 6시, 라바울 비행장을 출발한 소형 프로펠러 비행기의 단조로운 프로펠러 소리를 들으며 동쪽으로 향해 날아가던 나는 문득 태평양전쟁 당시, 쌍발 프로펠러 폭격기로 라바울을 떠나 부겐빌을 향해 가다가 부겐빌 남부 상공에서 대기하던 미군기에게 격추된 야마모토 이소로쿠(山本五十六) 일본 해군 연합함대사령관의 비행항로와 비슷한 것을 알고 당시의 상황에 대해 상상의 날개를 펴 보았다(이 사건에 대해서는 저자의 다른 저서 《헨더슨 비행장》에 구체적으로 썼다). 전쟁 당시 야마모토도 이른 아침에 라바울을 이륙하였고 비행코스도 거의 비슷했다.

인도네시아의 이리안자야 지역에 출장 간 이규웅 과장(당시)이 현지 원주민들을 치료해 주며 기독교를 전파하고 있다(1982년).

해안을 따라 평행으로 활주로가 있는 키에타 비행장에서 마을이 있는 아라와(Arawa)까지는 20km가 넘었다. 이 마을에는 조그만 호텔도 있고 정부 관공서, 항공사 사무실도 있었다. 부겐빌 섬의 목재 회사를 방문하기 전에 나는 이곳에 있는 영림서를 찾아갔다. 이곳의 영림서장 브로간은 같은 불로로 출신이라고 나를 친절히 맞아 주고 주요 목재 회사를 소개하여 주는 등 나는 부겐빌에 있는 동안 많은 도움을 받았다. 그의 부하직원인 엘빗(Elvit Remas)은 나와 불로로에서 함께 공부하던 동창으로 우리는 1년 만에 만나 아주 반가웠다. 나의 다음 방문지가 솔로몬 군도인 것을 안 브로간은 거기 가면 산림청장인 테리(Terry Kera)를 만나라고 했다. 테리도 불로로 동문이라는 것이다.

11월 11일 아침, 나는 중학교 1학년 때부터 보고 싶었던 격전지 과달카날과 그 전투의 중심이던 헨더슨 비행장을 드디어 볼 수 있게 되어 들뜬 마음으로 키에타에서 뉴기니항공의 F28 중형 제트기에 올랐다. F28은 제1차 세계대전 당시 독일 공군 포커 삼엽기로 유명한 네덜란드의 포커(Fokker) 회사에서 만든 중형 제트여객기로서 60여 명 정도가 탑승할 수 있다. 항공기 설계사 포커는 제1차 세계대전 당시 독일공군의 '포커 삼엽기' 전투기를 만든 것으로 유명하다.

F28이 과달카날에 가까이 가면서 착륙을 위해 하강하자 창문으로 과달카날 동쪽의 넓은 평야가 보이고 대부분이 오일팜 야자나무와 논으로 덮여 있는 것이 눈에 들어왔다. 이곳 사람들이 벼농사를 짓고 있다고는 전혀 생각하지 못했던 나는 깜짝 놀랐다. 비행기가 헨더슨 비행장의 활주로에 착륙하자 나는 이 비행장에 발을 디딘 것이 너무 감격스러웠다. 소년 시절부터 마음속에 그리던 곳에 그렇게 서 있는 것이 꿈만 같았다. 주위를 둘러보며 사진을 찍었다. 그리고 이제는 죽어도 한이 없다고 생각하고 이런 기회를 주신 하나님께 감사하였다.

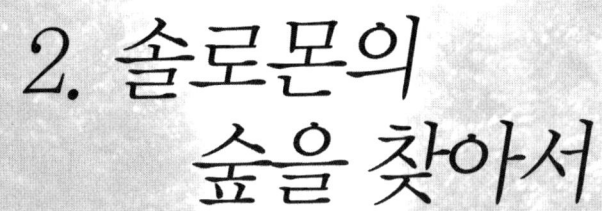

2. 솔로몬의
숲을 찾아서

링가키키 언덕

헨더슨 비행장에 내리니, 우기에 접어든 시기이므로 습도가 높은 것을 대번에 느낄 수 있었다. 뉴기니항공에서 운행하는 마이크로버스를 타고 시내 중심에 있는 멘다나 호텔에 들었다. 바닷가에 있는 이 호텔은 요즈음도 솔로몬 군도에서 가장 좋은 호텔로서, 1568년 솔로몬 군도를 처음 발견한 스페인의 탐험가 멘다나(Alvaro de Mendana)의 이름을 따라 붙인 호텔이다. 이 멘다나가 솔로몬 군도라는 이름을 처음 썼다.

멘다나 호텔 식당에 걸려 있는 멘다나의 모습

내가 초등학교 6학년 때 읽은 학원사에서 나온 '세계 명작 60권' 시리즈 가운데에는 《솔로몬의 동굴》이라는 책이 있었다. 지은이는 생각이 나지 않으나 주인공은 영국인 명사수 '알란 코터만'이란 것이 지금도 기억난다. 내용은 주인공 일행이 갖은 고생 끝에 전설로 내려오던 솔로몬 왕의 동굴을 찾아내고 보물을 발견한다는 것이었다. 그 책의 내용을 생각하며 나는 솔로몬의 동굴이 아니라 솔로몬의 숲을 발견하러 왔다는 생각을 해보았다.

솔로몬 군도는 오랜 동안 영국의 식민지로서 영국인들의 엄격한 통치를 받고 있었으므로 1978년 독립은 하였으나, 원주민들은 백인 앞에서 주눅이 들어 있었을 때였다. 그러므로 바닷가에 있는 이 호텔의 테라스식 식당과 커피숍은 백인들만 사용하고 있었다. 원주민들의 입장을 금지하는 것은 아니었으나 그들 스스로 백인들이 많이 모이는 곳에는 쭈뼛쭈뼛해 나오지 않았기 때문이다. 커피숍 옆에는 수영장이 있는데 점심식사 시간만 되면 알로하오에(Aloha Oe) 음악을 크게 틀어 놓았다. 풀 사이드에 누워서 바로 앞 잔잔하게 파도치는 물 위에 정박해서 흔들리고 있는 요트를 무심코 바라보면서 이 노래를 듣다 보면 하와이 해안에 누워 있는 기분이었다.

호텔에 여장을 푼 뒤 곧 산림청장인 테리에게 전화를 걸었다. 전화로 한국의 목재 회사에서 근무한다고 하고 또 불로로산림대학에서 공부하였다고 하니, 테리는 깜짝 놀라며 당장 호텔로 찾아오겠다고 했

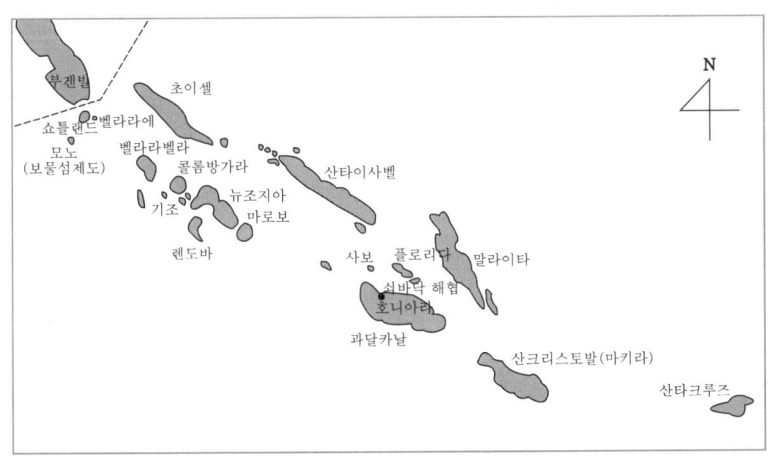

솔로몬 군도

산림청장 테리와
함께(1980년)

다. 10분 뒤 호텔 로비에 테리가 나타났다. 우리는 오랜 친구처럼 반
갑게 이야기하였고 테리는 그날 저녁 자기 집으로 초대하였다. 나는
다시 한번 불로로의 위력을 실감하였다. 다음 날 나는 테리의 사무실
을 방문하였다. 산림청은 호니아라(Honiara) 앞바다가 내다보이는 링가
키키(Lingakiki) 언덕 꼭대기의 전망이 좋은 곳에 자리하고 있었다. 이
링가키키 언덕에는 총리관저, 대법원장 공관도 있고 쇠바닥 해협(Iron
Bottom Sound)이 내다보이는 언덕길을 따라 영국인 공무원과 호주인
은행지점장 등 외국인의 집들과 정부의 장차관 관사들이 많이 있다.
그러므로 이곳에는 거의 집집마다 수영장도 있고 하루 종일 바다에서
바람이 불어오므로 시원하다. 그러나 구릉진 언덕 계곡에는 일반 현지
인 집들이 들어서 있는데 여기는 움푹 들어가 있으므로 바람이 불지
않아 엄청나게 덥다. 하지만 현지인들은 태어나서부터 그런 생활에 익
숙해 있으므로 더위를 잘 견딘다.

참고로 태평양전쟁 당시 미국과 일본의 많은 군함들이 헨더슨 비행
장을 확보하기 위해 이 해협에서 여러 차례 벌어진 전투에서 침몰하

여 가라앉았으므로 전쟁이 끝난 뒤 호니아라 앞바다에는 쇠바닥 해협이란 이름이 새로이 붙게 되었다. 이 침몰한 군함들 때문에 오늘날에도 선박들이 이 해협을 지날 때는 나침반의 자석이 제대로 작동 안 되는 경우가 자주 발생한다.

솔로몬의 목재 회사

일주일 동안 호니아라에 머물면서 그곳의 목재 회사 사무실들을 방문하는 한편 테리에게 개발 가능한 임지를 부탁하였다. 당시 솔로몬 군도에는 영국계 회사가 1개(레버스 퍼시픽), 호주 회사가 3개(알라다이스 · 카레나 · 폭스우드)로서 모두 식민지 당시, 백인의 권력을 이용하여 이 가운데 세 회사는 솔로몬 정부 소유지(독립 전에는 영국 정부에 속했다)에서 식민지 시절부터 작업을 하고 있었다. 솔로몬 군도는 사유 토지소유권이 아주 복잡하므로 원주민 개인 소유 토지에서는 사업을 하기가 지극히 어렵다. 즉, 토지소유권이 좋은 조건의 토지는 모두 백인들이 차지해 버린 것이다.

짧은 체재 기간이었지만 테리는 산림통계, 토질, 지형, 지역별 삼림 축적량, 연간 강우량 등 투자조건으로 검토해야 할 여러 가지 자료를 구해주었다. 내가 정부 기관들을 방문하여 투자 절차 등 여러 가지를 조사하는 동안 느낀 것은 이 나라 공무원들이 깨끗하다는 것이었다. 당시 PNG 공무원들은 이미 부패하기 시작하였는데 여기에 견주어 솔로몬 공무원들은 너무 순수하고 깨끗한 것을 보고 이런 사람들과 함께 일하고 싶은 마음이 솟아났다.

한편 이곳 회사들이 어떻게 작업하고 있나 궁금하여 헨더슨 비행

폭스우드 회사에서 포탄이 박힌 목재를 들고 있는 저자(1980년)

장 근처의 호주회사 폭스우드(Fox-wood)를 방문하였다. 폭스우드에서는 그 근처 원주민 토지에서 벌목을 하여 일부는 원목으로 수출도 하고 일부는 제재목을 생산하고 있었는데, 대형 제재소 야적장에 쌓아놓은 원목에 큰 포탄 파편이 깊이 박혀 있는 것을 보고 놀란 적이 있다. 헨더슨 비행장 근처에서는 비행장을 서로 점령하기 위해 1942년 8월부터 6개월 동안 미군과 일본군 사이에 치열한 격전이 벌어졌으므로 탄환이나 포탄 파편들이 나무속에 박혀 있었던 것이다. 그것을 보고 나는 격전지인 과달카날에서는 임지를 얻지 않는 것이 좋겠다고 생각하였다. 뒷날 이 폭스우드는 주인이 몇 번이나 바뀌었는데, 인수하는 회사마다 사업이 안 되어 되파는 것을 반복하였고 마지막에 인수한 말레이시아 회사는 완전히 손해를 보고 문을 닫았다.

그 다음 해인 1981년, 나는 다시 솔로몬 군도로 날아가 나머지 세 회사를 모두 방문하였다. 이 세 회사는 서부 솔로몬에 위치하고 있었고 교통편(소형 비행기)이 불편해 호주 회사 알라다이스(Allardyce)와 영국 회사 레버스 패시픽(Levers Pacific)을 방문하였다. 이 가운데 알라다이스는 부겐빌 섬 바로 밑에 있는 조그만 섬인 쇼틀랜드(Shortland) 섬에서 작업을 하고 있었다.

1788년, 영국 해군 군함을 타고 솔로몬 군도에 왔던 쇼틀랜드 중위의 이름을 따서 지어진 이 조그만 섬은 로팡(Lofang)이라는 좋은 항구가

있어 태평양전쟁 때 일본군은 이 섬에 보급기지를 만들어 놓고 과달카날 전투를 지원하였다. 그리고 이 섬 바로 앞에 있는 벨라라에(Bellalae)라는 조그만 섬 전체에 활주로를 만들어 놓았다. 이 비행장에 야마모토 대장 비행기가 착륙하려다가 미리 암호를 해독하여 상공에서 기다리고 있던 미군 전투기에 맞서서 야마모토의 비행기는 부겐빌 남부 정글 속에 추락했던 것이다. 이 사건은 아직까지 사상 최대의 항공 매복 작전으로 기록되고 있다.

　비록 전쟁에는 졌으나 당시 이 지역을 점령하여 이 지역이 영국 식민지 행정청 소유의 토지이고 나무가 많다는 정보를 갖고 있던 일본인들은 전쟁이 끝나자 종합무역상사 닛쇼이와이를 앞세우고 1960년대에 이곳을 다시 찾아왔다. 그리고 당시 영국 식민지 행정청의 허가를 얻어 현지회사(Lofang Logging Company)를 세우고 1967년부터 벌목작업을 하기 시작하였다. 그 회사는 수년 동안 원목을 벌채하여 일본으로 보냈으나 무슨 이유였는지 호주의 알라나이스 회사가 이를 인수하여 1980년대 말까지 이곳에서 작업을 하였다.

쇼틀랜드를 처음 방문하기 위해 벨라라에 비행장에 도착하자 현지인 카누 운전수가 나를 안내하여 해변에 대어 놓은 카누로 데려갔다. 이 카누는 원목의 중심 부분을 파내어 만든 것인데 앞부분이 약간 갈라져 물이 들어오고 있었다. 나는 이때 카누를 처음 타 보았다. 카누속에는 나무로 만든 노도 있었지만 카누 뒤에 아웃보드 엔진을 달아속력을 냈다. 도중에 파도를 만나 카누가 많이 흔들리면 금방이라도 파도 속에 파묻힐 것 같아 긴장하기도 하였으나 마주 보이는 쇼틀랜드 섬에 무사히 도착하였다. 이 일이 있은 뒤 나는 반드시 수영을 배워야겠다고 단단히 결심했으며, 호니아라에 돌아가자 곧 수영을 배웠다. 당시 그 회사의 캠프 책임자 존(John Dixon)은 호주 공군 출신으로서 아주 상냥하고 머리가 좋은 사람이었다. 나는 존의 숙소에 머물면서 그가 이곳 생활을 즐기고 있는 것을 보았다. 일과 시간에는 열심히 현지인들을 감독하며 일하지만 여가가 나면 산소통을 메고 스쿠버

수도 호니아라 시내

다이빙을 하기도 하고 전쟁 당시 부서진 일본군 항공기의 잔해와 정글 속에 흩어져 있는 일본군 무기를 모으는 일도 즐기고 있었다. 아마 즐기는 마음이 없다면 이렇게 문명에서 멀리 떨어져 있고 고립된 곳에서 한 달 이상 있기가 어려울 것이다.

그해 우리 회사는 이 회사에서 원목 한 배(약 6천m³)를 구입하여 인천공장에 보냈다. 우리는 자체 공장에 사용하려고 계획했었으나 이 원목이 공장 야적장에 운반되는 것을 본 근처 가구회사 사람들이 원목 품질이 좋아 보인다며 좋은 가격에 거의 모든 양을 사갔다. 이것이 한국에 도착한 첫 솔로몬 군도산 원목이었다.

첫 거래에서 좀 재미를 본 우리는 본격적으로 솔로몬에 있는 기존 목재 회사들로부터 원목을 구입하는 한편 직접 원목을 생산해 볼 기회를 찾고 있었다. 만약 자체 임지를 갖고 원목을 생산한다면 원가도 줄이고 또 본사 공장에 안정적인 원자재 공급이 가능할 것이기 때문이었다. 그러므로 나는 원목 회사를 방문할 때마다 현지인 다루는 법, 장비운용법, 생산방법 등에 대해 관심을 갖고 공부하였다.

알라다이스에 이어 나는 콜롬방가라(Kolombangara)에 있는 영국 회사 레버스 패시픽을 방문하였다. 콜롬방가라 섬은 섬 한 가운데에 높은 사화산이 있다. 이 섬은 화산이 분화되면서 생긴 섬이다. 영국의 식민지 통치 기간 동안 이 섬 토지의 대부분도 식민지 행정청 소유가 되는 바람에 영국의 유니레버 그룹(오늘날 화학, 정유 관련 사업)이 이 지역을 불하 받아 벌목작업을 하고 있었다. 일제시대 일본 정부가 소유권이 불분명한 우리나라 농민의 토지를 수탈한 뒤 일본인이나 일본인 회사에 불하해 준 것과 비슷한 방법으로 영국 회사도 식민지 통치의 혜택을 본 것이었다. 이 섬도 태평양전쟁 당시 일본군 점령 아래 있었으므로 일본군은 섬 남부 지역에 비행장을 만들어 놓았다. 활주로가 잔디로 된 이 비행장은 아직도 사용되고 있다.

이 회사에서도 우리는 원목을 구입했으나 그 품질은 알라다이스사 것보다 못하였다. 그때 이 회사의 사장은 피터(Peter Bullen)라는 영국인이었는데 식민지 시절에 현지인을 노예처럼 다스렸던 영국인답게 거만한 사람이었다. 반면 그 회사의 캠프 책임자인 영국인 찰스(Charles Pollock)는 내가 그 섬에 머무르고 있는 동안 작업현장으로 데리고 다니며 현지인 다스리는 법, 장비운용법을 아주 세밀하고 친절하게 가르쳐 주었다.

한번은 피터와 멘다나 호텔에서 식사를 하는 도중에 한국인을 일본인에 견주어 열등하게 묘사하길래 서로 장사하는 처지에 화를 낼 수도 없어 간신히 화를 참은 적이 있다. 며칠 뒤 호니아라 시내를 걷고 있는데 피터가 나를 보고 차를 세우며 목적지까지 데려다 줄 테니 타라고 한다. 나는 며칠 전의 불쾌한 감정이 그대로 남아 있어 "노, 생큐(No, Thank you!)"라고 대답하고 그 차를 타지 않았다. 한국인을 무시한 자에게 도움을 받고 싶지 않아서였다. 몇 년이 지난 뒤 그는 갑자기 병으로 세상을 떠났다.

전쟁이 올려 준 원주민 지위

영국 회사는 콜롬방가라 섬의 좋은 지역만을 소유하고 있던 것이 아니라 솔로몬 군도 곳곳에 좋은 토지를 소유하고 있었다. 과달카날 동부 평원에 있는 넓은 오일팜 지역과 평평한 러셀 제도의 많은 섬들이 거의 모두 영국 회사 소유로, 영국인들은 그곳에 대규모 야자 농원(플랜테이션)을 만들어 놓고 야자 열매에서 생산되는 코프라(Copra ; 과자의 원료)를 수출하고 있었다. 식민지 통치 기간 동안 영국인들은 값싼 원주민 노동력을 이용해 사람 손이 많이 필요한 대규모 야자 농장을 만들고 사업을 하였다. 문명과 동떨어진 생활을 하던 원주민들은 이들 백인 밑에서 노예와 비슷한 생활을 하였다. 영국인들은 원주민에게 간단한 집과 식량을 제공해 주고 임금은 아주 낮게 주면서 원주민들을 착취하였던 것이다. 그러나 무식하고 힘없는 원주민들은 이렇게 착취당하며 살면서도 큰 불만을 느끼지 못하고 '원래 인간의 삶이란 이런 것이구나' 하는 생각으로 백인들에게 복종하였다.

그러다가 태평양전쟁이 일어난 뒤 일본군이 솔로몬 군도의 대부분을 점령하게 되자 영국, 호주 식민지 관리들과 백인 농장주들은 거의 모두 솔로몬을 탈출하여 호주나 뉴질랜드로 달아났다. 영국과 호주 관리인들이 솔로몬 군도를 떠난 뒤 미군이 반격작전을 위해 솔로몬 군도에 상륙하였다. 그리고 일본군이나 미군 모두 전투를 위해 보급품을 수송선에서 해변에 내리고 다시 전투장까지 운반해야 하는 등 사람 손이 필요하자 우선 쉽게 원주민 노동력을 생각하게 되었다.

원주민들이 식량, 탄약을 운반해주고 식사준비, 군복세탁, 건설공사 등 어설픈 일들을 해 주면 여기에 투입될 병력을 전투 현장으로 보낼 수가 있었으므로 미 · 일 양군 모두 원주민의 마음을 얻어야 했다. 일부 원주민들은 군사훈련을 받고 미군과 함께 일본군에 대항해 싸우기도 하였다. 그러므로 양군 모두 원주민에게 음식 · 담배 · 옷 · 과자 등을 주며 이들의 환심을 사려고 잘 대해 주었다. 그러다 보니 미군부대에서 일하는 원주민들은 생전 처음 보는 음식을 실컷 먹고 미군이 피우는 담배도 실컷 얻어 피우고 일당도 그 전에 영국인 농장주 밑에서 일힐 때보다 훨씬 많이 받게 되었나.

상황이 이렇게 되자 미군과 함께 솔로몬에 돌아온 영국 식민지 행정청 관리들은 미군 당국에게 원주민들에게 너무 선심을 쓰지 말라면서 원주민의 일당은 직접 주지 말고 자기들을 통해서 주라고 요구하였다. 전쟁이 끝난 뒤 다시 돌아올 생각을 하고 있던 백인 농장주들은 만약 미군이 높은 일당을 원주민에게 주게 되면 나중에 자기들도 그 수준만큼을 줘야 되므로 사업의 수지타산이 맞지 않을 것으로 계산하여 이를 영국 식민지 행정청을 통해 미군 당국에 요구한 것이다. 그러므로 영국 식민지 행정청은 일단 자기들이 원주민 일당을 미군에게 받은 뒤 대부분을 떼고 소액만 원주민들에게 주었다. 전쟁 기간 동안 미군은 남는 식량을 원주민에게 나누어 주는 등 선심을 많이 써 솔로몬 원주민들은 영국인보다 미국인을 더 좋아하게 되었고 일부 원주민들은 영국에 다시 식민지가 되는 것보다 차라리 미국 식민지가 되자고 선동하기도 하였다.

미군은 과달카날을 빼앗은 뒤 전쟁이 끝날 때까지 이 섬을 남태평양 보급기지로 사용하였다. 과달카날 해안(현재 쿠쿰 지역)에는 내륙 쪽으로 철도 2km를 부설하여 보급품을 해안에서 내륙 창고 지역으로 운송하였고 오늘날의 호니아라 지역은 미군의 거대한 보급품 창고로 변하였다. 혹시 있을지도 모르는 일본군의 기습에 대비하기 위해 보급품을 분산하여 보관하였으므로 보관 창고는 넓은 지역을 차지하게 되었다. 당시 창고로 지은 퀸셋 건물 가운데 여러 채가 아직도 호니아라 시내 여기저기에 남아 있다.

전쟁이 미군의 승리로 끝나고 미군은 과달카날을 떠날 때 5만 9천 톤(당시 미화 2천만 달러에 해당)의 값비싼 장비와 보급품을 호니아라 앞바다에 밀어서 빠트려 버렸다. 물론 그 보급품을 다시 배에 실어 미국에 가져가는 비용이 비싼 것이 주요 이유였지만 영국 측의 선심

견제도 미군이 고려했으리라 짐작된다.

영국 식민지 당시 행정청은 호니아라 북쪽에 있는 조그만 툴라기 섬에 있었다. 그러나 전쟁 기간 동안 호니아라 지역에 미군이 불도저로 평탄작업을 하고 도로와 창고, 대형 부두를 건설해 놓았고 헨더슨 비행장이 근처에 만들어졌으므로 전쟁이 끝난 뒤 호니아라가 자연스럽게 솔로몬 군도의 새로운 중심 도시가 되었고 독립 뒤에는 수도가 된 것이다.

전쟁이 끝나고 완전히 다시 돌아온 영국 식민지 행정청과 백인 농장주들은 전쟁 전처럼 원주민을 착취하지는 못했어도 다시 엄격한 행정과 관리로 식민지를 다스렸다. 내가 1980년에 솔로몬을 방문했을 때만 해도 현지인들은 백인을 어렵게 생각했다. 그러나 그 뒤 백인이 많이 이 나라를 떠나고 현지인들이 정부와 국영회사의 중요 자리를 차지하면서부터 무능, 부패가 싹트기 시작하더니 요즈음은 그 행태가 더욱 심해져서 이 나라를 사랑하는 사람들에게 우려를 자아내게 하고 있다.

가브리엘 국장

내가 처음으로 가브리엘(Gabriel Samol) 국장을 만난 것은 1979년 4월 23일, 포트모스비의 산림청에서였다. PNG 본토 북쪽 비스마르크 해(海)에 있는 마누스(Manus) 섬 출신인 그는 아주 유능한 PNG 산림청 공무원으로서 처음 만날 당시는 산림청에서 과장 일을 맡고 있었다. 물론 그도 불로로산림대학 출신이었다. PNG에서 가장 큰 종합대학인 'UPNG대학'이 설립되기 전에 이미 불로로산림대학이 있었다. PNG는 우리나라와 달리, 국토가 크고(남한 면적의 5배) 대부분의 국토는 열대산림으로 덮여 있으므로 이 귀중한 보고(寶庫)를 보존하고 관리하기 위해 호주 식민지 시대부터 산림직원을 많이 양성하였던 것이다. 그러므로 다른 학교가 세워지기 전에 이미 세워진 불로로대학에는 당시 전국에서 가장 성적이 좋은 학생들이 응시하여 입학하였는데 가브리엘도 그 가운데 한 사람이었다. 특히 마누스 섬 주민은 일찍부터 교육에 관심이 높아 이 섬 출신 가운데에는 정부에서 중요한 일을 하고 있는 사람들이 적지 않았다.

가브리엘은 우리 회사가 마누스 섬의 서쪽에 있는 울창한 삼림자원에 관심을 가지고 PNG 정부에 사업계획서를 제출한 것을 알고 우리를 여러 가지로 도와주고 있었다. 1981년, 국장으로 승진한 그는 동북아시아 여러 나라를 방문하면서 외국 회사를 유치하려고 설명회를 열었다. 그 일환으로 그는 PNG 산림청 직원과 이미 PNG에서 사업을 하고 있는 목재 회사 대표들을 이끌고 9월 13일, 서울을 방문하였다. 그는 PNG를 출발하기 앞서 텔렉스로 우리에게 연락해 주었으며, 한국 산림청에 우리 회사를 방문하고 싶다고 일정을 부탁해 놓았으니 공장 방문에 대해 한국 산림청과 구체적인 일정을 만들어 달라고 하였다.

우리가 투자하려는 나라의 실무 책임자가 서울에 오게 되었으므로 이때 그에게 우리 공장을 보여주고 협력을 요구하려고 계획하였다. 그래서 나는 한국 산림청 담당자에게 전화를 하여 일정표를 받았는데 뜻밖에 우리 회사 방문이 일정에 빠져 있는 것을 보았다. 대신 투자 설명회를 전후로 하여 모든 일정이 당시 PNG에서 산림벌채 허가권을 취득한 뒤 막 장비를 투입하려고 하는 국내의 H회사 중심으로 짜여 있는 것을 알았다. H사는 바로 몇 달 전에 한국 산림청에서 오랫

동안 일하던 간부 한 명을 스카우트하여 데려가 부장 일을 맡기고 있었으므로 산림청과 관계가 돈독하였다.

일정표에서 투자 설명회를 하는 날은 오전 일정이 비어 있는 것을 발견하고 그 시간에 가브리엘 국장이 우리 회사 인천공장을 방문하게 해달라고 한국 산림청 담당자에게 부탁했더니 뜻밖에도 H회사의 허가를 받으라고 했다. PNG 산림청 방문단의 방한은 PNG 정부의 경비로 오는 것인데, 한국 산림청에서 H회사에 그렇게까지 혜택을 주는 것은 상식적으로 이해할 수 없는 일이었다. 할 수 없이 나는 H사의 산림청 출신 L부장에게 전화를 걸어 사정 설명을 했더니 그는 아주 고자세로 부정적인 대답을 하였다. 그래서 그 다음 날 다시 산림청 담당자에게 전화를 하니 일정이 바뀌었다며 설명회날 오전에는 H회사가 방문단을 데리고 경복궁 관람을 하게 되었다고 했다.

PNG 산림개발을 자기들만이 독점하려는 H회사는 한국 산림청 간부까지 입사시키고 이번 PNG 방문단 일정도 모조리 자기들이 독식하여 다른 회사에는 전혀 기회를 주지 않으려고 원래 비어 있던 투자 설명회날 오전 시간도 우리를 배제하기 위해 산림청과 협의하여 자기들 위주로 매워 버렸던 것이다. 이것은 누가 봐도 페어플레이가 아니다. 더구나 공정해야 할 한국 산림청이 이 문제에서 특정 회사의 하수인 노릇을 하는 것을 보고 나는 너무 실망하였다.

이렇게 H사와 산림청의 벽에 부딪힌 나는 별다른 방법이 떠오르지 않았다. 고민 끝에 가브리엘을 투자 설명회 날 아침 일찍 만나 인천공장으로 데려오는 길밖에 없다고 생각하고 설명회 날인 9월 15일 새벽 3시 잠자리에서 일어나 서울로 갈 준비를 하였다. 당시에는 통행금지가 새벽 4시에 해제되었으므로 그 시간이 지나자 살고 있던 인천 송림동 시장 근처의 집을 나와 동인천역까지 걸어가서 전철을 탔다. 서울역에 도착해서 다시 남산 중턱에 있는 하얏트 호텔로 가는 83번 버스를 타고 호텔에 도착하니 아직 아침 6시가 채 되지 않았다. 나는 잠시 호텔 로비에서 6시가 될 때까지 기다리다가 전화도 미리 하지 않고 가브리엘의 방으로 올라가 문을 두드렸다. 자다가 눈을 비비며 문을 연 가브리엘은 나를 보고 깜짝 놀랐다. 나는 방에 들어가 자초지종을 설명하였다. 가브리엘은 H사와 한국 산림청의 조치에 실망하면서도 자기가 공무로 왔기 때문에 방문국 산림청이 만든 일정을 존중해 주어야 한다는 것이다. 그렇지 않고 일정에 관계없이 이날 오전 자기가 우리 회사를 방문하게 된 것이 나중에 PNG 산림청장에게 알려지면 안 좋다고 했다. 나는 가브리엘에게 그러면 지금 여기서 PNG의 야우얍 산림청장에게 전화하여 허락을 받으면 되지 않겠느냐고 하자 그는 산림청장 집으로 전화를 하였다.

산림청장은 마침 아직 출근 전이었으므로 집에 있었다. 당시는 서울의 일류호텔에서라도 국제 전화는 교환원을 통해 하였으므로 10분 이상 기다린 다음에야 전화가 연결되었다. 가브리엘은 사정을 말하고 자기 상관인 청장의 허가를 받았다. 그때 시간은 거의 오전 6시 30분이 되고 있었다. 나는 즉시 인천공장으로 전화를 하여 당시 윤재형 총무부장에게 호텔로 승용차 한 대를 급히 보내 달라고 부탁하였다. 그 당시 우리 회사는 매주 화요일에는 간부회의를 아침 6시 30분부터 시작하였으므로 윤부장은 이미 회사에 출근하여 회의 준비를 하고 있었던 것이다.

한 시간 뒤에 회사차가 호텔에 도착하였다. 아침에 H사 직원들이 호텔에 오기 전에 출발하려고 나는 가브리엘을 재촉하면서 지금 출발하자고 했더니 가브리엘은 아침 8시에 H사 직원들이 올 테니 그 사람들을 만나서 자기는 이건산업에 간다고 당당하게 말하고 가겠다고 했다. 그래서 우리는 그들이 나타날 때까지 호텔 로비 입구에서 기다렸다. 8시가 되자 정확하게 H사 직원들이 PNG 방문단을 태워 고궁 구경을 하러 갈 고급 승용차 서너 대를 끌고서 나타났다. 책임자인 K이사와 L부장, 그리고 내가 안면이 있는 과장 여러 명도 함께 왔다. 가브리엘이 이들에게 다가가서 K이사와 L부장에게 이건산업에 간다고 하자 이들은 놀라면서 주위에 내가 있는 것을 보고 나에게 와서 항의하였다. 서양에서는 미스터라는 호칭이 경칭이지만 한국에서는 자기보다 한참 낮다고 생각하는 사람에게 보통 사용하곤 한다. 이들은 "어이, 미스터 권, 이럴 수가 있어?" 하며 나에게 항의를 하였다. 가브리엘만 그 자리에 없었다면 나는 '당신들이 페어플레이를 망쳐 놓은 결과'라고 큰 소리로 이야기를 해 주려다가 외국인 앞이라 참았다. 그리고 조용히 양해를 구했다.

그때 직급이 계장이었으나 이들은 나를 즉시 진급시켜 권 대리라고 불러주었다. 회사 생활하면서 이때 처음으로 대리라고 들어 봤다. 그래도 내가 막무가내로 양보를 안 하고 가브리엘을 독촉하여 그의 팔을 끌고 대기하고 있는 승용차로 가려고 하자 이들은 나를 막으면서 "권형, 권형, 한번 도와주시요. 만약 우리 회장님이 이 일을 아시게 되면 우리는 회사에서 쫓겨납니다"라고 간청하였다. 그들의 표정에는 낭패의 기색이 역력하였다. 그래도 나는 듣지 않고 가브리엘을 차에 태우고 호텔을 나왔다. 인천으로 가는 차 속에서, 우리 회사를 우습게 보고 무시한 자들에게 카운터펀치를 시원하게 날려 버린 것을 생각하니 통쾌하였다. 안타깝게도 H회사는 PNG에 진출하여 첫해부터 계속 어려움을 겪다가 몇 해 전에 마침내 문을 닫고 말았다.

인천공장에 도착한 우리는 가브리엘에게 공장을 보여준 뒤 장문영 부회장(당시는 전무)과 함께 향후 투자에 관련된 내용을 상담하였다. 그 뒤에 우리는 마누스에 계속 관심을 갖고 있었으나 마누스 주정부 관리들이 너무 뇌물을 좋아하고 부정부패를 일삼아 PNG 중앙 정부는 마누스 지방 정부의 기능을 중지시켜버렸다. 그리하여 우리가 그 섬 서부에서 추진하려던 사업은 무기한 중지되었다. 가브리엘은 1985년 1월, 솔로몬 군도를 방문하였다. 우리는 오랜만에 호니아라에서 만나 그동안의 안부를 묻고 또 향후 마누스 사업에 대해서 의견을 나누었다.

수년 뒤 내가 포트모스비를 방문하고 떠나는 날, 잭슨 공항에 전송 나온 가브리엘은 나에게 고향 마누스의 나무로 만든 전통 그릇이라며 크고 무거운 그릇을 선물하였다. 그 투박한 그릇은 아직도 우리 집 거실에 있어 나는 그 그릇을 볼 때마다 가브리엘과 함께 그릇 속에 나타나는 아름다운 섬 마누스를 떠올린다. 이 마누스 전통 그릇의 사진을 나의 다른 책《여기가 남태평양이다》속의 〈PNG〉 장에 넣었다.

3. 초이셀 섬

부겐빌 탐험대

1768년 4월, 프랑스의 탐험가 부겐빌(Louis Antoine de Bougain-ville) 백작은 군함 라부드스(La Boudeuse)와 라에트왈(La Etoile)을 이끌고 타히티(Tahiti)에 이르렀다. 그 뒤 서쪽으로 항해한 부겐빌 탐험대는 같은 해 솔로몬 군도 북쪽으로 나아가 두 개의 큰 섬을 방문하였다. 먼저 나타난 섬에는 당시 프랑스 해운부 장관으로서 그 탐험을 후원해 준 초이셀(Etienne Francois, duc de Choiseul)의 이름을 붙이고 더 멀리 보이는 섬에는 자신의 이름을 따서 부겐빌이라고 붙였다.

초이셀은 루이 15세의 애첩인 마담 뽕빠둘(Pompadour)의 도움으로 1754년과 1757년에 각각 로마와 빈 주재 프랑스 대사를 지냈다. 초이셀과 뽕빠둘은 비공식적으로 먼 친척이었다. 그 뒤 1758~1761년에는 외무부 장관, 1761년에 국방부장관, 그리고 1762년부터 1766년까지 해운부 장관을 지냈다. 그는 위대한 프랑스를 꿈꾸던 정치가로서 영국과 해양 제패 경쟁에서 이기기 위해 부겐빌의 탐험을 후원해 주었을 뿐만 아니라 1756년부터 1763년에 걸쳐 유럽이 두 편으로 나뉘어 7년 전쟁을 겪은 뒤에 프랑스가 입은 전쟁의 상처를 마무리하기도 했다. 그러나 그는 너무 사치스러운 생활 때문에 말년

프랑스 니스에 있는 초이셀 호텔

1. 초이셀 장관
2. 마담 뽕빠둘
3. 부겐빌 백작

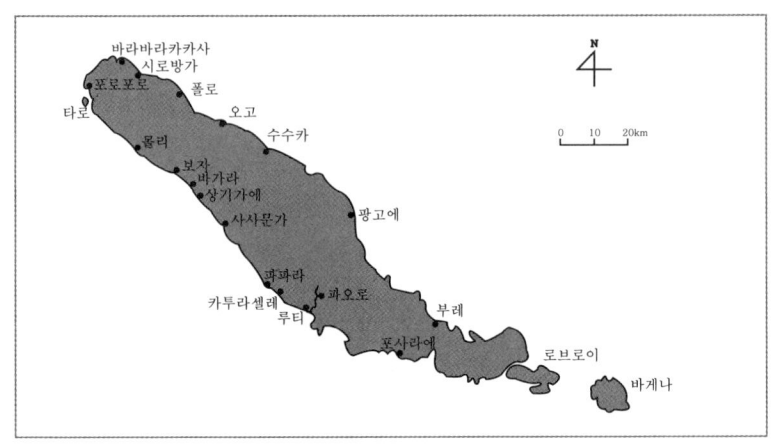

초이셀 섬

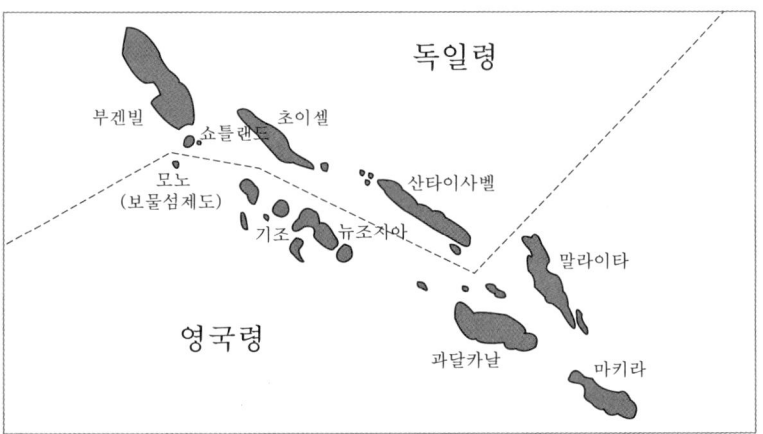

영독 경계선

에 재산을 잃고 경제적으로 어렵게 살다가 많은 빚을 남기고, 1785년
에 파리의 전셋집에서 66세를 일기로 세상을 떠났다. 그의 부인은 갖
은 고생을 하며 남편의 빚을 1801년까지 결국은 모두 갚아서 먼저 세
상을 떠난 남편의 명예를 회복시켰다.

독일령 솔로몬 군도에서 사용하던 동전(맨 오른쪽은 5마르크)

　프랑스는 부겐빌 탐험대가 초이셀이라 이름 붙인 솔로몬 군도 북쪽의 섬과 그 주위 섬들에 어떤 소유권도 행사하지 않았다. 이에 영국은 1893년 뉴조지아(New Georgia), 과달카날, 산크리스토발(San Cristobal), 말라이타 섬을 보호령으로 선포하였다. 그리고 뒤늦게 태평양에 있는 섬들에 대한 식민지 쟁탈 경쟁에 뛰어든 독일이 1886년 북부 뉴기니와 솔로몬 군도 가운데 초이셀·산타이사벨·쇼틀랜드를 식민지로 삼는 바람에 초이셀은 독일령 솔로몬 군도의 일원이 되었다. 그 뒤 1899년 독일은 서사모아를 얻는 대신, 영국에 독일령 솔로몬 군도의 섬들을 넘겨주었다. 1942년 일본군이 상륙함으로써 이 섬은 잠시 일본군 점령 아래 들어갔다. 그 뒤 미군이 일본군을 쫓아내고 잠시 점령했다가 영국에 돌려주었고, 영국은 이 섬을 1978년 솔로몬 군도가 독립될 때까지 통치하였다. 그러나 원주민들은 이 섬을 전통적으로 라우루(Lauru)라고 부르고 있다. 섬의 크기는 길이 160km, 평균 폭 20km로서 면적은 우리나라 제주도의 거의 2배인 3천 2백km² 이다. 적도 밑에 위치해 있고 연중 비가 많이 내리고 햇빛이 강해 섬 전체가 열대우림 기후이며, 섬 어디에나 수목이 무성하게 사라고 있다. 현재 인구는 2만 명이며 인구밀

초이셀 만에서 아
웃보드 엔진을 붙
인 카누를 타고 가
는 원주민들. 두 명
은 이건산업 작업
모자를 쓰고 있다.

타로 섬에 있는 초
이셀 주정부 건물

도(km²당 6명 정도)는 지극히 낮다.

저자가 처음 초이셀 섬에 도착한 것은 1981년, 쇼틀랜드 섬을 떠나
호니아라로 가는 도중 비행기가 잠시 타로(Taro) 섬에 들렀을 때였다.
이곳 국내선 항공편은 오래전 우리나라 시외버스처럼 한번 이륙하면
여러 섬을 돌면서 승객들을 내리고 태우고 한다. 어떤 때는 정기편으
로서 어느 섬에 가야 되는데도 그곳에 내리거나 탈 손님이 없으면 그
곳에는 들리지 않고 다른 곳으로 곧바로 가버리기도 한다. 엿장수 마
음대로가 아니고 조종사 마음대로다. 1980년대에는 모든 조종사가 백

인이었으나 요즈음은 모두 원주민이다. 초이셀 섬에는 비행장이 없고 섬 북쪽에 있는 초이셀 만에 있는 조그만 섬 타로에 섬 길이 전체에 걸쳐 비행장이 있다. 이 조그만 섬에 동사무소, 경찰지서, 우체국 등이 있다. 비행기로 초이셀에 가기 위해서는 몇 년 전까지는 이 타로 섬 비행장이 유일한 것이었다. 그러나 1990년대 후반에 초이셀 섬 동남쪽에 있는 조그만 카카우(Kakau) 섬에 비행장을 만들어 놓았는데, 그 당시는 거의 사용을 하지 않았으나 요즈음은 카카우 비행장도 주 1회 솔로몬항공의 소형 비행기가 운항하고 있다.

1981년 처음 타로 비행장에 비행기가 내려 비행장 항공사 건물 앞으로 이동할 때 비행기 창문을 통하여 보니 항공사 건물 앞에 앉아 있거나 서 있는 사람들이 잎이 붙은 나뭇가지를 가지고 몸 앞을 휘젓고 있었다. 말이 항공사 건물이지 조그만 창고 같았다. 처음에는 저 사람들이 무슨 일을 하고 있나 궁금했는데 나중에 알고 보니 이 섬에는 물이 고인 웅덩이가 많아 여기서 발생한 엄청난 모기 때문에 나뭇가지로 부채 부치듯이 하면서 모기를 쫓고 있었던 것이었다. 모기가 많으니 당연히 이 타로 섬에 살고 있는 사람들은 말라리아에도 많이 걸린다. 그 뒤 나는 1983년 4월 이 섬을 다시 방문하였다. 이때는 혼자가 아니고 회사 직원 여러 명과 함께 산림조사차 간 것이다.

포트빌라의 추억

회사 직원 여러 명과 함께 초이셀을 방문하기에 앞서, 1982년 나는 다시 솔로몬 군도를 찾았었다. 그때 산림청을 방문하여 투자 가능한 지역을 다시 한번 산림청 직원들과 상의한 뒤 나는 호니아라에서 서쪽으로 가장 멀리 떨어져 있는 초이셀 섬을 선정하였다. 당시 산림청 부청장인 엔리(Enely Kwanairara)와 국장인 에디(Eddie Dolaiano) 역시 불로로산림대학 출신이라 이들의 도움을 많이 받았다. 초이셀을 선정한 다음 산림청 신청서에 일단 초이셀 섬 전체 산림벌채권을 우리 회사 이름으로 신청하였다. 그때는 신청비가 있는 것도 아니었으므로 다른 회사에서 못 넘겨다보게 일단 섬 전체에 우리 회사 말뚝을 박아 놓은 것이다. 귀국하여 이 사실을 박 사장에게 보고한 뒤 산림개발 경험이 있는 전문가 한 사람을 지원해 주면 당장 내년에라도 산림조사를 하고 사업을 속행하자는 제안을 하였다. 이에 박 사장은 인도네시아에서 산림개발 경험이 있던 최명행 씨를 소개해 주며 그를 회사 감사로 영입하였다.

그 다음 해 2월 최 감사와 나는 일본의 가고시마(鹿兒島)를 거쳐 중부 태평양의 섬나라인 나우루(Nauru)의 나우루항공 여객기를 타고 솔로몬에 도착하였다. 우리는 솔로몬에 있는 큰 섬들 가운데 당시로서 산림개발 가능성이 있는 마키라(Makira) 섬, 벨라라벨라(Vella Lavella) 섬, 방구누(Vangunu) 섬 그리고 초이셀 섬을 일단 항공조사 하기로 하였다. 3월 7일, 우리는 정기편 10인승 소형 비행기를 타고 과달카날 동쪽에 있는 마키라 섬을 향하여 날아갔다. 마키라에서 가장 큰 마을인 키라키라 비행장에 내려 연료탱크에 기름을 가득 채우고 우리는 그때부터 비행기를 1시간 전세 내어 하늘에서 나무축적량, 지형들을 조사했다. 그리고 그 다음 날은 초이셀 조사를 위해 정기편 항공기를 타고 초이셀로 향하였다.

비행기가 호니아라를 출발해 뉴조지아 섬 서쪽에 있는 문다(Munda)에 도착했는데, 문다 비행장에는 항공 연료가 없어 정기편 항공기는 그곳에서 연료를 실은 배가 도착할 때까지 무작정 기다려야 했다. 산

1. 마키라 섬에서 항공조사를
   위해 이륙하기 전 6인승 비
   행기 옆에서 저자(1983년)
2. 마키라 섬의 원시림

3. 문다의 아그네스 여관
4. 문다 비행장에서 23년 지기 로렌스와 함께
5. 아그네스 여관에서 본 문다 해안

림청장 테리의 어머니 아그네스 할머니가 경영하는 조그만 아그네스 여관에 머물면서 며칠을 기다려야만 되었던 것이다. 우리는 초이셀의 타로 섬까지는 정기편으로 가고 거기서 비행기를 전세 내어 항공조사를 할 예정이었다. 이렇게 하는 것이 호니아라에서 타로까지 전세 내는 것보다 비용이 훨씬 저렴했기 때문이다. 저녁이 되자 최 감사가 마키라 서부 지역이 그런대로 괜찮으니 그 지역에 대해 산림개발 신청서를 산림청에 내자고 의견을 내었으나 나는 여기까지 온 김에 며칠이라도 기다리다가 초이셀을 한번 조사해보고 최종적으로 결정하자는 의견을 제시했다. 최 감사는 내 말에 일리가 있다고 하며 내 의견을 들어주었다. 이 일에 대해서는 20년의 세월이 흐른 오늘에도 항상 최 감사에게 마음속으로 감사하고 있다.

최 감사는 나보다 대학교 17년 선배로서 산림개발에 넓고 깊은 지식을 갖고 있었다. 그날 밤 자정쯤, 문다 비행장에서 근무하는 솔로몬 항공사의 직원 로렌스(Lawrance)가 아그네스 여관에 찾아와 방금 연료를 실은 배가 도착했으니 내일 아침 일찍 비행기가 출발할 수 있다고 전해 주었다. 나는 로렌스를 볼 때마다 항상 '문다의 로렌스(Lawrance of Munda)'라고 불러 주었다. 물론 영화 〈아라비아의 로렌스(Lawrance of Arabia)〉를 흉내낸 것이었지만……

문다 비행장은 전쟁 동안 일본군이 만들었으나 미군에게 빼앗긴 비행장으로 그때 비행장 건물은 전쟁 당시 미군의 퀸셋을 그대로 사용하고 있었다. 문다 비행장에서 초이셀까지는 1시간 비행거리다. 우리는 아침 일찍 문다를 출발하여 오전 8시에는 초이셀 상공에 도착하였다. 초이셀은 보통 오후에는 구름이 섬 전체를 감싸 항공조사를 제대로 할 수 없다. 그러나 오전에는 구름이 없으므로 우리는 항공조사로 보고 싶은 지역을 제대로 다 볼 수 있었다. 만약 그 전날, 예정대로 갔더라면 초이셀 도착시간이 오후가 되므로 구름 때문에 항공조사를 제대로 할 수 없었을 것이다. 문다 비행장에 기름이 없었던 것이 오히려 항공조사를 제대로 하게 만들었다. 우리는 호니아라로 오는 길에 벨라라벨라 섬과 방구누 섬도 항공조사를 하였으나 우리가 본 곳 가운데 나무가 제일 많이 있는 곳은 초이셀이었다. 이렇게 해서 우리는 최종 개발 목표지역을 초이셀 섬으로 확정하고 곧 지상조사팀을 투입하기로 하였다.

한편 이것은 어디까지나 최 감사와 나 사이에 합의된 것이지 사장이나 전무의 의견은 아직 듣지 못했으므로 우리는 솔로몬 군도 남쪽에 위치한 신생독립국 바누아투(Vanuatu)에 가기로 하였다. 왜냐하면 3월 말에 박 사장이 피지와 바누아투를 거쳐 솔로몬 군도에 올 예정이었으므로 우리는 바누아투에서 박 사장을 만나 솔로몬 항공조사 결과를 보고하는 한편 혹시 바누아투에도 개발 가능한 산림자원이 있다면 한번 같은 선상에 올려놓고 견주어 보고 싶어서였다.

3월 14일 오후 2시, 우리는 헨더슨 비행장에서 메트로(Metro) 쌍발 프로펠러 비행기(20인승)를 타고 바누아투로 출발하였다. 캐나다에서

초이셀 섬을 덮고
있는 울창한 원시림

만든 이 비행기는 좌석이 20개였으나 승객은 우리 둘밖에 없었다. 비행기는 도중에 연료를 공급하려고 바누아투의 북쪽에 있는 산토 섬의 산토 비행장에 내렸고, 급유를 받은 뒤 수도 포트빌라로 날아갔다. 그리고 포트빌라에 도착하자 즉시 카이비티 호텔에 여장을 풀었다.

우리는 며칠 있으면서 바누아투 산림청을 방문하여 여러 가지 자료를 검토하였는데 이곳 산림청 부청장인 에드워드(Edward Are) 역시 불로로산림대학 출신이라 우리는 그에게 많은 도움을 받았다. 그는 우리를 자기 차에 태우고 에파테 섬을 일주시켜 주며 삼림 자원을 보

포트빌라 시내의
해안도로

불로로 동창인 바
누아투 산림청 부
청장인 에드워드
와 함께 에파테 섬
에서

여 주었다. 그러나 바누아투는 위도가 솔로몬보다 훨씬 남쪽이고 기후는 열대우림 기후가 아닌 아열대 기후이므로 솔로몬 군도보다 삼림 자원이 아주 빈약하였다.

며칠 뒤 박 사장이 포트빌라에 도착하였다. 우리는 그동안 조사한 것을 그에게 보고하였다. 이때 솔로몬 산림청장 삼손(Samson Gaviro)으로부터 우리가 머물고 있는 호텔에 텔렉스가 왔다. 그것은 솔로몬 정부에서 금년 3월 중순까지만 산림개발 신청서를 받아 주고 그 뒤로부터는 무한정 기간으로 중지한다는 것이었다. 바로 그 얼마 전에 테리 청장이 은퇴하고 삼손이 새로운 산림청장이 된 터였다.

이 텔렉스를 받자 박 사장은 빨리 솔로몬에 가자고 하며 가장 빠른 비행기 편으로 예약을 하라고 했다. 그날이 금요일이라 다음 비행 편은 일요일에 있었다. 당시 솔로몬항공은 주 3편, 즉 화·목·일요일에 있었는데, 소형 비행기로 솔로몬 군도와 바누아투 사이를 운항하고 있었다. 나는 장로교 신자다. 박 사장에게 주일날은 여행하지 않겠다고 하자 박 사장은 상당히 당황해 하였다. 옆에 있던 최 감사도 당황해하며 사장님 말씀을 따르라고 한다.

그러나 나는 마음속에 이미 정하고 있었다. '주일날 여행할 것이었으면 진작에 고등학교 졸업 때 가고 싶었던 육군사관학교 입학시험을 주일날 응시하였을 것이다'라는 생각으로 만약 계속 박 사장이 강요를 한다면 회사를 그만두고 한국 가서 구멍가게를 하더라도 내 의지대로 주일날을 지켜가며 살겠다고 결심하였다. 그리고 기도하면서 박 사장과 말을 하였다. 잠깐 침묵이 흐른 다음 박 사장이 예수는 꼭 그렇게 믿어야 하냐고 물어보기에 "예"라고 대답하였다. 그러자 박 사장은 그 다음 비행기는 언제 있냐고 하였고, 내가 화요일, 즉 3월 22일에 있다고 하니 그러면 그 비행기로 가자고 했다. 나는 순간 '아!

이 사람은 사장답구나, 이런 사람을 위해서라면 일할 가치가 있다' 라는 생각이 문뜩 가슴속에 솟아오름을 느꼈다. 나는 하나님께서 우리가 계획하고 있는 것이 좋은 열매를 맺도록 도와주실 것을 믿었다.

화요일에 출발하는 계획을 세워 놓자, 또 조그만 문제가 생겼다. 그것은 우리가 묵고 있던 인터콘티넨탈 호텔의 모든 방이 이미 예약되어 있어 토요일은 방을 비워 주어야 했던 것이다. 그러므로 토요일 하루는 다른 데서 자야 했다. 그런데 마침 호텔 로비에 요트 전세에 관한 광고판이 보였다. 주인을 만나 보니 미국인이었다. 그는 10명 정도가 먹고 잘 수 있는 큰 요트를 갖고 있었다. 1박 2일 빌리는 데는 당시 미화 4백 달러라고 했다. 이 가격에는 요트 기름값, 이틀 식사비가 포함되어 있었다. 계산해 보니 식비를 포함해 우리 세 명이 호텔에서 있는 것보다 쌌다.

그래서 우리는 이 요트를 타고 에파테섬 북부에 갔다 오기로 하였는데, 요트는 토요일 아침에 호텔 앞을 출발하여 일요일 저녁에 돌아온다고 한다. 그러면 나로서는 예배당에 갈 수 없으므로 3월 20일 일요일 비행기를 타고 솔로몬에 가는 것과 다르지 않다는 생각에서 박 사장과 최 감사를 위해 요트를 조치해 주고 나는 가지 않겠다고 설명을 하였다. 나는 내 사정을 요트 주인이며 스키퍼(skipper ; 요트에서는 선장이라고 하지 않고 스키퍼라고 한다)인 찰스(Charles Lamb)에게도 말했는데, 그가 좋은 생각이 있다며 안을 내놓았다. 즉, 에파테 서해안을 따라가다가 수영하기 좋은 데서 그날 밤에 닻을 내리고 자고 그 다음 날인 주일날 아침에 거기서 포트빌라에 30분 정도 차 타고 가면 오전 10시 예배에 충분히 참석할 수 있다는 것이다. 나는 이 안에 동의하고 우리 일행에 찰스의 아들과 그의 애인 그리고 포트빌라에 있는 일본계 호텔에서 근무하고 있던 한국인 방 선생을 초청하여 요트를 타고 바다에 나갔다.

그날은 하늘에 구름 한 점 없고 순풍이 불어 바다는 마치 거울 같았다. 찰스는 바누아투에 와서 요트를 몇 년 동안 탔지만 이렇게 좋은 날은 처음 본다고 했다. 우리는 바다낚시를 하며 큰 고기도 잡고 나폴레옹의 모자처럼 생긴 햇 섬(Hat Island)을 지나 닻을 내리고 20m 깊이의 투명하게 보이는 물속에서 스노클링(snorkeling)을 하기도 하였다. 방 선생은 잡은 생선으로 생선회를 만들었고 어디서 구했는지 초고추장도 준비해 왔다. 요트의 키를 잡고 있는 찰스가 쓴 모자를 우연히 쳐다보다가 옆면에 '오산'이라는 영문자가 보이길래 어디서 구했느냐고 물으니 한국에서 군인으로 복무하고 떠날 때 한국인 친구가 준 것이라고 했다. 이 노인은 젊었을 때 한국과 일본에서 군인으로 근무하다가 제대한 뒤 이 남태평양에 와서 이렇게 여생을 보내고 있는 것이었다. 그러므로 요트 전세 값도 그렇게 비싸게 받지 않을 정도로 여유롭게 인생을 즐기고 있는 것이었다.

그 다음 날 일찍 요트에서 일어난 나는 해변으로 나와 포트빌라 쪽으로 가는 차를 기다렸으나 반대 방향으로 가는 차는 몇 대 있어도 포트빌라 방향으로 가는 차는 오지 않았다. 급하면 항상 내 습관이 나온다. 나는 하나님께 빨리 차를 보내 달라고 기도하였다. 잠시 뒤 자동차 소리가 들리는데 이 역시 반대 방향으로 가는 지프차였다. 무조건 세우고 내가 지금 포트빌라에 있는 교회에 가야 되니 태워 달라고 부탁하자 베트남인 운전수는 싣고 온 발전기를 건너편 마을에 내려다 주고 오겠다고 했다. 얼마쯤 걸리겠냐고 물으니 30분이라고 한다. 남태평양 사람들이 30분이라면 보통 한두 시간 걸린다. 걱정이 되었지만 도리가 없어 빨리 갔다 오라고 하였다. 정확하게 30분 뒤 반대 방향에서 지프차 오는 소리가 들렸다. 기다리고 있던 나는 이 고물 지프차에 올라타고 포트빌라를 향해 달렸다. 내 사정을 알게 된 베트남인이 액셀러레이터를 계속 힘차게 밟은 덕택으로 예배 시작 약 1시간 전 예배당에 도착하였다.

예배 뒤 나는 우연히 예배에 참석한 모리사(Sala Molisa) 부총리를 만나 그의 차를 타고 호텔에 왔다. 그의 비서를 통해 우리가 방문하기로 이틀 전 금요일에 약속했었으므로 내가 박 사장을 모시고 월요일 아침 그의 사무실에 들어갔을 때는 이미 구면이 되어 있었다.

이 이야기를 읽은 일부 독자들 가운데는(설령 예수교인이 아니라도) 저자를 아주 독실한 기독교인이라고 생각하는 분들도 있을 것이다. 그러나 저자 역시 다른 부족한 부분이 많다. 창조주 하나님 중심으로 사는 것보다는 피조물 중심, 즉 세계적으로 유명한 정치가나 권력자, 부자와 개인적으로 친분이 있는 것과 유력한 교인이 자기 교회에 많은 것을 자랑으로 삼으며 잠깐 보이다가 안개처럼 없어질 거창한 일을 하는 것을 자랑으로 삼는 목사들은 나 같은 사람을 중세의 기독교인으로 업신여기거나 비웃을 것이다. 기독교 역사상 큰일을 한 사도 바울이 당시 로마나 이스라엘의 권력자, 부자들과 교제를 나누

포트빌라 장로교회
의 성가대

면서 살았다거나 그런 종류의 생활을 자랑으로 삼았다는 것을 나는 성경에서 찾아보지 못하였다. 사도 바울은 죄수의 신분으로 로마에 가서 기독교를 전해 당시 세계의 강대국 로마를 기독교 국가로 만들었다. 유력한 정치가나 정부 고관의 도움을 받아 로마 시내의 큰 광장을 빌려 수십만 명을 모아 놓고 전도하여 로마를 기독교 국가로 만든 것이 아니다. 한 알의 작은 씨가 땅에 심어져 많은 새들이 깃들이는 큰 나무가 되듯이 겉에서 보기에는 미약하지만, 사도 바울의 깨끗하고 진실한 신앙인격을 보고 가까이 있는 사람들부터 감화를 받아 그렇게 된 것이다.

우리는 유명한 사람이 훌륭한 사람이라고 착각을 많이 한다. 유명한 사람들 가운데 물론 훌륭한 분들도 있지만 그렇지 않은 경우도 많다. 신문에 이름이 오르내린 유명한 사람들 가운데 얼마나 많은 사람들이 나라와 사회에 나쁜 짓을 했는가 곰곰이 생각해 보자. 나는 오히려 유명하지 않은 사람들 가운데 훌륭한 분들을 더러 만나 보았다.

최근에 삼영화학의 이종환 회장이 사재 3천억 원을 장학금으로 기증했다는 신문기사를 읽었다. 평상시에는 점심 식사로 자장면이나 우동을 즐겨 먹으며 검소하게 살아온 그가 국내 최대 장학재단을 만드는 데는 엄청나게 큰 돈을 내놓았다고 신문은 전한다. 우리는 그보다 훨씬 큰 사업을 하여 유명하고 돈이 많은 사람들의 이름을 오래전부터 들어서 잘 알고 있으나 나는 그의 이름을 이 기사를 읽고 처음 알게 되었다. 또한 2002년 5월 3일 밤, 텔레비전에서 김인배라는 30대의 평범한 사람을 잠시 보여 주었다. 그는 라이터에 광고인쇄를 하는 생업을 하면서도 시간이 나는 대로 지체 부자유자들을 보살피는 일을 자원하여 10년 이상 계속하고 있었다. 사실 노벨평화상은 세계 언론에 자주 오르내리는 유명한 사람들이 아니라 바로 이런 사람들에게 주어져야 한다. 유명한 사람은 곧 훌륭한 사람이라고 인식하고 있는 독자 가운데에서도 조금만 깊이 생각해보면 내 생각에 동의하는 사람들이 적지 않으리라고 믿는다.

3월 22일, 우리는 포트빌라에서 호니아라에 도착하였다. 산림청장을 만나 회사의 처지를 설명하고 이어서 산림청이 속해 있는 자원부의 살라카(Peter Salaka) 장관을 만나 기일이 넘었지만 산림개발 신청서를 접수해 달라고 하자 모두 흔쾌히 우리 요청을 받아 주었다. 이 또한 하나님의 은혜라 생각하고 감사하였다. 주일날 때문에 늦었으므로 하나님께서 책임지시고 조치해 주신 것이라 믿었다. 하나님께서는 전능하시므로 장래의 일까지 모두 다 아시니 만약 나중에 사업이 실패로 끝날 것 같으면 미리 주일날을 지킨 것 때문에 늦도록 만들어 초반에 일이 안 되게 하셔서 나중에 만날 큰 화를 피하게 해 주셨을 것이다.

우리 인간들은 당장 눈앞에 보이는 것이 해결되어야 만족한다. 그래서 뇌물도 필요하면 써서 일단 허가서를 받으면 된다 생각하고 밀어붙여 성사시켜 놓고 이어서 많은 돈을 투자해서 공장도 짓고 큰 사업을 시작하며 신문광고도 하지만 공장이 완공되고서도 가동조차 못하고 망하는 회사를 나는 수도 없이 많이 보았다. 또 어떤 회사들은 잠시 공장을 돌리다가 결국 문을 닫는 경우도 많이 보았다. 내 선배 한 명은 미국에 큰 공장을 짓기 전에 근처 주민들에게 환경에 대한 협조를 받고자 돈도 쓰고 가정마다 대형 텔레비전도 선사하여 마음을 얻어 놓았지만 공장 건설 뒤 경영에 실패하여 망하고 말았다. 차라리 뇌물 안 써서 초기에 일이 안 되었으면 뒤에 아까운 회사 자금을 날리지는 않았을 것이다. 나중에 후회해 보아야 소용없다. 결국 망하기 위해 뇌물 쓰고 돈 쓰고 미인계 썼던 것이다.

정도(正道)로 해서 되면 물론 좋은 것이고 정도로 해서 초기에 안 되면 그것은 나중에 만날 큰 화(禍)를 피하는 길이라고 나는 믿고 있다. 솔로몬 군도 옆에 있는 PNG에 투자한 한국의 모 회사는 PNG 관련 공무원들에게 뇌물도 많이 주고 한국에 데려가 기생파티도 열어 주고 해서 추진하던 사업허가서도 받아 큰 투자를 했지만 한 해도 돈을 벌지 못하고 일본이나 호주 동종업계 회사들에게 놀림을 받으며 몇 년 동안 투자한 큰 돈 다 날리고 망해 버렸다.

정도를 벗어나지 않고도 다 관련 허가서 받을 수 있다. 만약 그 회사가 공무원에게 뇌물도 안 주고 한국에 데려가 기생파티도 안 열어 주어 허가서를 못 받았다면 뒷날 그렇게 허무하게 돈을 날리지도 않았을 것이고 한국에 있는 본사도 타격을 받지 않았을 것이다. 회사일을 하는 데 나의 주특기는 밀어붙이는 것이라고 생각한다. 아마 우리 회사 직원들에게 나에 대해서 물어보면 하나같이 이 이야기를 할 것이다. 그러나 바르고 당당하게 힘껏 밀어붙이다가 안 될 때에는 '아! 이것은 나중에 화가 될 것이므로 하나님께서 미리 막아 주시는구나' 생각하고 다른 아이템을 찾거나 다른 방면으로 돌파구를 찾는다.

포트빌라의 인터콘티넨탈 호텔은 육지로 깊이 들어온 만(灣) 가에 면해 있다. 포트빌라를 떠나기 전날 밤, 산림청 부청장인 에드워드가 호텔에 와서 저녁 식사를 함께 하기로 되어 있었다. 나는 그가 자동차를 타고 호텔 정문으로 들어올 줄 알고 호텔 로비에 나가 기다리고 있었다. 그러나 시간이 훨씬 지나도 그가 오지 않아 이 친구가 약속을 잊었구나 생각하며 호텔 식당으로 돌아왔더니 벌써 그곳에 와서 박 사장, 최 감사와 함께 이야기하고 있었다. 이 친구가 들어오는 것을 내가 못 보았구나 생각하고 있는데, 에드워드는 내 마음을 이미 읽고 나무 카누를 노로 저어 호텔 백사장으로 해서 들어왔다고 한다. 우리는 저녁을 먹고 헤어졌는데, 물론 에드워드는 카누를 둔 곳으로 내려갔다. 그가 떠나자 박 사장은 "여태까지 사는 동안 수없이 많은 사람을 만났지만 나를 만나려고 호텔에 카누를 저어 온 사람은 처음 봤다"고 껄껄거리는 웃음을 지으며 나지막하게 말했다. 몇 년 전에 에드워드는 산림청을 은퇴하고 번지점프의 원조(元祖)로 유명한 그의 고향 펜티코스트 섬에 돌아가서 저자에게 안부 편지를 보내왔다.

포로포로 마을

1983년 4월 14일, 최 감사, 저자, 그리고 본사에서 온 젊은 직원 3명은 영국제 아일랜더(Islander) 10인승(조종사 포함) 쌍발 프로펠러기에 산림조사 장비를 싣고 헨더슨 비행장을 출발하여 도중에

기조 섬 앞에 있는 누사타페 섬

기조(Ghizo) 섬 앞에 있는 조그만 누사타페(Nusatape) 섬에 도착하였다. 납작하고 길쭉한 모양의 이 섬 전체가 비행장이다. 그러므로 하늘에서 보면 마치 항공모함처럼 보인다. 이 섬에서 기조 섬까지는 조그만 보트로 왕래를 한다.

승객이 내린 뒤 초이셀에 가는 다른 승객을 태운 비행기가 이륙하려고 잔디 활주로를 달려가는데 그때 갑자기 스콜(열대 소낙비)이 심하게 내렸다. 젊은 호주인 조종사는 이륙을 포기하고 다시 조그만 헛간처럼 생긴 터미널 건물로 돌아왔다. 우리는 비가 그치기를 기다렸으나 그날따라 하늘이 뚫리는 듯 비가 엄청나게 내렸다. 할 수 없이 우리는 초이셀 행을 포기하고 모두 카누를 타고서 기조 마을에 들어가 하루를 보냈다.

그 다음 날 이른 아침, 날씨는 맑게 개었으며 우리가 탄 비행기는 기조의 누사타페 비행장을 이륙한 뒤 초이셀을 향하여 엔진 소리도 경쾌하게 비행하여 초이셀의 타로 섬에 도착하였다. 우리는 비행장에 마중 나온 지역 국회의원 제이슨(Jason Dorovolomo)을 처음 만나 인사를 나누었다. 그의 안내로 우리는 카누를 타고 초이셀 만을 가로질러 초이셀 본섬의 서부 해안에 도착하였다.

이곳에는 초이셀 섬의 유일한 중·고등학교가 있다. 학생들은 섬 전역에서 왔으므로 모

20년지기 친구인 마이크와 함께 기조 비행장에서 (2003년 1월)

두 기숙사 생활을 한다. 말이 기숙사이지 시설은 형편없고 관리도 엉망이어서 학생들은 아주 불결한 상태에서 공부하고 있었다. 기숙사 건물에는 유리창문도 없고 문도 없어 모기, 파리가 완전히 자유롭게 왕래하고 있었다. 침대도 판자를 엉성하게 짜서 만든 것이었는데 모기장을 친 침대는 가끔 보일 정도였다. 선생들은 거의 현지인들이나 미국과 영국에서 자원봉사자 두 사람이 와서 봉사를 하고 있었다. 미국 중부 아이오와주에서 온 마이크(Mike Hemmer)와 영국인 제임스(James Bernard)는 현지인들을 가르치는 것을 아주 좋아하고 있었고 특히 제임스는 피리를 잘 불어 저녁에는 정글에서 나온 나뭇잎과 나뭇가지를 사용하여 원주민 식으로 만든 그의 집 마루 위에 걸터앉아 피리로 스코틀랜드 민요를 불었는데 남십자성이 보이는 조용한 밤공기를 뚫고 우리가 자고 있는 텐트까지 그 소리가 울려 퍼졌다.

여학생들도 제법 많아 별도의 건물을 사용하고 있었는데 열악한 형편은 마찬가지였다. 선생들 집은 모두 정글에서 모아 온 나뭇잎으로 지붕과 벽을 만들어서 보기는 흉하지만 막상 집에 들어가 보면 시원하였다. 운동장 한쪽 끝 편에 우물이 있어 그 물을 길어 사용하는데 흙탕물이었다. 우리는 첫날 밤에 이 우물에 가서 목욕을 하느라고 잘 몰랐는데 그 다음 날 낮에 가보니 완전 흙탕물이었던 것이다.

식수는 교실 처마 끝에 빗물탱크를 설치해 사용하였다. 다행히 거의 매일 밤 소낙비가 한줄기씩 쏟아져 내려 물 걱정은 없었다. 우리는 알렉스(Alex Lokopio) 교장의 협조로 운동장 한편에 한국에서 가져온 텐트를 치고 밥을 해먹었다. 처음에는 바닥에 A텐트를 치고 잤다. 그런데 등 밑바닥에서 벅벅 긁는 소리가 났다. 일어나 주먹으로 내려치니 조용해졌으나 잠시 뒤 다른 쪽에서 다시 벅벅 긁는 소리가 나서 다시 주먹으로 내리치니 또 조용해졌다. 이 일을 수도 없이 반복하느라 잠을 제대로 잘 수 없었다. 아침에 일어나 바닥을 걷고 보니 텐트를 칠 때는 보지 못했던 주먹만한 구멍이 여러 개나 있었다. 현지인들에게 보여주니 코코넛 열매를 먹고 사는 코코넛 게의 집이라고 한다. 이놈들이 밤에 나와 작업을 하려고 밤새 벅벅 소리를 냈던 것이다. 구멍에 돌멩이를 쑤셔 넣고 막아 버린 뒤부터는 밤에 조용히 잠을 잘 수 있었다.

그러나 제일 어려운 것은 화장실이었다. 학교에는 화장실이 없다. 모두 바닷가에 나가 해안에 서 있는 맹그로브(Mangrove ; 紅樹林)에서 적당히 일을 봐야 한다. 열대와 아열대 지역 해안에서 자라고 있는 맹그로브 수종의 뿌리는 해안에 낮은 높이로 발달되어 있는데 이 뿌리를 잘 디디고 일을 봐야 한다. 썰물 때 뿌리 위에 앉아 일을 보면 밀물이 들어와 용변을 깨끗하게 씻어내 간다. 이것이 이 학교의 화장실이다. 물론 여자, 남자 구역이 구분되어 있긴 하나 동이 트기 전에 일찍 가서 튼튼한 뿌리를 찾아서 일을 끝내야 민망한 모습을 남에게 안 보일 수 있다. 나는 새벽에 일찍 일어나는 체질이라 껌껌할 때 일어나

최명행 감사의 텐트에서 최 감사 (오른쪽)와 함께 (1983년)

손전등을 들고 맹그로브에 가서 일을 보고 나왔는데, 그때 학생들이 서서히 나타나 점잖게 맹그로브 숲속으로 사라졌다. 날이 밝은 뒤 늦게 일어나는 학생은 맹그로브에 못 가고 학교 뒤에 있는 숲속에 들어가서 일을 봐야 한다. 이곳은 바닷물이 들어오지 못하므로 비가 안 오면 악취가 심하다.

한국인 직원들 가운데에도 늦게 일어나 숲속에 들어가는 사람이 있었다. 우리는 그래도 휴지를 준비해 가는데 학생들은 나뭇잎, 돌, 바닷물 등을 휴지 대신 이용한다. 맹그로브에 가건 숲속에 가건 일은 신속하게 끝내야 한다. 왜냐하면 해 뜨기 전과 해 지고 난 뒤가 모기가 가장 설칠 때이므로 이 시간에 바지를 완전히 내리고 오랜 시간 있다 보면 전투기 편대처럼 공격해 오는 모기떼에 엄청난 피해를 보게 되고 잘못하여 학질모기에 물리면 말라리아에도 걸리게 된다. 그러므로 일을 오래보는 한국인 직원은 아예 모기향을 손에 들고 가기도 한다. 저자는 한번 심한 설사병에 걸려 비 내리는 밤에 여러 차례 텐트에서 나와 맹그로브 뿌리를 타고 가다 미끄러져 곤욕을 치른 적이 있다.

이곳에는 게가 많이 살고 있는데 여기서 잡히는 게의 앞발은 어린 아이 주먹만 하고 살이 가득 차 있다. 근처에 좋은 영양분이 널려 있어 우량한 게가 많이 있는가 보다. 얼마 전에 홍콩과 그 근처에 있는 중국의 심천(深圳)을 방문하였는데, 뜻밖에도 그곳에서는 맹그로브가 근처에 있는 아파트가 인기라고 한다. 맹그로브가 있다는 것은 아직도 그 지역의 공기나 수질이 좋다는 것을 의미하기 때문이다.

초이셸 만의 북쪽에 있는 좁은 수로를 따라 1km쯤 카누를 타고 들어가면 '포로포로(Poroporo)'라는 마을이 나온다. 포로포로는 현지말로 '항상 변하지 않고 그저 그렇다'라는 뜻이다. 우리가 중학교 운동장에 텐트를 친 날, 포로포로 마을 추장인 멘다나(Mendana Sovaka)가

1. 중학교 운동장 한구석, 맹그
   로브 해안 근처에 텐트를 친
   직원들. 오른쪽부터 저자 ·
   박노형 · 안춘근 · 황의식
2. 초이셀 만의 수이 강변에 있
   는 맹그로브 지역

3. 포로포로 마을의 원주민 가옥. 지붕과 벽을 정글에서 채취한 사고야자와 관목의 잎으로
   만들어 집 속에 들어가면 대낮에도 시원하다.
4. 포로포로 마을 원주민 집의 부엌
5. 포로포로 마을의 회의장 앞에서 마을 유지들과 함께. 저자 오른쪽이 멘다나 추장. 추장
   은 이건산업 티셔츠를 입고 있다.

정글로 들어가기 전, 조사작업에 참여한 원주민들에게 일장 훈시를 하는 제이슨 의원(왼쪽 나무 밑)

찾아왔다. 이름이 솔로몬 군도를 처음 발견한 스페인의 탐험가와 같아 쉽게 기억할 수 있다. 멘다나는 우리와 초면인데도 무척이나 호의를 베풀었고 곧 시작할 산림조사에 필요한 인원을 제이슨 의원과 함께 동원해 주었다. 이들의 도움으로 우리는 50명이 넘는 현지인 인부를 어렵지 않게 모을 수 있었다.

첫 산림조사

지상(地上) 산림조사는 지역을 3개로 나누어 초이셀의 서북부 지역을 우선 조사하기로 하였다. 이에 따라 한국인 직원 3명은 각각 20여 명으로 구성된 한 팀씩을 이끌고 산에 들어가게 되었다. 4월 18일 아침 일찍, 박노형 사원은 남쪽, 안춘근 사원은 중앙, 황의식 사원은 북쪽을 맡아 각각 쌀과 참치 통조림(솔로몬에서는 참치가 많이 잡히고 통조림 공장이 있어 참치 통조림 가격이 싸다), 기타 물품을

비람비라 지역에 도착한 박노형 사원(오른쪽)과 함께

챙겨서 정글 속을 향해 출발하였다. 중앙과 북쪽 팀은 육로로 갈 수 있지만 남쪽 팀은 카누로 이동하여야 했다.

나는 조그만 카누에 박노형 사원을 태우고 비람비라(Mbirambira) 지역으로 이동하였다. 비람비라 해안에 도착하자 해안가 숲속에서 노인 한 사람이 나타나 우리를 향해 걸어왔다. 온화한 인상을 한 이 노인과 우리는 곧 친하게 되어 노인에게 쌀을 주며 밥을 해 줄 것을 부탁했다. 노인은 정글에서 쉽게 발견할 수 있는 칡넝쿨을 구해 와서 밥통을 나뭇가지에 매달아 놓고 조용히 불을 때며 밥을 해 주었다.

점심을 먹고 나서 나는 노인에게 박노형 사원을 도와달라고 부탁하고 다시 초이셀 만으로 돌아왔다. 바로 얼마 전에 악어가 강변에서 놀고 있던 개를 잡아먹은 적도 있어 박노형 사원을 그곳에 남겨 두고 떠나니 걱정이 되었다. 초이셀 섬에는 악어가 많다. 악어는 육지에서도 달리는 속력이 빨라(길이 2m의 것은 시속 17km) 개나 동물에 조용하게 접근하여 날쌔게 공격하여 잡아먹는다.

며칠 뒤 나는 연세가 드신 최 감사를 모시고 안춘근 사원의 중앙팀을 찾아 정글 속을 따라 들어가 저녁에 이들이 임시로 설치한 캠프에 도착하였다. 모두들 열심히 일하고 있었다. 특히 서로 말도 잘 통하지 않는 한국인과 현지인들이 잘 협조하고 있는 것을 보고 우리는 일단 안심하였다. 이 팀에는 나이든 사람들도 몇 있었는데 이들은 젊은이들 못지않게 산속에서 일을 잘했다. 우리는 물통을 넉넉하게 준비하지 못해 걱정하였으나 현지인들은 정글 속을 걷다가 목이 마르면 물을 많이 저장하고 있는 관목의 줄기를 정글도로 잘라 한쪽 끝을 세워서 물을 마시곤 했다. 이런 관목 줄기는 정글 안에서 쉽게 발견할 수 있다(물론 원주민은 이 특정한 관목을 쉽게 식별할 수 있으나 우리 한국인에게는 아주 어렵다). 이 물을 마셔 보니 맛은 생수와 똑같았고 산삼이 녹아 있는 보약을 마시는 기분이었다.

개울이 없는 곳에 캠프를 칠 경우에는 식사 준비를 위해 적지 않은 양의 식수가 필요했다. 그러나 이 문제도 현지인들의 지혜로 해결되었다. 이들은 정글 속에서 발견한 긴 대나무의 중간 마디 속을 뚫어 대나무 속에 물을 채운 뒤 어깨에 메고 와 쌀을 씻어 밥을 지었고 설거지도 하였다. 정글 속에는 나이가 들어 썩은 상태로 서 있는 높은 나무도 많다. 이 나무들은 바람이 세게 불면 쉽게 쓰러진다. 그러므로

초이셀 섬의 정글 속에서 물이 나오는 관목 한쪽을 잡고 물을 마시고 있는 윤재형 감사

캠프 자리를 고를 때에는 이 점을 염두에 두어 텐트를 높은 고목(古木) 근처에 치는 것을 피해야 한다.

하루 작업이 끝나고 산속에 임시로 만든 캠프에 돌아온 현지인들에게 나는 수고한다고 격려해 주고 아울러 회사의 장래 계획을 설명해 주었다. 솔로몬에는 약 80개의 언어가 있는데 초이셀에도 10개 정도의 방언이 있다. 그러므로 초이셀 원주민들조차도 섬의 다른 지역 주민들과는 서로 말이 통하지 않아 피진(Pidgin) 영어라는 공통어를 사용한다. 물론 솔로몬의 공용어는 영어이나 현지인들 사이에는 사용하기에 편한 브로큰 잉글리쉬(Broken English), 피진을 사용하는 것이다. 솔로몬 군도의 피진과 PNG의 피진은 단어 몇 개만 다를 뿐 서로 비슷하므로 이들은 내가 불로로에서 배운 PNG 피진으로 말하는 것을 모두 잘 알아들었다.

피진은 문법이 없이 주로 영어에서 나온 단어를 나열하여 말하기 편하게 발음한다. 예를 들자면 이런 것이다. 솔로몬 피진으로는 소를 '불마카오'라고 부른다. 영어로 황소는 불(Bull), 암소는 카우(Cow)라고 구별하여 부르지만 이곳에서는 모두 불마카오라고 부른다. 오래 전에 한 영국인이 현지인에게 근처에 있는 소 한 마리를 가리키며 저 소가 황소냐 암소냐(Bull or Cow ? ; 불 오 카우?)고 물어보았는데 현지인들은 영국인의 말을 알아듣지 못했으므로 영국인이 소를 '불 오 카우'라고 부르는 줄 알고 소만 보면 불오카우라고 불렀다. 그러다가 세월이 지나면서 약간 다른 발음으로 변해 오늘날은 '불마카오'라고 부르게 된 것이다. 거의 모든 피진 단어가 이런 식으로 만들어졌다. 약 3천여 개의 단어(그러나 실제 생활에는 백여 개가 사용됨)를 가진 피진영어는 솔로몬 군도 · PNG · 피지 · 바누아투 · 하와이 등 남중부 대평양 섬나라에 걸쳐 많이 사용되고 있다.

우리는 정글 속에서 함께 잠을 자고 안춘근 사원을 격려한 뒤 다시 정글을 내려왔다. 정글 속에서 1km만 걸어 보라. 정글 속 행군은 아주 힘이 든다. 온갖 독충, 미끄러운 바닥, 앉아서 식사를 하면 처음 맡는 음식 냄새를 따라 몰려드는 수천 마리의 모기떼와 파리떼, 웅덩이와 늪지 등 이루 말할 수 없는 악조건들이 가득 찬 곳이 정글 속이다. 산림조사는 그냥 편한 곳을 골라서 전진하는 것이 아니라 직선으로 뻗은 기본선(Base Line)을 따라 양옆 직각으로 스트립 선(Strip Line)을 만들어 1km 내지 2km씩 전진하면서 옆에 서 있는 수목의 수종, 높이, 직경, 그리고 지형 등을 조사해야 하며 하루에 보통 10km씩 정글 속을 걸어야 한다. 이 일은 아침 6시 30분에 정글 속의 캠프를 출발하면 부지런히 해야 어둡기 전에 캠프로 돌아올 수 있다. 정글 속에서는 어둠이 갑자기 찾아온다. 그러므로 귀가 시간을 계산해 부지런히 일하고 어둡기 전에 돌아와야 하는데 이것이 쉽지가 않다.

100m도 걷기 전에 땀으로 옷이 젖고 1km만 걸으면 입속에서 썩는 냄새가 나며 하루 작업을 끝내고 오면 몸에 진이 다 빠진다. 불로로산림대학에서 공부하는 동안에 뉴기니 북부에 가서 한 달 동안 산림조사를 할 때 거의 매끼 식사를 비스킷으로 하다가 나중에는 말라리아에 걸려 몇 달 동안 고생한 적이 있다. 거기에 견주면 초이셀 산림조사는 일단 식사 때 밥도 먹고 고추장도 먹을 수 있었으니 훨씬 낫다고 하겠으나 역시 정글에서 작업한다는 것은 쉽지가 않다.

당시 초이셀에는 쌀도 귀했다. 타로 섬에 조그만 가게가 있었지만 물건이라고는 비누 몇 장, 막담배 몇 통, 성냥, 소금, 설탕 정도이고 쌀은 솔로몬 군도에서 생산하는 퍼석퍼석한 안남미 한두 포대뿐인데, 가게 주인은 컵으로 쌀을 팔고 있었다. 섬 전체에 현금이 돌지 않으니 가게도 거의 없고 큰 마을에 가게가 있어도 아주 소규모여서 석유등잔 같은 것도 구하기 어려웠다.

　그때 섬 사람들의 주요 생계수단은 야자열매를 따서 속에 있는 흰 부분을 건조하여 만든 '코프라'라는 것을 가끔 섬에 들리는 중국인 소유의 조그만 배에 파는 것이었다. 이렇게 해서 현금을 조금 손에 쥐면 이 돈으로 비누, 낚싯바늘, 손전등 배터리, 플라스틱 그릇 등을 사는 것이다. 이 코프라를 수거하기 위해 기조 섬의 한 중국 상인은 50톤 정도의 배에 한 평 가량의 조그만 가게를 설치하고(파는 물건은 앞서 말한 성냥·비누·소금 등이다) 화물칸에는 코프라를 사서 채우면서 초이셀 섬을 한 바퀴 돌아서 기조에 돌아오곤 했다. 이 배가 마을 앞 해안에 도착하면 동네 아이들은 배에 있는 이동가게의 물건을 보기 위해서 배로 몰려간다. 당시 'KHY'라는 중국인 가게에서 매달 정기적으로 이렇게 배를 운항하였으므로 우리는 이 가게에서 쌀, 통조림 등을 구입하여 우리가 초이셀에 도착하는 시점에 맞춰 배가 도착하도록 미리 조치하였다. 쌀이 수십 포대 하역되는 것을 본 원주민 청년들은 쌀밥이 먹고 싶어 너도나도 산림조사 팀에 지원하였다.

　초이셀 섬 주민들의 식량은 주로 고구마와 생선이었는데, 생선에

초이셀과 기조, 호니아라를 오가는 주정부 소유의 테모(Temo) 호. KHY의 배는 테모 호보다 약간 크다.

소금 뿌려 굽는 요리법은 저자가 가르쳐 주었다 해도 지나친 말이 아닙니다. 그때까지 이들은 생선을 잡으면 그냥 물을 넣고 끓여 먹거나 야자나무 열매 속을 썰어 넣고 생선과 함께 끓인 뒤 먹었다. 생선을 야자나무 잎에 싸서 뜨거운 돌에 굽거나 삶아 먹는 요리법도 있다. 요즈음도 이런 고유의 요리법이 가장 많이 쓰이나 최근 생선을 식용유에 튀겨 먹는 주민도 생겼다.

5월 2일, 산림조사팀들이 무사히 조사업무를 끝내고 예정대로 초이셀 만으로 돌아왔다. 2주에 걸친 산림조사 결과 임목 축적량은 우리가 생각했던 것보다 좋았고 수종 구성 역시 값비싼 것이 많았다. 이 산림조사 결과는 본사 임직원들을 상당히 고무시켰다.

젊은 직원들이 산림조사를 하는 동안 최 감사와 나는 조종사 포함하여 6명이 타는 노후한 소형 비행기로 항공조사를 하였다. 그런데 산림 지대 위에 낮게 떠서 날아가던 비행기의 문짝이 갑자기 열려 덜렁거리는 작은 사건이 일어났다. 우리는 안전벨트를 착용하고 있었으므로 비행기에서 떨어져 나갈 염려는 없었지만 생각 밖의 급한 상황이 닥쳤으므로 혁대를 빼서 문을 붙잡고 다시 타로 섬의 비행장으로 돌아왔다. 당시 타로 섬의 솔로몬항공사 직원인 빌리(Billy Savivae)는 우리를 많이 도와주어서 빈약한 항공편이었지만 항상 문제없이 자리를 얻어 다닐 수 있었다.

항공조사 뒤 최 감사는 정부 관련 일 때문에 호니아라에 갔고 과장이던 나는 제이슨 의원과 함께 섬 해안을 따라 내려가면서 거의 모든 부락을 방문하여, 원주민들에게 회사를 소개하고 협조를 당부하는 한편 우리 회사와 함께 산림개발을 하자고 설득하였다. 회사로서는 가능한 한 많은 원주민 토지소유자들과 벌채계약을 맺어야 산림청으로부터 경제규모의 벌채허가량을 받을 수 있기 때문이었다.

현지인들이 밥을 하는 밥솥. 손잡이를 나뭇가지에 달아 놓고 밥을 하기도 한다.

산림조사를 끝내고 타로 섬의 모래사장에서. 왼쪽부터 박노형·저자·황의식·안춘근

　마을은 거의 모두 해안가에 있다. 마을 앞 해안에 카누를 대고 상륙하면 감정을 쉽게 드러내지 않는 초이셀 사람들은 대부분 무표정으로 외부인인 저자를 쳐다보았다. 저자가 마을 대표나 추장을 만나 방문 목적을 설명하면 이들은 반드시 부족회의를 소집하여 부족원 모두의 의견을 들어 본 다음 자기들 방침을 이야기하였다. 부족회의는 거의 저녁에 열려 마을 주민 모두가 참가하였다. 어떤 마을에서는 긍정적인 반응을 얻었고, 어떤 마을에서는 숙소 등을 제공 받았지만 회의 결과가 부정적으로 나온 마을도 있었다.

　많은 방문을 하면서 외국인에게 무표정한 모습으로 대하는 그들을 자세히 살펴보니 그렇게 마음이 차갑지 않고 은근히 따뜻한 사람들이란 사실을 알게 되었다. 남태평양, 특히 멜라네시아 주민들에게 함께 식사를 한다는 것을 이제 서로 마음을 열어 놓았다는 것을 뜻했다. 그래서 나는 마을을 방문할 때마다 가능하면 추장을 비롯한 많은 사람들과 함께 식사를 하였다. 당시 섬에는 쌀이 귀했으므로 나는 반찬이나 국도 없이 밥을 해서 추장, 마을 촌로 등을 초대해서 함께 식사를 하곤 했는데(물론 식탁은 없고 보통 마당에 야자 잎사귀를 깔아 놓고 앉아 먹었다) 반드시 그들 가운데 한두 명이 일어나 다른 사람들을 대표해서 감사한다는 간단한 연설을 하였다. 교육도 못 받은 사람들이 연설 하나는 확실하게 잘 하는 것을 보고 놀라지 않을 수 없었다. 식사할 때 그들은 손가락으로 밥·고구마·생선을 집어먹는데다가 비누가 없어 손을 제대로 씻지 않아 여러 명과 악수를 하고 나면 나중에 손에서 생선 비린내가 풍겼다. 그러나 회사를 위해서 반드시 즐겁게 해야 할 아주 기본적인 일이었다.

화이버그라스로 만든 작은 카누 속에 반찬까지 호사스럽게 갖고 다닐 수는 없다. 그 뒤에도 계속 초이셀 섬의 마을을 방문할 때 카누 속에 넣고 다니는 식량은 쌀과 소금이었다. 카누 뒤에 낚싯줄을 늘어뜨리고 달리다 보면, 큰 생선이 잡힐 때도 있어 부락에 도착하면 생선을 뼈를 중심으로 자른 뒤 소금을 속과 겉에 뿌려 구워 먹었다. 남태평양 생선은 오염 없는 맑은 물속에서 살아서 그런지 살과 뼈가 질기고 딱딱한 것이 많다. 어떤 마을 주민들은 고구마를 삶아서 가져다 주기도 했다. 당시 카누 속에 내가 갖고 다니던 물건은 성경, 찬송가, 쌀, 소금, 현지 식 냄비, 수저, 모기장, 옷, 세면도구, 카누 엔진용 기름, 작고 얇은 담요 한 장, 목에 베고 자는 오동나무 베개, 지도, 필기구, 손전등 등이었다. 당시 현지인 인부가 작업 기간 동안 필요로 하는 보급품은 다음 기준에 따랐다.

현지인 보급품(1인당 하루 기준)

1. 쌀 600g	8. 담배(현지산 진한 담배) 0.5개피
2. 라면(싱가포르제 저가품) 20g	9. 세탁비누 0.04개
3. 마일로(코코아 가루) 5g	10. 소금 5g
4. 비스킷(솔로몬 제품) 12g	11. 식용유 6g
5. 커피 1.5g	12. 통조림(주로 현지산 값싼 참치 통
6. 홍차 2 g	조림) 180g
7. 설탕 10g	

우리 한국인도 쌀·커피·비누·통조림 등 기본적인 것은 현지인들과 똑같은 기준으로 하였다.

이 밖에 각 팀이 갖춘 물품은 다음과 같다.

1. 나침반 2개	16. 물통 4개
2. 수평기(지형의 높낮이를 측정하는 도구) 2개	17. 벨트 4개
	18. 숫돌(정글도 연마용) 2개
3. 측고기(서 있는 나무의 높이를 측정하는 도구) 2개	19. 톱 1개
	20. 도시락(플라스틱 5인용) 4개
4. 줄자(5m) 2개	21. 밥통 2개
5. 지도(축척: 5만분의 1) 2장	22. 숫갈 20개
6. 손도끼(소형) 1개	23. 밥그릇(플라스틱) 20개
7. 정글도 6개	24. 코프라 자루(현지산) 20개
8. 석유램프 1개	25. A텐트(한국인용) 1개
9. 양초 1통 12개	26. 물주전자 1개
10. 손전등 3개	27. 비닐(현지인 숙소용) 30m×2m
11. 프라이팬 1개	28. 나일론 로프(직경 4mm) 40m
12. 페인트(4 L: 나무 표시용) 5통	29. 야장 600장
13. 페인트용 붓 2개	30. 기타 성냥, 라이터, 비상용 의약품,
14. 석유통(20L) 1개	한국인용 침낭과 담요, 휴지, 계산기,
15. 세숫대야 2개	볼펜, 연필, 자, 필통, 실, 바늘 등

정글도는 팀별로 몇 개씩 준비했으나 막상 나타난 인부들은 모두 자기들이 항상 갖고 다니는 정글도를 갖고 왔다. 이들은 밤에 덮고 잘 간단한 천과 갈아입을 여분의 옷도 초라한 자기들 배낭 속에 넣어 왔다.

풀뿌리 민주주의

1980년대 초에 초이셀 섬의 마을을 다니다 보면 생활수준은 아주 원시에 가까운데도 영국식 민주주의가 마을 주민들 사이에 뿌리박혀 있는 것을 보고 놀라게 된다. 영국은 대대로 내려오는 왕실의 국왕이 국가를 대표하지만 군림만 하고 실제 국정은 총리가 하는 것처럼 솔로몬도 영연방 국가의 일원으로서 이 제도를 받아들였다. 솔로몬에도 총리가 있으나 국가의 수반은 영국 여왕이다. 그러므로 영국 여왕이 임명한 총독이 호니아라에 있다. 독립 전에는 영국인이 총독이었으나 독립 뒤에는 현지인 가운데에서 총독이 선발되고 있다. 이러한 제도는 지방 주정부로 내려가서도 마찬가지다. 주지사가 있고 이를 견제하는 주의회 의장이 있다. 또 주정부 산하의 워드(ward)라고 불리는 구(區)에 속해 있는 여러 마을에도 이러한 제도가 들어가 있다.

마을에는 여러 부족이 있고 부족에는 족장(추장)이 있다. 옛날부터 이 나라에서는 추장제도가 전통적으로 내려오고 있다. 우리는 추장이라면 큰 힘을 갖고 있는 것으로 생각을 하지만 사실 반드시 그렇지만은 않다. 솔로몬의 경우, 추장의 권한은 섬에 따라 다르다. 쇼틀랜드는 추장의 권한이 절대적이므로 마을 사람들은 추장을 아주 어려워하며 그의 말에 무조건 복종을 한다. 그러나 초이셀에서는 그렇게 절대적이지 않다. 존경은 받지만 추장의 명령에 큰 권위는 없다. 주민이 어리석은 추장을 앞세워 이용하고 경멸하는 부락도 있을 정도다. 한편 아들이 아버지를 승계하는 추장제도를 견제하고자 주요 마을에는 마을조직자(village organizer)라고 불리는 행정요원이 있다. 이는 마치 영국 국왕과 총리의 역할을 축소판으로 만들어 놓은 것 같다. 1983년 당시 초이셀의 8개 구에는 23명의 마을조직자들이 있었다. 이들은 각각 여러 마을을 맡아 주민들에게 여러 가지로 조언을 하고 정부의 시책이나 행정사항을 가르쳤다. 추장이 보통 교육을 받지 않는데 견주어 마을조직자들은 중학교 수준의 교육을 받았다. 솔로몬 정부는 교육을 받지 못한 권위적인 추장에 이끌려 부족이나 마을의 일처리가 제대로 되지 못하는 것을 방지하고 추장의 권위도 견제하기 위해 마을조직자 제도를 도입한 것이다.

당시 초이셀이 속했던 서부 주에는 32개의 구와 81명의 마을 조직자들이 있었다(초이셀은 1991년에 서부 주에서 떨어져 나와 독립주가 되었다). 이들의 월급은 현지화 12달러(미화 12달러 상당)이었고 퇴직할 때는 과거 5년 동안 받았던 월급의 12퍼센트를 퇴직금으로 받았다. 그러나 세월이 흐르면서 마을조직자들의 업무는 이름뿐이고 그 역할이 거의 없어 1980년대 말에 이 제도는 슬며시 사라져 버렸다. 참고로 1983년 당시 초이셀의 마을조직자 명단을 부록에 첨부하였다.

폼 원(Form 1)

산림벌채 허가서를 취득하기 위해서는 제일 먼저 회사가 자기 땅에 서 있는 나무를 벌채하여도 좋다는 토지소유자 명단을 산림청에 제출하여야 한다. 이 첫 번째 질차를 현지에서는 폼 원(Form 1)이라고 한다. 신청서를 제출하면 산림청은 주정부를 통해 그 하부 행정 조직 단위인 지역협의회(Area Council)에 넘긴다. 지역협의회에는 회사와 함께 일하고 싶어 하는 부락에 개별 부족 이름을 적은 공고문을 해당 마을 게시판에 한 달 동안 공고한다.

이 공고를 보고 이의가 있는 사람 또는 부족은 지역협의회에 2개월 이내에 통보하여야 한다. A라는 사람이 자기는 회사에 땅을 주고 싶지 않은데 공고문에 자기 이름이 적혀 있으면 그 사람은 지역협의회에 시정할 것을 요구할 수 있으며, 반대로 B라는 사람이 회사에 땅을 주기를 원하는데도 자기 이름이 빠져 있으면 마찬가지로 지역협의회에 통보하여 시정할 수 있다. 공고 기간이 끝나면 지역협의회 대표들은 한 자리에 모여 회사의 신청서를 놓고 과연 회사에 땅 내놓기를 원하는 B라는 사람이 공고문에 나온 대로 토지를 갖고 있고 그 사람이 진짜 소유자인지를 확인하는 회의를 하게 된다. 솔로몬 군도는 일부 토지만 정부 소유였는데, 이것은 거의 모두 독립 이전에 영국인 회사에 넘어갔다. 나머지 토지는 99퍼센트가 등기가 안 된 상태로서 거의가 개인 소유가 아니라 문중(門中), 즉 부족에 속해 있다. 등기가 안 되어 있다는 것은 소유권이나 토지의 경계가 확실치 않다는 뜻이다. 그러므로 멜라네시아 지역에서는 부족 사이에 토지소유권 문제로 싸움이 끊이지 않는다.

절차에 따라서 우리도 폼 원을 산림청 직원의 도움을 받아 작성하여 제출하였고 산림청은 이를 검토한 뒤 주정부를 통해 각 해당 마을마다 폼 원을 공고하였다. 일정 공고 기간이 끝난 뒤 지역협의회 대표들은 타로 섬에 모여 회의를 하였다. 당시 초이셀은 서부 주에 속해 있었고 8개 구에는 각 구마다 3명의 구대표(ward representative)가 있었으므로 이들 24명이 지역협의회를 구성하였다. 구대표들은 마을조직

지역협의회에서
열띤 논쟁을 하는
지역대표들

지역협의회가 열
리던 타로 섬의 회
의장 건물. 많은
사람들이 건물 안
팎에 모여서 회의
진행을 보고 있다
(1984년 5월).

자들과는 다른 사람들이다.

　1984년 5월 7일부터 5월 11일까지 타로 섬에서는 초이셀 역사상 처
음으로 외국 회사 신청서에 따라 누가 진정한 토지소유자인지를 확인
하려는 지역협의회가 열렸다. 그런데 처음 열리는 회의라 아무도 회
의 목적과 절차를 몰랐고 참석한 대표들도 무엇을 해야 할지 모르는
상황에 놓였다. 설상가상으로 초이셀 사람들 가운데 외국에서 공부하
고 돌아온 사람들이 외국 회사가 섬에 들어오는 것을 반대하기 위해
호니아라에서 비행기를 타고 오고 또 기조에 있는 미국 평화봉사단원

이 이 회의를 취재하기 위해 나타나는 등 적도 밑에 있는 이 남태평양의 조그만 섬 타로는 열기에 둘러싸였다.

호니아라에서 온 반대자들은 회의에 옵서버로 참석하였으나 의장으로부터 발언권을 얻어 우리 회사를 비방하는 연설을 하였다. 개인비용으로 비행기를 타고 온 사람들이었으므로 그들의 연설은 누가 시킨 것이 아니고 그들 나름의 신념에서 나온 것이었다. 그들은 회의에 참석한 사람들 가운데 유일하게 신발을 신고 있었으므로 외모부터 초이셀에서 태어나 계속 그 섬에 살고 있는 사람들과는 달랐다. 당시 원주민이 제대로 된 신발을 신고 있다는 것은 아주 지적으로 뛰어나고 높은 교육을 받았다는 하나의 상징적인 신분 표시를 뜻했다. 이들의 발언에 힘입어 우리 회사를 반대하는 일부 대표들이 만약 회사가 들어와 작업하게 되면 5년 이내에 아름다운 섬 초이셀이 사하라 사막처럼 변하게 될 것이라고 경고하자 지역 대표들은 충격을 받은 듯이 여기저기서 동조하는 움직임을 보였다. 그러자 우리 회사를 지지하는 대표들도 일어나 초이셀이 발전하려면 산림개발을 해야 한다고 주장하였다.

이날 회의의 목적은 누가 진정한 토지소유자인지를 가려내는 것인데 엉뚱하게도 외국회사를 초이셀에 받아들일 것인가 아닐 것인가로 방향이 바뀌어 대표들 사이에 심각한 대립이 일어났고 회의는 결말을 보지 못하고 다음 날로 연기되었다. 그날 밤 타로 섬에 있는 친절한 우체국 직원인 에드몬(Edmond Tavake) 집에서 잠을 자던 저자는 한 꿈을 꾸었다. 꿈속에서 저자가 몰고 가던 자동차가 막다른 길 끝에 다다르자 헌병 한 명이 나오더니 길을 잘못 들었으니 다시 돌아서 나가라고 한다. 그 다음 날 열띤 논쟁 속에 벌어진 지역협의회 회의에서는 다음과 같은 결론이 나왔다.

"회사가 신청한 폼 원은 산림법에 위반되므로 정확한 부족 이름을 기입하여 다시 제출하라"

회의 결론을 보고 지난밤 꿈 생각이 문득 떠올랐다. 이제 다시 처음부터 사업을 추진할 작정으로 산림청에 폼 원을 다시 작성해 제출했다. 문제가 여기서부터 뜻하지 않게 발생하였다. 산림청은 우리가 처음 제출한 폼 원이 제대로 된 것이라고 하면서 같은 지역에 대해 중복으로 폼 원을 받는 것은 산림법에 위반된다며 거부하였다. 이 내용을 초이셀이 속해 있는 서부 주정부(기조에 있다)에 찾아가 설명하고 지난번에 제출했던 폼 원을 다음번 지역협의회 회의에서 다시 한번 다뤄 달라고 요청하자 주정부는 자기들 산하인 지역협의회에서 결정한 사항을 감싸고도느라고 무조건 지역협의회의 결정에 따르라고 지시하였다. 정부 기관들 사이의 힘겨루기에 걸려 회사만 어려움에 봉착하게 된 것이다. 양측은 서로 한 발도 양보하지 않았다.

지역협의회라는 것은 자주 열리는 것이 아니고 일 년에 두 번 열리기로 되어 있으나 예산 부족으로 보통 일 년에 한 번 열리므로 어름어름하다가 시간을 놓치면 몇 년을 기다려야 할지 모른다. 양측에서 어느 한 편이 양보하더라도 이제는 빨라야 다음 해 지역협의회 회의에 상정할 수 있는 것이다. 그동안의 시간·경비·노력이 아까웠고, 이제는 정부 기관들 사이에서 무작정 기다리다가 사업이 안 될 수도 있었다. 나는 하나님께 만약에 일이 안 될 것 같으면 지금이라도 안 되게 해 주셔서 회사가 더 이상 시간과 경비를 낭비하지 않게 해 주시고 되어야 할 것이라면 빨리 되게 해 달라고 기도하였다.

남부 초이셀

1983년 초, 초이셀 섬 서북부 지역을 지상 산림조사 한데 이어 우리는 다음 해인 1984년 1월, 섬의 동부와 남부 지역도 산림 조사를 할 계획을 세웠다. 이 계획에 따라 그해 2월 18일, 본사에서 새롭게 3명의 사원이 조사 작업을 위해 솔로몬에 도착하였다. 우리는 조사 팀을 2개조로 나눠 한 팀은 동부, 다른 한 팀은 남부 지역을 조사하기로 하였다. 나는 동부 지역을 맡았으므로, 열대림 개발에 경험이 있는 정계종 이사, 입사하자마자 솔로몬에 나온 김한길 신입사원과 함께 카누에 짐을 싣고 섬의 남쪽을 돌아 동부 지역으로 이동하였다. 이번에도 마음씨 좋은 제이슨 의원이 아웃보드 모터를 운전하며 우리를 자기 화이버그라스 카누에 태우고 동행하여 주었다.

남부 초이셀은 마치 우리나라 다도해처럼 섬이 많고 바다는 거울같이 잔잔하다. 서부 태평양에 있는 팔라우(독립국)의 바위 제도에서 볼 수 있는 바위섬들이 여기에도 있다. 계란을 반으로 잘라 엎어 놓은 듯한 바위로 된 섬 위를 낮은 키의 관목이 덮고 있다. 바위 위에 자라고 있는 관목의 크기를 자세히 보면 초이셀 쪽이 팔라우 쪽보다 훨씬 큰 것을 알 수 있다. 이 섬들 사이를 지나 남쪽으로 계속 내려가다 보면 레가바나(Legavana) 마을이 나오는데 이 마을 뒤에는 높이 650m의 삼베(Sambe) 산이 누워 있다. 현지인들은 이 산의 모양이 근육질의 남자가 누워 있는 모습이라면서 바다 건너 보이는 벨라라벨라 섬에 있는 여자 모양의 산과 마주보고 있다고 한다. 멀리서 보는 삼베산은 울퉁불퉁하고 웅장하여 주위를 압도하고 있다. 레가바나 마을을 지나 좀더 내려가면 포사라에 마을이 마치 한 폭의 그림처럼 왼쪽 해안에

남부 초이셀의 바위 제도. '보물섬'의 해적 소굴을 연상시키는 동굴을 가진 섬도 있다.

웅장한 삼베산

나타난다. 여기서도 삼베산은 마을의 집 뒤를 넘어 멀리 보인다.

이곳에서 바다 위에 수놓은 조그만 섬들 사이를 뚫고 더 남쪽으로 내려가면 로브로이 섬이 나온다. 비교적 큰 섬으로 이 섬에는 초이셀 본 섬보다도 단위면적당 나무가 더욱 울창하게 서 있다. 초이셀 본 섬과 로브로이 섬 사이는 잔잔한 해협인데 중간쯤 되는 고셀레(Gosele) 수로(水路)에서는 해협이 약간 굽어 있어 급류가 흐르고 물 밑에는 큰 암초 두 개가 나란히 수면 바로 밑까지 솟아나 있다. 잔잔한 이 해협을 따라 아름다운 주위의 경치에 감탄하며 항해하던 일본 원양어선들과 솔로몬의 조그만 화물선 여러 척이 급류에 밀려 본토 쪽 해안이나 암초에 부딪쳐 침몰하는 사건이 종종 일어나곤 했다. 라인강에 로렐라이 언덕이 있듯이 초이셀에는 고셀레 수로가 있다.

우리는 이곳을 지나 초이셀 섬 남쪽에 멀리 보이는 바게나(Vaghena) 섬을 바라보면서 섬의 남단을 돌았다. 바게나 섬은 빈대떡처럼 완전히 평평한 섬인데 토지는 모두 정부소유이다. 솔로몬 군도 동북쪽으로 2천km 떨어진 조그만 독립국인 키리바시(Kiribati)는 주민들이 거의 환초(環礁)에 살고 있다. 환초 섬들은 대개 작아 수원(水源)이 없어서 주민은 식수를 빗물에 의존해서 살고 있다. 키리바시(당시는 영국의 통치를 받고 있었다)의 피닉스 제도에 살고 있던 주민들이 특히 물 때문에 고생이 심하자 1963년에 영국 정부는 여러 번에 걸쳐 여객선을 동원하여 그곳 주민들을 같은 영국 식민지였던 솔로몬 군도로 이주시켰다. 그때 많은 피닉스 제도 주민들이 이 바게나 섬에 이주했다.

당시 약 2천 명이 바게나 섬에 이주했는데, 이 가운데 많은 사람들이 바게나 섬 역시 물이 부족하자 쇼틀랜드, 기조, 노로(뉴조지아 섬 북서부의 항구)로 다시 옮겨갔다. 그래도 바게나 섬에는 이들의 인구가 늘어 오늘날 3천여 명의 주민이 살고 있으며 바게나 섬에서 가장 큰 쿠쿠틴(Kukutin) 마을의 조그만 경찰서 앞마당에는 이들이 처음 도착한 날(1963년 6월 15일)을 기록한 기념비가 서 있다. 그 뒤로 오늘날까지 이 섬에는 키리바시 출신 주민들만이 살고 있다.

키리바시 사람들은 다이빙을 잘해 바다 밑에 들어가 바다가재·생선·해삼 등을 잡아서 중계상인을 통해 호주, 홍콩 등 외국에 파는 것을 주 수입원으로 삼고 있다. 나는 1983년에 이 섬에 가서 초등학교 교실을 빌려 하룻밤을 잔 적이 있는데 여기서도 화장실이 문제다. 이곳에는 맹그로브가 없고 섬 주변이 수면 위로 2~3m 정도로 낮게 솟

초이셀의 로렐라이, 고셀레 수로. 오른쪽이 로브로이 섬이다.

바게나 섬의 아이들. 다리 오른쪽이 아라리키(Arariki) 마을. 다리 왼쪽이 쿠쿠틴 마을. 뒤에 보이는 2층 건물이 저자가 하룻밤을 잤던 초등학교이다.

바게나 섬의 쿠쿠틴 마을

바게나 섬의 경찰서. 아이들 오른편에 보이는 것이 키리바시 주민의 이주기념비이다.

바다에서 바라본 바게나 섬

바게나 섬의 해안 바위 지역

은 절벽 바위로 되어 있어 해 뜨기 전에 바닷가에 가서 몸의 중심을 잘 잡고 절벽 위에 앉아 볼일을 보아야 한다. 잘못하면 뒤로 다이빙하여 머리를 절벽에 부딪힐 수도 있다. 키리바시 주민들은 전통적으로 성이 개방되어 있다 보니 화장실에도 구역이 없어 남녀 모두 같은 구역에서 일을 보므로 어떤 때는 아침에 서로 마주보며 일을 볼 때도 있다. 그 이야기를 미리 주민들에게 듣고 저자는 새벽 어두컴컴할 때 낮은 바위 절벽에 갔다.

　당시 초이셀은 서부 주에 속해 있었고(현재는 독립주이다) 초이셀 전체는 제12구에서 제19구까지 8개의 구로 나누어져 있었다. 각 구는 3명의 구대표를 뽑았는데 바게나 섬은 제12구로서 선임 구대표는 토아이바나(R. Toaibana)였다. 그는 남의 나라에 와서 얹혀사는 사람들을 대표하고 있었으므로 지역협의회에 참가해서도 전혀 발언을 하지 않고 회의가 끝날 때까지 묵묵하게 앉아 있었다. 바게나 섬을 방문하여 섬 주민의 이주 역사를 안 뒤에는 회의에서 아무 말도 안 한 그의 처지가 이해되었다.

팡고에 마을

초이셀에서 가장 인구가 많은 마을은 동해안에 있는 팡고에(Pan-goe) 마을이다. 1984년 3월, 우리는 섬의 동남단을 돌아 이 마을에 가기로 하고 초이셀 만을 출발하였다. 초이셀의 동남단은 파도가 아주 심해 우리가 탄 카누는 금방이라도 흰 거품을 품으며 넘실거리는 파도에 휩쓸려 가라앉을 것만 같았다. 도중에 위험을 느껴 일단 되돌아갔다가 나중에 다시 올까 하는 생각도 하였으나 계속 항해하기로

팡고에 마을의 중
학교(2층 건물)와
초등학교(왼쪽의
단층건물). 초이셀
섬 전체에 2층 건
물은 서너 개밖에
없다.

결의를 굳히고 파도와 싸우며 조금씩 전진하였다. 이 해역을 간신히
벗어난 우리는 3월 17일, 섬의 동쪽 남부 지역에 있는 부레(Vure) 마
을에 도착하였다.

　이 지역은 SDA(제7일 안식교)구역으로 주민들은 신앙심이 깊고 신
실하였다. 이들의 도움을 받아 우리는 산림조사 인원을 모집하여 정
글 속으로 출발하였다. 모두 일인당 30kg의 무거운 짐을 등에 지고 정
글 속으로 들어갔다. 맨 앞에 선 사람은 짐을 안 진 대신 정글도를 가
지고 앞을 막고 있는 나뭇가지나 수풀을 자르며 길을 터 주는 일을
맡았다. 우리는 해안에서 서쪽으로 5km 정도 정글 속을 지나 물가에
임시 캠프를 만들었다. 한국인이 잘 곳은 손도끼로 자른 나무 말뚝을
땅 위 1m 정도 올라오도록 네 모퉁이에 박은 뒤 그 위에 나무 목질이
붙은 질긴 수피를 마루 깔듯이 해 놓고 그 위에다 A텐트를 쳤다. 낮에
는 덥던 정글이 밤이 되면 서늘해지기 시작하다가 새벽에는 아주 추
워진다. 그러므로 텐트 안에서 우리는 담요를 덮거나 아니면 슬리핑
백 속에 들어가 잠을 자야 했다.

　한편 현지인들은 비닐하우스용의 비닐로 간단하게 위와 양쪽 옆 그

부레 마을. 왼쪽 건
물이 교회예배당

리고 뒤편을 막아 비를 피할 수 있을 정도의 간단한 천막 속에서 여러 명이 일렬로 누워 잤다. 물론 땅바닥에도 비닐을 깔았는데 비닐 밑에는 풀을 베어다 푹신하게 만들어 땅에서 올라오는 한기를 막았다. 당시에는 솔로몬 군도에서 비닐을 구할 수 없어 우리는 한국에서 몇십 미터 길이의 비닐을 사서 가지고 왔다. 그러나 정글 속에 들어가자 곧 우리는 현지인들이 비닐이 없어도 정글 속에서 쉽게 구할 수 있는 사고야자(Sago Palm) 나무의 잎이나 관목의 넓은 잎을 이용하여 간단하게 지붕과 잠자리를 만든다는 사실을 알게 되었다.

저녁을 먹은 뒤에는 한국인 텐트와 현지인 천막 사이 공간에, 밤이 깊어지면서 서서히 다가오는 한기도 쫓고 주위를 훤하게 밝히기도 할 겸 캠프파이어를 만들어 놓았다. 현지인들은 자기들끼리 바닥에 누워서 이 얘기 저 얘기로 떠들다가 잠이 들곤 했다. 우리도 그날의 조사 작업이 끝나면 캠프로 돌아와 냇가에 가서 목욕을 한 뒤 밥을 먹고서 곤하게 잠에 떨어졌다. 우리가 잠을 자는 동안에도 낮에 캠프를 지켰던 주방장은 캠프파이어에 계속 나무를 올려놓으며 아침밥을 준비하였다.

초이셀 원주민 집의 지붕과 벽은 사고야자(Sago Palm)의 잎 또는 관목의 잎으로 되어 있다. 남부 초이셀 '상기가에' 마을에서 주민들과 함께

　우리는 이 지역에서 6일 동안 조사 작업을 하고 3월 23일, 마을 사람들과 작별한 뒤 해안을 따라 북쪽에 있는 팡고에 마을로 이동하였다. 정 이사는 이미 추가 항공조사를 위해 초이셀 만으로 돌아갔으므로 나와 김한길 사원만이 카누를 타고 이동하게 되었다. 팡고에 마을에 오후 늦게 도착하자 이미 그 지역 국회의원인 알란(Allan Qurusu) 의원으로부터 우리의 도착 소식을 전해 듣고 기다리던 알란 의원의 부친 나다니엘(Nathaniel Mela)이 우리를 마음으로부터 반갑게 맞아 주었다. 부자(父子)와 친형제 사이에도 보통 성이 다른 것이 이 섬의 관습인데, 이 부자도 성이 다르다.

　그날 저녁, 마을에서는 공청회가 열렸다. 관목의 잎으로 만든 지붕과 벽이 있는 마을 회의장 건물 안에서는 석유 등잔불 두 개를 켜놓고 회의가 시작되었다. 처음 보는 동양인 방문객에게 호기심을 갖고 있는 마을 남자들이 모여들었다. 초이셀은 부계(父系) 사회이므로 여자들은 이런 회의에 참가할 수 없어 회의장 근처에도 얼씬거리지 않는다. 회의가 시작되면서 이들은 무슨 궁금한 것이 그리도 많은지 나에게 많은 질문을 하였다. 질문 내용 가운데에는 어린애 수준의 것도 있었으나 나는 모든 질문에 정성을 다해 설명해 주었다. 회의는 밤늦게 끝났다. 회의에 참석했던 마을 유지들은 모두 우리의 산림조사를 지원해 주기로 하였다. 밤이 늦었음에도 나다니엘은 다음 날 아침부터 산림조사에 참여할 직원들을 모집하러 찾아 나섰다.

그 다음 날 아침, 20여 명의 건장한 마을 젊은이들이 우리가 잔 숙소 앞에 모였다. 나는 그들에게 지고 갈 짐을 나누어 주고 짐을 지게 하였다. 그런 다음 우리 모두는 마을 유지들의 격려를 받으며 일렬종대로 줄을 지어 마을을 빠져 나갔는데 이른 아침인데도 마을 아낙네와 아이들이 마을 바깥까지 따라 나오며 좋아서 시시덕거렸다. 마을이 생긴 이래 이런 행사는 처음이었던 것이다. 윗몸에 아무것도 걸치지 않은 검은 피부의 사람들이 무거운 짐을 등에 지고서 일렬로 걸어가는 모습을 보니 초등학교 어린 시절 리빙스턴의 위인전에서 읽었던 모습 그대로였다. 초등학교 때 나는 리빙스턴이 이렇게 탐험대를 이끌고 가던 모습의 그림을 보고 무척 부러워했었다. 그 뒤 20년이 지나, 회사일 덕분에 나도 잠시나마 아프리카에서 리빙스턴과 스탠리가된 기분을 맛보게 되었다. 작업원들은 짐을 등에 지고 마을을 벗어나정글 속으로 들어갔다. 짐 무게는 쌀과 통조림 때문에 처음에는 많이나가나 식량이 소모되면서 점점 가벼워지게 된다.

우리 목표는 섬의 중심 지역까지 들어가면서 지나가는 지역의 산림을 조사하는 것이었다. 우리는 방향을 잡기 위하여 나침판과 5만 분의 1짜리 등고선이 나온 지도를 사용하였다. 정글 속에서는 어둠이빨리 찾아온다. 어둠이 오기 전에 텐트를 칠 수 있는 물가를 발견해야하는데, 지도에는 나와 있는 조그만 개울이 막상 정글 속에서는 보이지 않았다. 나는 현지인들을 독려하며 빨리 개울을 찾으라고 하였다. 그러자 원주민 청년들은 코를 벌름거리며 물 냄새를 맡기 시작하더니 그 가운데 코코로마(Kokoroma)가 근처에 있는 언덕 너머에서 물 냄새가 난다고 했다. 다른 원주민들도 확실히 근처에서 물 냄새가 난다고 했다. 나는 그가 계속 냄새를 맡으며 가는 대로 따라갔더니 정말로 잠시 뒤에 물 흐르는 소리가 들렸다. 대단한 동물적 육감을 가진 사람들이었다. 이렇기 때문에 태평양전쟁 때 미군은 정찰시 현지인들을 앞세워 내보냈다. 그러면 이들은 일본군이 접근해 오는 발자국 소리를 듣거나 일본군 냄새를 맡고 미군에게 보고해 주곤 했다.

또 이들은 우리 눈에는 안 보이는데 아침에 누군가 이쪽으로 지나갔다고도 했다. 수풀에 남아 있는 인간의 미세한 스침이 이들의 눈에는 확실하게 보이는 것이다. 또 이들은 정글 속에서 엄청나게 빨리 걷는다. 그러므로 산림조사를 할 때는 현지인 한 명을 반드시 한국인 뒤에 배치시켜 따라오라고 해야 정글 속에서 길을 잃지 않는다. 그렇지 않으면 우리 같은 외국인은 이들의 발걸음을 같은 속도로 따라가지 못하므로 길을 잃기 십상이다. 20명의 젊은이들이 무거운 짐을 지고 산림조사에 동행해 준 것은 고마운 일이었다.

초이셀에는 직장이나 일거리가 없으므로 젊은이들은 보통 마을 앞 해안에서 카누를 타고 나가 낚시를 하거나 축구를 하고 또는 그냥 빈둥빈둥 노는 것이 일상이었다. 태어나서 청년이 될 때까지 이러한 생활이 몸에 배어 있었으므로 무거운 짐을 지고 정글 속에 들어가 작업을 하는 것은 이들에게 난생 처음 겪는 힘든 일이었다. 우리는 해안에서 3.8km 들어간 산속에 첫 베이스캠프를 쳤다. 그리고 다음 날부터 두 팀으로 나누어 산림조사 작업을 하였다.

정글 속에서 며칠이 지나간 3월 29일, 우리는 해안에서 7.5km 떨어진 산속으로 이동하여 제2캠프를 만들었다. 그날 작업이 끝나고 저녁식사를 한 뒤 이들은 둘러앉아서 나에게 일당을 배로 올려주지 않으

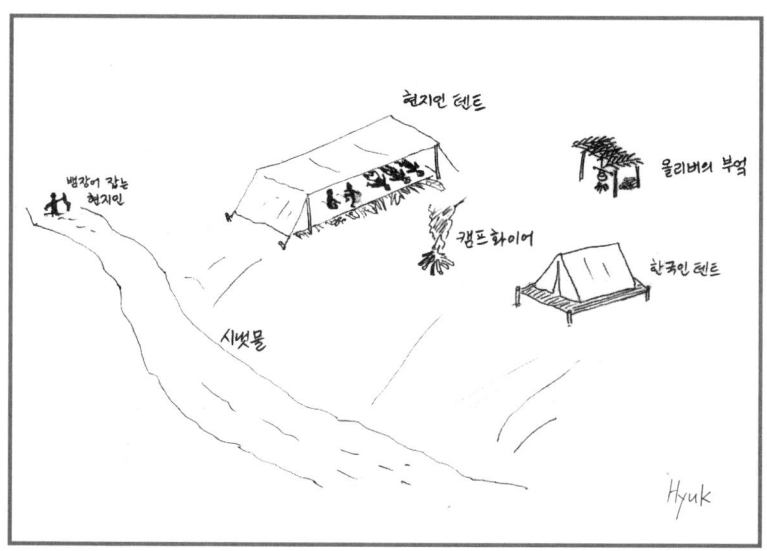

팡고에 정글 속 캠프

면 모든 장구를 산속에 두고 내일 아침 마을로 내려가겠다고 위협했다. 우리는 마을을 떠나기 전에 하루 세끼 식사를 주기로 하고 일당을 2달러(현지화)로 정했었다. 당시 미화 1달러가 현지화 2.5달러이었다. 너무 싸다고 생각하는 독자들도 있을 것이다. 그러나 그 당시 초이셀 섬에는 일자리라고는 전혀 없고 가끔 동네에서 남의 일을 해 주면 식사도 주지 않고 하루 노동에 현지화 1달러를 주는 것이 통례이었으므로 우리만 높게 줄 수도 없는 형편이었다. 나는 우리가 이미 급료에 관해 합의했으므로 더 이상 올려 줄 수 없다고 강조하고 설령 나를 죽인다 하여도 이런 인상 요구는 들어줄 수 없다고 단호하게 말하였다. 그리고 동행한 김한길 신입사원에게 이들이 내일 아침에 장비를 산속에 버리고 떠난다면 우리는 나침반을 보면서 천천히 내려가자고 말하였다.

장비와 식량 값을 계산하니 대략 당시 돈으로 백만 원이 넘었다. 만약 이들의 요구를 들어주어 4달러로 한다던가 협상을 하여 3달러로 한다면 나중에 회사가 작업을 대규모로 할 때 과거에 이러한 전례가 있으므로 한국 회사를 우습게 보고 또 인상을 요구할 것이다. 그러므로 나는 오늘 백만 원을 손해 보는 동시에 소정의 조사목표도 달성 못 하더라도 앞으로 우리가 본격적인 작업을 할 때 이 사람들로부터 엉터리 요구가 나오는 것을 막고자 내 생각을 강행하였다. 물론 이렇게 해서 산림조사를 못 하게 된다면 회사의 상관들에게 질책을 받겠지만 그 질책이 무서워 앞서 말한 장래의 보이지 않는 기초를 허물어 트리고 싶지 않았다.

내일 떠나더라도 한국인이 머물다 간 자리는 깨끗하다는 인상을 남기고 싶어 야간에 현지인들을 동원하여 주변에 버려진 통조림 빈 깡통이나 휴지를 주워 땅을 파고 파묻게 하였다. 그리고 원주민들이 내일 하루 종일 아무것도 먹지 못하고 걸어서 마을까지 갈 것을 생각하니 파업을 하는 것은 괘씸하지만 한편으로는 불쌍한 생각도 들어 주방장인 올리버 영감을 불러 새벽에 평상시처럼 일어나 밥을 해서 모두 먹이고 또 나뭇잎에 밥을 싸서 점심도시락으로 가져 갈 수 있도록 준비하라고 지시하고서 텐트 속에 들어가 편안한 마음으로 잠을 잤다.

이른 아침에 일어나 용변을 보고 오니 원주민들은 모두 자기들 천막 근처에 일어나 앉아 있었다. 이들 가운데 대표 두 명이 오더니 자기들이 잘못했다며 용서해 달라고 한다. 나는 이 사건을 주동한 사람을 색출해서 그 사람을 마을로 보내지 않으면 용서할 수 없으니 모두 마을로 내려가라고 했다. 원주민들은 다시 자기들끼리 회의를 하고서는 여러 명이 와서 잘못했으니 용서해 주면 작업 끝나는 날까지 다시는 이런 짓을 하지 않겠다며 마음속 깊이 잘못을 뉘우치는 행동을 하므로 모두 용서해 주고 다시 힘껏 일하자고 했다.

그날은 비가 아침부터 많이 내려 정글 속 바닥은 미끄러워 제대로 걸을 수도 없었으나 일부러 작업을 강행하였다. 종일 내리는 빗속에서도 모두들 묵묵히 맡은 작업에 임하였다. 이제 이 사람들이 정말로 자기들의 잘못을 뉘우친 것을 알게 되었고 속으로 이들에게 감사하였다. 한편 나중에 산림조사가 끝나고 타로 섬에 돌아가니 다른 팀은 남부 지역에서 산림조사를 끝내고 이미 도착해 있었다. 이들도 산림조사 원주민들로부터 마치 사전에 남북 지역팀끼리 약속이나 했다는 듯이(물론 이러한 것은 없었다) 4달러로 인상해 달라는 같은 요구를 받고서는 이를 거절하지 못하고 협상 끝에 3달러로 인상하였다고 한다.

김한길, Y신입사원과 H계장(그 전 해에 솔로몬에 온 적이 있었다)은 그 뒤 며칠 동안 타로 섬에 머물면서 회사가 장래 베이스캠프로 구상하고 있는 초이셀 만 건너편 타레파시카 지역을 정 이사와 나도 참가한 가운데 지형조사한 뒤 5월 5일 솔로몬을 떠나 귀국하였다. 그들은 약 3개월 동안 솔로몬의 원시 정글 속에서 좋은 경험을 하고 갔으리라.

작업을 시키다 보면 성실하게 열심히 하는 사람도 있고 윗사람 눈치 보면서 요령껏 작업하는 사람도 있다. 그 가운데 카시올로(Kaseolo)라는 원주민이 아주 뺀질뺀질하여 이동할 때도 제일 가벼운 짐만 골라서 지는 등 요령을 피우길래 나는 새로운 캠프로 이동할 때마다 이자에게 제일 무거운 짐을 지게 하고 또 작업 시에는 정글도를 들고 제일 앞장세워 나뭇가지를 치는 힘든 일을 시켰다.

놀라운 일이 일어났다. 며칠이 지난 뒤 카시올로는 가장 성실하게 일하는 사람으로 변신하였다. 어떻게 인간이 이렇게 며칠 만에 좋게 변할 수 있을까? 나는 놀라지 않을 수 없었다. 좋은 사람이 순식간에 나쁘게 변하는 것은 우리 주위에서 가끔 볼 수 있지만 성실하지 않은 사람이 갑자기 성실한 사람으로 변하는 것은 참 드문 일이다.

점점 섬의 중앙으로 들어가면서 산도 높아지고 계곡도 깊었다. 도중에 멋있게 떨어지는 계단식 폭포수도 만났다. 그러나 그 폭포의 아름다움을 느끼기보다는 어느 방향으로 어떻게 건너가야 하나 하는 생각이 먼저 머리에 떠올랐다. 우리는 폭포수 밑에서 점심을 먹었다. 폭포수의 맑은 물을 국 삼아 주방장 올리버(Oliver Qorojopa)가 준비해 준 도시락을 말아 먹으니 온 몸에 다시 힘이 솟는다. 우리는 이 태고의 지역에 처음 발을 들여놓은 사람들이다.

그날 오후 캠프로 오는 도중에 얕은 물가에서 큰 구렁이를 보고 원주민들에게 빨리 죽여 버리라고 명령하자 그들 몇 명이 정글도로 사정없이 구렁이의 목을 쳐서 죽였다. 나는 다른 여러 마리의 구렁이들이 개울에서 빠져나가 숲속으로 사라지는 것을 보았다. 저것들도 죽여 버리라고 내가 외치자 원주민들이 "저것은 뱀이 아니다"라고 했다. 이야기를 듣고 보니 방금 죽은 것은 구렁이가 아니고 뱀장어였다. 죽은 뱀장어는 몸통 지름이 10cm 정도이고 길이는 2m가 족히 되었다.

그 다음 날 아침에 나는 산림조사팀을 2개에서 3개로 나누어 한 팀은 뱀장어팀으로 이름 짓고 가능한 한 많은 뱀장어를 잡아오라고 새로운 임무를 주었다. 그들은 그날 저녁 9마리의 대형 뱀장어를 잡아왔다. 우리는 이 뱀장어를 국통에 잘라 넣고 끓였는데 기름이 엄청나게 나왔다. 모두들 뱀장어로 포식을 했다. 다음 날은 팀을 교대하여 다른 팀이 뱀장어팀이 되었다. 나는 1983년 일본의 가고시마 옆 이부쓰키라는 조그만 도시 근처 한 음식점의 수족관에서 2백 살 된 뱀장어를 본 적이 있다. 그 뱀장어보다는 작지만 그래도 우리가 잡은 뱀장어는 50살에서 백 살은 되어 보였다.

하루는 제법 폭이 넓은 시내를 만났다. 시내 건너편에는 큰 바위가 있었는데 그 바위 중간 움푹 파진 곳에 있던 큰 악어가 우리를 보자 놀라서 시냇물에 풍덩 뛰어드는 것이 보였다. 나는 이곳에 악어가 많이 사느냐고 물어보니 현지인들은 저것은 악어가 아니고 도마뱀이라고 한다. 길이가 2m 정도 되는 큰 도마뱀이었다.

그 다음 날 아침 작업시작 전에 원주민들에게 대형 도마뱀을 잡아오는 사람에게는 참치 통조림 한 개를 주겠다고 약속하였다. 그날 저녁 원주민 두 명이 악어만 한 도마뱀 한 마리를 나뭇가지에 묶어서 가져왔다. 잡은 사람에게 약속대로 참치 통조림 한 개를 상으로 주었더니 다른 한 명이 손을 들더니 자기가 저 도마뱀이 나무에 올라가 있는 것을 먼저 발견하고 그 친구가 잡도록 도와주었다고 주장하길래 그 사람에게도 깡통 하나를 주었다. 우리는 그날 캠프파이어를 하면서 도마뱀을 구워 먹었다. 나에게는 좋은 토막을 가져왔으나 징그럽게 보여 도저히 입에 넣지 못했다. 뱀장어와 도마뱀이 식량문제를 뜻밖에 해결해 주어 예상보다 식량이 넉넉하게 되었다. 그리고 처음에는 밥을 엄청나게 많이 먹던 원주민들도 이제는 질렸는지 점점 적게 먹기 시작하였고 산속에서 2주일이 지나니 고구마가 먹고 싶다고 했다. 그래서 우리는 고구마를 구하러 산속에 있는 마을에 갔다. 오늘날 쌀을 먹는 식생활이 솔로몬 군도에 빠르게 보급되고 있지만 그래도 아직까지는 고구마가 주민들의 주식이다. 19세기 후반에 호주 동쪽에 있는 노폭(Norfolk) 섬에서 솔로몬에 도착한 영국 성공회 선교사가 갖고 온 고구마는 그 뒤 급속하게 섬마다 퍼져나가 주민들의 주식이 되었던 것이다.

현지인 작업자들의 안내로 찾아간 마을은 말이 마을이지 집이 서너 채밖에 안 되었다. 그래도 카낭가(Kamaqa)라는 마을 이름을 갖고 있

고구마 자루를 머리에 얹고 서로 손을 잡고서 급류를 건너는 모습

었다. 카망가는 그 동네 언어로 독수리라는 뜻이다. 옛날에 마을의 한 아이를 독수리에게 제물로 바쳤더니 마을에 액운이 없어졌다는 전설을 갖고 있다. 우리는 코프라 자루에 마을 사람들로부터 산 고구마를 채우고 다시 캠프로 돌아오는데 마을에 갈 때는 허벅다리 정도 찼던 시냇물이 그날 오후에 내린 비로 가슴 위까지 올라오는 급류로 변해 있었다. 순식간이었다. 우리는 모두 10명이었는데 물살에 떠내려가지 않도록 서로 손을 잡고 시냇물을 무사히 건넜다. 주일에는 작업을 중지하고 캠프에 둘러앉아 오전, 오후 예배를 드리고 하루를 쉬었다.

당시에 우리를 적극적으로 도와주었던 알란 의원과 그의 아버지 나다니엘은 얼마 전에 세상을 떠났다. 그들의 손자요 아들인 데이빗

(David Qurusu)은 6년 전에 우리 회사에 들어와서 성실하게 중요한 일을 하고 있다. 3대에 걸쳐 우리와 인연을 맺고 있는 것이다.

솔로몬 어디서나 쉽게 구할 수 있는 코프라 (야자열매 속 부분을 말린 것) 운반용 자루

주방장 올리버

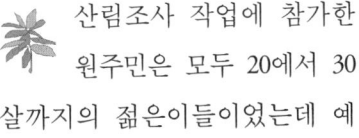 산림조사 작업에 참가한 원주민은 모두 20에서 30 살까지의 젊은이들이었는데 예외로 50살 된 사람이 한 명 있었다. 이 사람은 한쪽 다리가 소아마비에 걸려 절뚝거렸는데 우리 조사팀에 참가하고 싶다고 왔기에 도저히 산속에서 일을 하지 못할 것 같아 친절하게 거절했다. 그러나 본인이 꼭 초이셀 산속에 들어가 보고 싶다고 간청했다. 자기가 태어나서 이때까지 조상이 물려준 산의 깊은 곳에 한 번도 들어가 본 적이 없으므로 이번에 못 가면 죽을 때까지 영영 가 볼 기회가 없으니 제발 데려가 달라고 해서 주방장으로 채용하여 받아주었다. 나는 그가 도중에 쓰러질까봐 걱정을 많이 하였다. 그러나 뜻밖에도 올리버는 젊은이 못지않게 산속에서 잘 걸었다. 석유등잔은 코프라 자루 밑에 묶어서 등에 지고 캠프가 이동할 때마다 소중하게 다루며 절뚝거리면서 운반해 주는 것을 보고 '아! 저 사람을 잘 데려왔다'는 생각을 여러 번 하였다.

올리버는 우리가 아침에 작업을 나가면 혼자서 캠프 청소도 하고 불에 잘 다는 화목도 골라서 주워 오고 또 야생 배추를 잘도 찾아왔

다. 야생 배추라는 것은 물론 우리가 먹는 배추와는 달랐으나 국에 넣고 끓이면 약간 기름이 나오나 맛은 그런대로 괜찮은 편이었다. 우리 한국인은 암만 살펴봐도 모르겠는데 올리버는 잘도 찾아서 모아 왔다. 그리고 그는 저녁에 작업에서 돌아오면 한국인 2명의 옷과 정글화를 매일 같이 빨아서 캠프 안에 임시로 지어 놓은 부엌에서 밤새 말려서 아침에 우리에게 주었다. 그래서 우리는 매일 아침에 바싹 마른 옷과 정글화를 받아 기분 좋게 착용하고 일하러 나갈 수 있었다. 비록 옷은 10분도 안 되어 다시 땀에 젖게 되고 정글화도 곧 정글 속에 있는 개울을 건너다 젖어 버리지만……

몇 년이 지난 뒤 나는 기조에서 우연히 올리버를 만났다. 올리버는 그때도 여전히 건강하고 항상 웃는 모습 그대로였다. 2001년 12월에는 초이셀 만에서 당시 산림조사에 참가하였던 코코로마가 조그만 배를 타고 온 것을 우연히 만나게 되어 올리버의 안부를 물어보니 여전히 건강하게 잘 있다고 했다. 정글 속에서 파업사건도 나중에 이야기를 들으니 내가 텐트 속에서 잠자고 있는 동안 올리버가 파업을 주동한 사람들을 모아 놓고 너희들이 나쁘다고 야단쳤다고 한다. 올리버는 언젠가 기회가 된다면 다시 만나 보고 싶은 사람이다.

산림조사 부대

일할 때는 힘들었지만 어느새 시간이 흘러 산림조사 작업은 끝나고 모두 동쪽 해안을 목표로 정글을 나왔다. 4월 12일 아침에 산속 20km 들어간 곳에 설치하였던 마지막 캠프를 출발하자 '오늘은 집에 간다'는 기쁨 때문에 모두 발걸음이 가벼웠다. 식량도 거의 떨어졌으므로 등에 맨 짐도 가벼웠다. 그날 오후 우리는 팡고에 마을에서 10km 남쪽에 있는 해안가에 예정대로 도착하였다. 해안에 도착하자 모두 주저앉거나 짐을 풀고 드러누워 휴식을 취하였다. 해안 근처 숲속에 널려 있는 파파야와 바나나를 따서 점심 요기를 한 다음, 우리는 다시 해안을 따라 북쪽으로 걸어가기 시작하였다. 가다가 깊이가 목까지 오는 냇물을 만나 모두 손을 잡고 짐은 머리 위에 얹고서 시내를 건넜다. 시냇물을 건너자 코코로마와 보셀레(Vosele)는 팡고에 마을에 곧 도착할 것이라면서 마을 여자들과 아이들 앞에 멋있게 나타나고 싶다며 줄을 맞춰 행진해 가자고 했다. 그래서 우리는 세 명씩 줄을 맞춰 걷기 시작했다. 모두들 원기왕성하게 '사나이로 태어나서 할 일도 많다만……'을 한국말로 부르면서 발을 힘차게 맞췄다. 산림조사 기간 동안 저녁 먹고 쉴 때 틈틈이 이들에게 한국말로 가르쳐준 유일한 노래였다.

얼마 지나지 않아 마을의 아이들과 여자들이 모두 마을 입구에 달려 나와 소리를 지르며 개선부대를 맞아 주었다. 나는 아직까지 솔로몬 현지인들의 모습이 이때처럼 늠름한 것을 보지 못하였다. 우리는 그날 저녁 마을 유지들이 베풀어준 잔치에 참석하였다. 마을 유지들은 돌아가며 한 명씩 일어나 고맙다는 취지의 연

현지 원주민이 나무 위에 지은 집(서부 과달카날)

설을 하였다. 어떤 사람은 우리 젊은이들을 훈련시켜 줘서 고맙다고 하는 등 모두 다 우리에게 마음속에서 우러나오는 고마움을 표시하였다. 산림조사에 참가했던 젊은이들도 나름대로 힘든 일을 잘 이기고 젊은이다운 일을 한 것이 뿌듯해서인지 일어나 한마디씩 감사인사를 했다. 마을 사람들에게 이런 감사인사를 들은 나도 마음속으로 그들에게 감사했다. 우리는 그날 밤 늦게까지 흥겨운 시간을 보냈으며, 마을 유지들에게 우리 회사의 향후 초이셀 섬 개발계획을 설명하였다.

4월 14일 아침 일찍 팡고에 마을을 떠났다. 아직 해가 돋기 전인데도 해안에는 알란 의원의 부친인 나다니엘을 포함해서 많은 사람들이 나와 석별의 정을 아쉬워했다. 우리가 카누에 오르려고 하는데 누가 헐레벌떡 뛰어왔다. 산림조사 기간 동안 요령 피다가 나에게 제일 많이 혼난 카시올로였다. 늦어서 미안하다며 자기 집 닭이 아침에 낳은 달걀 몇 개를 나뭇잎으로 옹색하게 만든 조그만 가방에 넣어 가져왔다. 이날 따라 동편 바다 위에 힘차게 솟아오르는 태양 빛이 강렬하게 해안에서 손을 흔들고 있는 마을사람들을 비추고 있었다. 우리는 서로가 보이지 않게 될 때까지 계속 손을 흔들었다.

19년 뒤(2003년)에 다시 만난 카시올로와 함께(팡고에 마을에서)

유럽인의 텃새

내가 처음에 솔로몬 군도에 갔을 때는 이 나라 정부에 영국, 호주에서 온 백인 공무원들이 제법 많았다. 산림청에도 3명이 있었는데 모두 나에게 친절하게 대해 주었다. 나중에 생각해 보니 이들은 우리가 아무리 애써도 이 나라에서 벌채허가서를 취득하지 못할 것이라고 생각하고는 친절을 베풀어 준 것 같았다.

그러나 점점 뭔가 진전되어 나가는 것처럼 보이자 이들의 태도는 경계하는 쪽으로 변하기 시작하였다. 그 뒤 우리가 벌채권을 취득할 가망성이 보이자 그때부터는 경계의 수준을 넘어 자기들끼리 미리 약속이나 한 것처럼 방해하기 시작하였다. 당시 서부 주정부에도 영국, 호주, 뉴질랜드인이 각각 한 명씩 있었는데 이들 역시 사사건건 우리를 저지하려고 하였다.

1982년부터는 한국, 일본을 비롯한 동양계 회사들이 솔로몬 군도를 자주 방문하며 벌채권 취득에 관심을 보이자 환경보호를 앞세워 동양계 회사를 저지하려고 했던 것 같다. 백인 우월주의를 갖고 있는 이들은 자기들이 영향권을 행사하는 곳에 동양인을 발붙이지 못하게 하려는 것 같았다.

산림청에서 일하던 영국인 공무원 한 명은 전에 저자에게 보이던 친절은 거둬들이고 저자를 보면 눈빛이 범죄인처럼 변해 버렸다. 그래서 어느 날 저녁에 호니아라 해변에 있는 그의 집에 찾아가서 단도직입적으로 전에는 나에게 친절하게 하다가 왜 요새는 그렇게 사사건건 방해를 하느냐, 이것은 백인우월주의 때문이냐고 물어보았다. 그는 여러 가지로 변명을 하였으나 그 뒤로는 그래도 태도가 약간 부드러워지고 적어도 표면적으로는 방해를 하지 않았다.

우리로서는 이제 오도 가도 못하게 된 폼 원 문제를 해결해야 하는 것이 급선무였다. 나는 우리 회사의 현지인 변호사인 앤드류(Andrew Nori)와 함께 서부 주정부를 다시 찾아가 서부 주정부 법률고문으로 있던 뉴질랜드 아가씨 폴다이스(Patricia Fordyce)를 만났다. 그녀가 다행히 서부 주정부가 한 걸음 후퇴해준 덕분에 우리는 재차 폼 원을 제출하지 않고 부족 이름만 추가로 보완하는 것으로 일단락 짓고 지역협의회에 다시 상정시키기로 합의를 보았다. 그해(1984년) 11월 21일, 타로 섬에서는 다시 지역협의회가 열렸다.

이때는 최 감사와 정 이사 모두 개인사정으로 회사를 떠나고 난 뒤였으므로 이제 솔로몬에서 나 혼자 남아서 무거운 책임을 맡고 일을 추진하게 되었다. 지역협의회는 다시 열렸으나 진행되는 모양이 지난번과 비슷하였다. 회의의 서기는 지난번 회의 때 초이셀 행정관 기드온(Gideon Solo)에서 신임 행정관 빈센트(Vincent Gani)로 바뀌었다. 빈센트는 벨라라벨라 섬 출신으로 상당히 정직한 공무원이어서 좀 안심은 되었다. 그러나 회의가 시작된 지 며칠이 지났어도 참석자들은 계속 회의의 본질을 벗어난 발언만 무성하게 하였다. 이제 회의는 하루를 남겨 놓았는데 거의 가망이 없어 보였다. 내 무능함에 답답하기만 하였다.

11월 28일 밤, 나는 꿈을 두 개나 꾸었다. 꿈속에서 승용차를 몰고 가는데 갑자기 수동식 기어박스가 부서지며 고장이 났다. 이렇게 심한 고장은 못 고치겠구나 하며 포기하고 있는데 옆자리에 앉은 박 사장이 포기하지 말고 차근차근하게 고쳐 보라고 한다. 그래서 침착하게 고쳐 보았더니 고장이 뜻밖에 쉽게 고쳐져 자동차는 다시 출발하였다. 나중에 자동차를 세우고 보니 작지만 야무진 새 자동차 영국제

미니 오스틴였다. 연이어 또 꿈을 꾸었는데 이번에는 내가 배가 고파 먹을 것을 찾아다니고 있었다. 당시 서부 주지사인 욥(Job Tausinga)에게 가서 먹을 것을 좀 달라고 하니 없다고 한다. 다시 제이슨 의원에게 가서 달라고 했더니 그도 내게 줄 식량이 없다고 한다. 실망하고 있는 나에게 그린필드(Greenfield Megabule)라는 현지인 임시직원이 다가 오더니 "미스터 권! 저쪽에 당신을 위해 음식이 차려져 있는데 왜 쓸데없이 다른 사람들을 찾아다니며 구걸합니까"라고 한다. 그린필드를 따라가 보니 거기에는 상다리가 휘어질 정도로 큰 밥상 가득히 음식이 차려져 있었다.

새벽에 꿈에서 깨어나 보니 지난번 지역협의회 회의 때 꾼 꿈이 생각나면서 그때 꿈대로 되었는데 오늘도 꿈대로 되었으면 좋겠다고 생각했다. 마지막 날인 11월 29일은 지역대표들끼리 회의를 하겠다고 하길래 나는 참석하지 않고 회의결과를 알아보기 위해 그린필드만 보냈다.

오후 늦게 그린필드가 카누를 타고 내가 있는 원주민 집에 왔다. 그의 얼굴은 환하게 웃고 있었다. 그는 서북부 지역은 회의에서 토지소유자가 결정되어 이제 다음 절차인 폼투(Form 2)로 진행하라는 결론이 나왔다고 했다. 그리고 남부, 동부 지역은 다음번 지역협의회에서 결정하기로 했다고 덧붙였다. 나는 뛸 듯이 기뻤다. 물론 하나님께 감사하였다. 그 다음 날 타로 섬에 가서 그린필드의 보고가 사실인 것을 알게 되었다. 이제 폼투를 진행하고 곧 이어 계약을 하면 벌채권을 취득할 수 있는 것이다. 최종 목표를 향해 어려운 고지를 드디어 하나 넘은 셈이었다.

시로방가 마을

서북부 지역이라 함은 몰리(Moli), 포로포로, 시로방가(Siro-vanga), 수비수비(Subisubi) 마을이 있는 섬의 서북부 지역을 말한다. 이 마을 사람들은 자기들이 갖고 있는 땅에서 우리 회사가 작업을 해 주기를 원하는 부족들이다. 이들이 초기에 회사를 지원하여 처음 초이셀에 도착한 우리에게 큰 힘이 되어 주었다. 물론 벌채를 할 경우에는 회사는 규정에 의한 소정의 금액을 해당 토지소유자들에게 지불해야 한다. 해안을 끼고 있는 시로방가 마을은 해안 앞 멀리 2~3km까지 산호초가 방벽을 만들어 주어 큰 배는 들어갈 수 없지만 2백 톤 정도의 조그만 배는 마을 부두까지 들어가 접안할 수 있다. 산호초 방벽과 해안 사이는 항상 바닷물이 호수면 같이 잔잔하므로 주민들은 카누를 타고 나가 이 초호(礁湖) 안에서 낚시나 그물로 고기를 잡는다. 시로방가 마을은 서북부 지역의 동부 해안을 따라 있는 마을들 가운데 가장 크다. 이곳에는 일찍부터 천주교가 들어와 해안이 내려다보이는 언덕 위에 조그만 성당을 지어 놓았으며 호주인 룩(Luke) 신부가 오랫동안 교구를 돌보고 있었다. 해안에서 성당까지는 사람 한 명이 지나 다닐 수 있는 미끄럽고(바닥이 바위이므로) 좁은 길이 나 있는데 이 정글 속의 길을 따라 성당이 있는 언덕에 올라가면 땀이 비 오듯이 흐른다.

내가 1983년에 이곳을 처음 방문했을 때는 몸집이 큰 호주인 신부가 있었는데 교통도 아주 나쁜 이런 오지에 혼자서 십수 년 동안 현지인을 교화하며 살고 있다는 것이 놀라웠다. 남을 위하여 자기를 헌신하려는 각오와 결심이 없다면 이런 일은 할 수 없는 것이다. 1982년 7월 12일, 나는 PNG 본토의 동부해안에 있는 마당(Madang)이라는 조

시로방가 마을 해안 언덕에 있는 성당. 왼쪽에서 두번째가 조승훈 과장, 그 오른쪽이 시므온 신부

성당에서 내려다 본 초호

그만 도시에서 그 지역에 수년 간 살고 있는 한국인 신부를 만난 적이 있다. 마침 그는 마당에서 멀리 떨어진 산속 마을에서 도시에 오랜만에 나온 참이었다. 그는 오래 신어서 낡은 한국제 군화를 신고 있었다. 물욕이 전혀 없어 보이는 그는 천주교 신부답게 생애를 그곳에서

불쌍한 사람들을 위해 보내겠다고 했다. 나는 그렇게 헌신적인 분이 우리나라 개신교 선교사들 가운데에도 많이 있었으면 하는 생각을 해 보았다.

시로방가 마을을 가려면 비행장이 있는 타로 섬에서 카누를 타고 초이셀의 서부 해안 끝을 돌아야 한다. 초이셀 섬의 서북부 해안에도 해안에서 멀리 산호초 방벽이 형성되어 있어 만조 때에는 산호초 안이 초호로 변한다. 이때는 카누를 타고 잔잔한 수면을 달리며 질러 갈 수 있지만 간조 때에는 산호초 방벽이 해안 멀리 낮은 절벽으로 나타나므로 카누는 그 밖에서 치는 높은 파도를 헤치며 먼 길을 돌아서 여행해야 한다. 파도가 심하고 비가 많이 올 때는 카누 여행이 거의 불가능하다. 따라서 이 마을 사람들이 섬의 행정기관과 병원이 있는 타로 섬에 한번 가려면 보통 고생이 아니다. 영국 식민지 시절부터 시로방가 마을과 그 주변에 살고 있는 주민들은 식민지 행정청에 초이셀 만에서 시로방가까지 도로를 만들어 달라고 요청하였다.

이 요구가 받아들여져 1970년대 초 당시 PNG에 있던 호주 건설회사 비스마르크가 초이셀 섬에 도로건설 장비를 가지고 상륙하였다. 이들은 초이셀 만에 장비를 내려놓고 시로방가에도 불도저 한 대를 상륙시켜 섬의 동서 양쪽에서 동시에 작업을 시작했으나 행정청에서 건설대금을 제대로 주지 않는다면서 시작한 지 얼마 안 되어 작업을 중지하고 철수해 버렸다. 시로방가 해안가 정글 속에는 당시 불도저 작업을 시작했던 흔적이 아직도 약간 남아 있다. 초이셀 만에도 물론 이 도로작업 흔적이 남아 있다. 초이셀 만 쪽의 도로 흔적은 약 1km 정도 되나 도로 피복도 안 된 상태에서 오랜 기간 정글 속에 묻혀 있었으므로 실제 도로의 모습은 어디에서도 찾아볼 수 없고 불도저가 밀어낸 흔적만이 일부 지역에 남아 있을 뿐이다.

이 때문에 이곳 주민들은 우리가 초이셀에 왔다는 소식을 듣고서 우리에게 땅을 내주었다. 자기들 땅에 있는 나무를 벌채해 가고 그 대신 정글 속에 길을 만들어 달라는 것이다. 그렇게 되면 급한 환자가 생겼을 때라도 도로를 통해 초이셀 만을 거쳐 타로 섬에 갈 수 있기 때문이다. 이 마을과 주변 주민들은 단결도 잘되어 '시로방가 연합'이라는 공동체를 만들었다. 물론 그 가운데에는 외국회사가 들어오는 것을 싫어하는 주민들도 있었다. 시로방가 연합의 지도자들 가운데에는 마이클(Michael Vanakana) 의장과 아이삭(Issac Kolomakolo)이라는 주민대표 뒤에서 고문으로 일하던 클레멘(Clement Kengava)이라는 학교 교장이 있었다. 세 사람 모두 우리가 처음 초이셀에 도착했을 때부터 도로 개설 때문에 회사를 밀어 주었다.

나는 카누를 타고 시로방가를 처음 방문했을 때 산호초 밖으로 먼 길을 달려 파도를 맞으며 여행하였다. 특히 섬의 서쪽 끝 지역을 돌 때에는 높은 파도가 심해 카누가 두 동강 날 것 같은 느낌을 많이 받았다. 처음 시로방가를 방문하고 다시 거친 파도와 싸우면서 초이셀 만으로 돌아오던 날, 나는 울창한 열대림으로 덮인 초이셀 섬을 바라보면서 막연히 자신이 생겼다. 어느 영국, 일본 회사의 직원이 자기 회사의 사업을 위해 이런 위험하고 심한 고생을 하면서 이곳에 외서 이렇게 일하겠는가 생

클레멘(Clement Kengava)과 함께 초이셀 섬 몰리 캠프에서(1995년)

각해 보았다. 아무도 올 것 같지 않았으며 어떤 경쟁 상대도 나타날 것 같지 않았다. 그렇다면 힘들어도 결국은 우리가 이 사업을 이룰 수 있을 것이라는 확신이 들었다.

최종 벌채허가서를 받을 때까지 필요하다면 백 번이라도 파도를 뚫고서 시로방가를 방문하겠다고 결심했다. 그러나 백 번 방문하기 전에 우리는 벌채허가서를 받았다. 나는 이들 주민과 지도자들을 만나서 우리를 반대하는 초이셀 섬의 다른 지역 사람들을 설득하고 당면한 문제들을 협의하기 위해 그 뒤 6년 동안 50번 이상 시로방가를 카누로 방문하였다. 초이셀만과 시로방가까지 해상거리는 편도 40km이므로 내가 그동안 이곳을 다닌 거리는 4천km(40km×2회×50회)에 달했다. 이 거리를 포함하여 지난 20여 년 동안 솔로몬 군도에서 내가 타고 다닌 카누 거리는 약 7천~8천km에 달한다. 이 거리는 육지에서 자동차를 타고 다니는 여행과는 그 위험도의 차원이 다르다.

나는 신입사원 때 동부 말레이시아 사라왁 주에서도 스피드 보트를 많이 탔고 최근(2002년 4월)에도 인도네시아 칼리만탄 지역을 방문하여 강에서 스피드 보트를 탔다. 인도네시아와 말레이시아에서는 조그만 보트에 110마력 정도의 아웃보드 엔진을 달고서 강 위를 달린다. 그러나 솔로몬에서는 훨씬 작은 보트에 훨씬 약한 마력의 엔진을 부착하고 바다를 달린다. 2001년 12월에는 기조에서 초이셀 섬의 북쪽까지 200km 거리를 15마력(일반 소형 승용차는 80마력)밖에 안 되는 소형 엔진을 단 카누를 타고 나침반을 보면서 8시간 동안이나 파도를 뚫으며 달려서 초이셀에 도착하는 스릴을 맛보았다. 그날 이른 아침 기조를 떠날 때는 날씨도 좋고 파도도 잔잔하였으나 중간 지점부터는 바다가 거칠게 변하기 시작하더니 초이셀에 가까이 가자 파도는 아주 거칠게 일고 거기다 비까지 내렸다. 예정된 시간에 초이셀에 도착하지 못하자 해안에서 내가 탄 카누를 기다리고 있던 한국인과 현지인 직원들은 불길한 생각이 들어 몹시 마음을 태웠다고 한다.

아침에 출근하여 상사가 시키는 일하고 저녁에는 퇴근하여 집에 가는 길에 동료들과 소주 한잔하며 어울리거나 어떤 날은 퇴근 뒤 곧바로 집에 가서 저녁밥 먹고 텔레비전 연속극 보다 자고 그 이튿날 아침에 다시 회사에 나가 일하는 안정되고 반복된 생활을 좋아하는 사람들의 눈으로 보면 한두 번도 아니고 나이 50이 될 때까지 위험한 일을 반복하는 나의 살아가는 방식은 정신나간 짓으로 보일 것이다. 그러나 나는 눈을 뜨면 엉뚱한 새로운 어려움이 나타나고 그리고 그것이 해결되는 것을 보면서 통쾌감을 맛보며 사는 이런 생활이 좋다. 매일 매일 새로운 힘이 솟구친다.

앞서 나온 시로방가 연합의 지도자들 가운데 한 명인 아이삭은 초등학교 교육밖에 받지 못한 목수이나 마을의 지도자답게 이해심이 크고 모든 일을 넓은 각도에서 생각하는 사람이다. 그는 시로방가 서북쪽 해안에 있는 '바라바라 카카사'라는 작은 마을에 살고 있었다. 이 마을 역시 주민들이 고구마와 생선을 먹으며 살고 있는 전형적인 초이셀의 마을이다. 이 마을은 근처 해안의 수심이 얕아 만조 때가 아니면 접근하기 어려운 곳에 있다.

1987년 4월 10일, 나는 이 마을에 들러 아이삭의 집에서 하룻밤을 보내게 되었다. 저녁 식사로 나온 고구마로 배를 불린 뒤 나는 마을 사람들과 이야기를 하다가 밤에 아이삭의 부엌에서 잠을 잤다. 이 동네에는 모기와 벼룩이 많기 때문이었다. 부엌에는 장작불에서 나오는 연기 때문에 모기, 벼룩, 파리가 좀 없는 편이다. 일부 현지인들도 부엌에서 자므로 보통 부엌에는 한 사람 누울 수 있는 간단하게 만든 조그만 침상이 있다. 부인네들은 음식을 만들면서 여기에 걸터앉아

서로 잡담도 나눈다. 부엌은 정글에서 수집한 나뭇잎사귀로 벽과 지붕을 만든 별도의 집으로 되어 있는데 크기는 한 평에서 두 평 정도다. 한쪽 편에 장작을 쌓아놓았으며 그 옆에 간단한 화덕이 있다. 화덕은 벽돌만한 두 개의 돌 위에 쇠꼬챙이 2개를 걸어놓았으며 그 위에 고구마를 담은 양철통을 올려놓고 불을 땐다. 생각보다 청결하고 불결한 냄새도 나지 않는다. 옆에 있는 PNG의 마을 부엌보다 일반적으로 깨끗한 편이다.

그날 밤 잠도 잘 안 와서 아이삭을 불러 불을 피우며 이런 저런 이야기를 하고 있는데 그의 일반상식과 세계적인 시사문제에 대한 상식이 놀라울 정도로 많은 것을 보고 놀랐다. 어떻게 이 오지에서 저렇게 상식이 많을까 궁금하여 물어보니 매일 밤 단파라디오로 호주, 뉴질랜드 방송을 듣기 때문이라고 한다. 아이삭은 그때 내가 항상 짐 속에 갖고 다니며 침상 위에서 베고 자는 우리나라 오동나무로 만든 경침 베게를 보고 여러 가지 궁금한 것을 물어 왔다.

그래서 나는 건강의 기본은 딱딱한 침상에 자야 되고 또 이런 베개를 목에 베고 자면 좋다고 설명해 주었더니 그 다음 날 아침 부인을 데려와 다시 이야기해 달라고 한다. 그의 부인은 허리병이 생겨 고생하고 있었다. 원래는 정글에서 채취해 온 나뭇가지를 벗겨서 만든 딱딱한 마루에서 잠을 잤으나 일년 전부터 푹신한 스펀지 매트리스를 기조에서 배편에 사와서 자고 난 뒤로부터 허리가 아프기 시작했다는 사실을 알아내고 내 나름대로의 처방을 해주었다. 처방이래야 간단했다. 아깝지만 매트리스를 버리고 다시 딱딱한 침상에서 자라고 했다. 일 년이 지난 다음 다시 이 마을을 방문했을 때 그의 부인에게 감사하다는 말을 들었다. 허리가 완전히 나았다는 것이다.

초이셀 주민들은 전통적으로 옛날부터 딱딱한 침상에서 잠을 자왔으나 서양인들의 영향을 받아 최근 들어 도시에서 매트리스 깔고 자는 것이 유행처럼 번졌으며 초이셀 주민들도 코프라 농사를 지어서 번 돈으로 매트리스를 사다 사용하기 시작했던 것이다. 아이삭은 내 의견에 100퍼센트 동의하고 있었다. 그러면서 자기들이 소년 시절에는 큰 코프라 한 자루를 등에 지고 산길을 걸어 멀리까지 운반했으나 요즘 젊은이들은 매트리스에서 자는 바람에 힘이 빠져 옛날 자기들이 운반했던 자루를 운반하지 못 한다고 했다.

나는 1983년에 한국 자연건강학회에서 발간한 서(西)의학 책을 읽은 뒤 확신이 들어 즉각 매트리스를 버리고 딱딱한 침상에서 오늘까지 자고 있다. 서(西)의학을 창시한 니시 가쓰조(西勝造) 선생은 합판처럼 딱딱한 침상이 건강에 좋다고 하였다. 나는 솔로몬에서 합판으로 침대를 만들어 사용했으며 가끔 귀국해서도 방에 합판을 깔고 잤다. 의학의 아버지라고 불리는 히포크라데스도 건강의 기본은 딱딱한 침상에서 자는 것이라고 하였다(《중앙일보》 1986년 1월 17일자 '옛 성현들의 건강법').

이건산업은 합판 회사이므로 저자는 아이들도 어릴 때부터 건강하게 키워야겠다는 생각으로 우리공장에서 합판을 당시 초등학교에 다니던 아이들 키보다 약간 크게 특별하게 만들어 아이들에게 주고 그동안 사용하던 푹신한 요를 치워 버렸다. 나는 그때 내가 합판 회사에 잘 들어왔다고 생각했다. 우리 부부는 방이 좁아 합판침대를 놓을 수가 없어 12㎜ 두께에 폭은 60cm 크기의 합판 두 개를 만들어 각각 깔고 잤다. 이 합판을 낮에는 벽과 장롱 사이에 세워 놓았다가 잠잘 때에는 방바닥에 내려 깔았다. 나는 니시 선생의 이론대로 합판 위에 아무 것도 깔지 않고 나체로 누워 자는 것을 주장했으나 집사람은 호청이라도 깔고 자자고 하므로 그의 의견에 따랐다. 아침에 일어나 양손으로 무거운 합판을 치우자면 정신이 번쩍 들어 활기차게 하루가 시작된다. 아이들도 아버지의 말을 잘 따라 주었다. 그래서 그런지 우리 집 아이들은 여태까지 병도 안 걸리고 튼튼하다. 하나님께서 이런 방법도 알게 해 주신 덕분이다.

합판과 경침의 효력을 본 나는 외국 출장 때에도 경침을 가방에 넣어 갖고 다닌다. 요새도 합판을 침대 위에 깔아 주는 호텔에서는 침대 위에서 자고 그렇지 않은 호텔에서는 방바닥에서 자고 있다. 서양의 3류 호텔들은 대부분 바닥이 값싼 마루로 되어 있다. 나는 이런 호텔에 가면 아주 단잠을 잔다. 얼마 전에 필리핀의 휴양도시 바기오에 마닐라에서 시외버스를 타고 밤에 도착했을 때 시외버스 터미널 근처에 있는 하루 방값이 미화 18달러짜리 값싼 호텔에 들었는데 바닥이 마루로 되어 있어 얼마나 잘 잤는지 모른다. 호텔 직원이 내가 뭐를 좋아하는지 알았다면 그는 아마 방값을 두 배로 불렀을 지도 모른다. 피로가 확 풀리고 새 힘이 난다.

나는 이것을 몸으로 체험하고 있으므로 우리나라 군대를 더욱 강군(强軍)이 되게 하려면 현재 내무반에 있는 푹신한 매트리스를 없애고 합판으로 된 딱딱한 바닥에 병사들을 재우고 그리고 거친 음식[粗食]을 먹여야 한다고 생각한다. 이것은 동서고금을 통하여 튼튼한 신체와 군인정신이 충만한 강군 육성의 기본이다. 한국인, 서양인, 솔로몬 원주민 등 여러 사람들로부터 내 말을 듣고 그대로 했더니 정말 그렇더라고 감사해 하는 말을 많이 듣고 있다. 이 책을 읽는 독자들이 내 말을 따른다면 자기들 제품이 푹신하여 몸에 좋다고 선전하는 침대회사들로부터 항의를 받을 지도 모르겠다.

아이삭은 지역협의회 회의가 열릴 때마다 회의장에 나타나 대표들에게 개발의 필요성을 역설했고 반대하는 대표들 앞에 나서서 설득하였다. 한번은 열병에 걸려서도 지역협의회에 참석하여 대표들을 설득하는 것을 보고 나는 깊은 감동을 받았다.

다른 한명의 지도자인 클레멘은 이 지역 출신으로 벨라라벨라 섬에 있는 한 중·고등학교 교장이었다. 나는 기조를 방문하면 자주 캥가바가 있는 보누누 마을을 방문하여 우의를 다지고 또 앞으로 진행해야 할 내용들을 상의하였다. 당시 클레멘은 마치 아르헨티나 출신 게릴라 지도자인 체게바라 모양을 하고 다녔으므로 나는 장난으로 그를 초이셀 민족해방전선 사령관이라고 불러 주곤 했다.

1987년 6월 22일 오전에, 기조에 도착한 저자는 해변을 걷고 있다가 마침 벨라라벨라 주민들이 카누를 타고 기조에 나왔다가 다시 돌아가려는 것을 보고 나도 그 나무로 만든 길고 좁은 카누에 함께 타고 간 적이 있다. 나는 카누 맨 앞에 앉았는데 사람이 너무 많이 타서 바닷물이 카누에 찰랑찰랑 들어오기도 했다. 기조 섬을 지나 이제 가까이에 파도를 막아주는 섬이 없는데다 마침 오후인지라 파도가 제법 일었다. 나는 언제라도 바다에 뛰어들 준비를 하였다. 그때에는 나도 수영 실력이 늘어 몇km 정도는 쉽게 갈 수 있었다. 그러나 마음을 졸이면서 타고 간 카누는 아슬아슬하게 벨라라벨라 섬 남쪽 해안에 무사히 도착하였다.

클레멘은 뜻밖의 손님을 반가이 맞아주었다. 나는 여러 가지 당면 문제를 상의한 뒤 그날 밤에 다시 기조에 돌아와야 했으므로 해안까지 배웅 나온 클레멘과 헤어져 그가 준비해준 학교의 카누를 빌려 타고 밤 10시경에 기조를 향하여 출발하였다. 올 때의 거친 파도는 언제 있었느냐는 듯이 바다 수면은 마치 거울처럼 잔잔하였다. 날씨는 좋았고 보름달이 엷은 구름 사이로 바다 위를 비춰줘 우리는 벨라라벨라 섬과 기조 섬 사이의 바다를 한밤인데도 콧노래를 부르며 유유히 건넜다. 멀리 콜롬방가라 섬의 윤곽도 명확히 보인 밤이었다. 어떤 날은 클레멘의 학교 사택에 있는 손님방에서 잠을 자고 그 다음 날 벨라라벨라를 떠난 적도 있다. 이렇게 우리 초이셀 민족해방전선 동지(?)들의 전우애는 깊어져 갔다. 나는, 머리도 좋으며 듬직한 캥가바가 언젠가 솔로몬 군도의 수상이 될 가능성이 있다고 생각하고 있었는데, 그는 2001년 국회의원 선거에서 초이셀 서북부 지역의 국회의원으로 당선되었다.

격추왕 보잉턴 소령

기조에서 출발한 솔로몬항공사의 소형 비행기가 초이셀과 쇼틀랜드를 갔다가 다시 기조로 돌아오면서 가끔 벨라라벨라를 들린다. 클레멘이 교장으로 있는 보누우 중·고등학교에서 멀지 않은 곳에 있는 이 비행장은 섬의 동해안을 따라 평행하게 놓여있다. 나는 초이셀에 갔다 오면서 이 비행장에 수도 없이 들렀는데 비행기가 북쪽에서 활주로를 향해 내려갈 때마다 태평양전쟁 당시 이 비행장을 기지로 활약한 보잉턴(Gregory Boyington) 소령 생각을 여러 번 하였다. 벨라라벨라는 태평양전쟁 초기 일본군이 점령하였으나 그 뒤 미군이 일본군을 소탕하고 빼앗았다. 미군은 즉시 이 섬 동해안을 따라 활주로를 건설하고 비행장을 만들었는데 오늘날에는 민간 비행장으로 사용되고 있다. 물론 활주로는 잔디로 되어 있다.

전쟁 당시 미국 해병항공대 격추왕 보잉턴 소령의 바바 검은양(Baba-Black Sheep) 비행대대는 이 비행장을 기지로 하여 서부 솔로몬 군도와 동부 뉴기니에 있는 일본군 기지들을 공격하였다. 한번은 라바울을 폭격하고 돌아오던 보잉턴 소령이 벨라라벨라 근처 상공에 이르러 비행기 연료가 완전히 떨어지자 F4U 콜세어 전투기를 글라이더식으로 활공 조정하여 간신히 비행장에 무사히 착륙한 적도 있다. 보잉턴 소령이 당시 숙소로 사용하던 집은 아직도 비행장에서 멀지 않은 곳에 그대로 남아 있다. 그는 부겐빌에 있는 일본군 집결지와 시설을 자주 공격하곤 했는데 부겐빌로 출격하기 위해서는 쇼틀랜드 상공을 지나가야 했다. 쇼틀랜드 섬 앞에 있는 벨라라에 섬에는 일본군 항공대가 있었다. 일본군 항공대는 벨라라에 섬에서 상공을 감시하다가 미군 전투기 편대가 지나가면 그대로 두었으나 미군 폭격기 편대나 수송기 편대가 지나가는 것을 발견하면 즉시 전투기 편대를 발진시켜 공격을 했다. 당시 미군 전투기는 4대가 한 편대를 이루었던 반면, B17 폭격기나 C47 수송기는 3대로 편대를 이루었으므로 일본군은 쉽게 이를 식별할 수 있었다.

벨라라벨라 섬의 남부. 사진 가운데 아래편 해안에 일직선으로 보이는 것이 그당시 미군이 만든 비행장이다.

보잉턴은 한번은 일본 전투기를 유인하려고 자기 비행대대의 전투기들을 폭격기처럼 보이도록 하기 위해 3대씩 편대를 지어 고공에서 쇼틀랜드 근처 상공에 나타났다. 일본군 관측조는 미군의 폭격기 편대가 지나간다고 생각하고 즉시 전투기 편대를 출격시켰다. 일본군 전투기들이 이륙하기 위해 벨라라에 비행장 활주로를 달리는 것을 고공에서 내려다보고 있던 보잉턴 비행대대의 전투기들은 즉시 먹이에 달려드는 매처럼 급강하하여 이제 막 활주로에서 차례대로 이륙하려고 하던 일본 전투기들에게 기관총을 발사하여 거의 모두 격추하였다. 일본군 조종사들은 미군 폭격기가 보통 때와는 약간 다르다고 생각하였으나 그것이 설마 전투기였다고는 생각하지 못하였던 것이다. 이렇게 해서 보잉턴은 일본 전투기 편대를 유도해 내어 섬멸하였다.

그 뒤 보잉턴은 라바울을 공격하다가 일본군 전투기의 사격을 받고 격추되어 바다에 떨어졌다. 그는 마침 그를 발견하고 물속에서 솟아오른 일본군 잠수함에 의해 포로가 되었고 포로수용소에서 전쟁이 끝날 때까지 억류됐다. 전쟁이 끝난 뒤 석방된 보잉턴은 미국 전역을 돌아다니면서 강연회를 갖기도 했으나 말년에는 알콜 중독자가 되어 격추왕답지 않게 생을 마감하였다. 나는 2001년 8월 14일, 호니아라에서 전쟁 당시 보잉턴 소령의 유명한 제214 비행대대에서 근무하였던 해병항공대 조종사 윌리엄스(Otto Williams) 대위를 만난 적이 있다. 그러나 당시 23세의 윌리엄스 대위가 제214 비행대대로 전입할 때에 보잉턴 소령은 제215 비행대대로 옮기는 바람에 아깝게도 함께 오래 근무하지 못했다. 윌리엄스 대위는 전쟁이 끝난 뒤 중령으로 퇴역하였으며 현재 미국 시애틀에 살고 있다. 내가 그를 만났을 때 82세였음에도 역전의 용사답게 꼿꼿한 자세를 보여주었으며, 나와 헤어질 때는 유머가 들어간 절도 있는 거수경례를 하였다. 역시 전투기 조종사다.

몰리 마을

시로방가 마을 사람들과 함께 우리를 처음부터 반겨 준 마을이 있다. 이들 마을은 시로방가와 마찬가지로 천주교 지역에 있는 몰리이다. 초이셀 만에서 해안을 따라 남쪽으로 30km 정도 내려가면 아름답고 조그만 몰리 섬이 나온다. 이 섬에도 오래 전에 성당이 세워졌으며, 근처의 주민은 거의 천주교인이어서 일요일에는 몰리 섬 동쪽 모래사장에 주민들이 타고 온 수많은 카누가 정박한다. 몰리 지역 주민들은 1983년 초에 우리 회사가 초이셀에 진출했다는 소식을 듣고 타로 섬으로 찾아와 빨리 자기네 지역에도 들어와 달라고 하며 토지도 내놓았다. 그러나 지형상 평평한 초이셀 만 지역과 달리 몰리 섬의 맞은편 본 섬은 해안에서부터 바위투성이인데다 언덕과 산이 많아 작업을 시작하는 데는 경비가 비싸게 들 것으로 보였다.

이곳에 살고 있는 마음씨 좋은 마이클 영감은 태평양전쟁 때 미군에 협력한 정찰대원이었는데 전쟁이 끝난 뒤에는 쇼틀랜드 섬에서 일본군 포로들을 감독했다는 것을 저자에게 수도 없이 말했다. 그리고 솔로몬 정부로부터 받은 제2차 세계대전 참전 공로훈장을 가보로 보관하고 있다면서 마치 어린아이 같이 나에게 수시로 가져와 보이며 자랑했다. 폴(Paul Telovae)과 그의 아버지 역시, 우리 회사를 자기 지역에 유치하기 위해 반대세력으로부터 위협을 받으면서도 힘써 주었다. 내가 몰리 마을에 가기 며칠 전에 미리 인편으로 통보해 놓으면 도착하는 날 주민들은 해안에 나와 하루 종일 초이셀 만 쪽을 바라보며 있다가 내가 탄 카누가 멀리 나타나면 집에 있던 사람들까지 모두 나와 반기며, 사업 진행 상황을 묻곤 하였다.

요즘도 그렇지만 당시에는 통신 수단이 거의 없어 급한 일이 생기

폴과 함께 몰리 캠프
에서(1989년)

20년의 세월이 흐른 뒤의 모세(왼쪽)와 폴. 몰리 마을에서(2003년 1월)

면 카누를 타고 가야 했다. 주정부가 있는 기조에 제출할 서류라든가 주정부 공무원에게 연락할 일이 있으면 전화가 없으므로 답답한 사람이 우물판다고 기조까지 바다를 건너 카누를 타고 갔다. 바다가 잔잔할 때 건너기 위해 몰리 마을 바닷가에 있는 모세(Moses Gasirigolomo)의 집에서 잠을 자다가 새벽 4시쯤에 카누를 타고 손전등을 비춰가면서 캄캄한 바다 위를 달리곤 했었다. 처음 내가 초이셀에 갔을 때는 멀리 떨어진 기조까지 카누를 타고 간다는 것은 생각도 못했다. 초이셀에서는 벨라라벨라 섬과 그 뒤에 있는 기조 섬이 보이지 않을 정도로 너무 긴 거리였고 그 사이는 완전히 오픈씨(open sea ; 外海)였으므로 해류와 파도가 심해 조그만 카누로 항해하는 데는 위험이 따르기 때문이었다.

한번은 몰리 마을에서 남쪽으로 20km에 있는 보자 마을에 들린 적이 있다. 그 마을 사람들에게 회사 사업에 대해 설명하기 위해서였다. 마을 사람들과 회의를 하고 있는데 밖이 약간 소란했다. 내다보니 웬 백인 한명이 비옷을 걸치고 맨발로 지나가고 있었다. 나중에 들으니 기조에 살고 있는 영국인 의사로서 보자 마을에 응급 환자가 생겼다는 소식을 듣고 비바람 치는 바다를 카누로 건너 방금 도착했다는 것이다. 이 이야기를 듣고 영국인이 위험 속에 카누 항해를 해내는데 한국인이 못 할 게 무엇이냐는 생각이 들어 긴급한 회사일이 생기면 나도 용기를 내어 카누를 타고 바다를 건너다녔다. 8시간씩 걸리는 카누 항해 도중 소변을 볼 수 없어 이것을 참는다는 것은 보통 고역이 아니었다. 카누 끝에 서서 시도한 적도 있지만 너무 흔들려서 중심을 잡을 수가 없었다. 할 수 없이 꾹 참고 있다가 기조에 도착하자마자 급히 화장실로 달려갔다.

이런 오지에까지 와서 그렇게 생명을 걸고 원주민들을 위해 의료봉사를 하는 영국인 의사를 보고 오직 돈벌이에만 관심이 있는 우리나라 의사들을 생각해 보기도 했다. 우리나라에서는 최근에 어려운 내과, 외과 의사가 되기보다는 쉽게 돈버는 치과, 성형외과 등에 학생들이 몰리고 있다는 것을 뉴스에서 자주 듣게 된다. 또 의료보험금을 더 받기 위해 온갖 부정을 하는 의사들이 가끔 언론에 오르내리고 있는 것이 오늘날 우리 현실이다. 호주에는 요즈음에도 플라잉 닥터(Flying Doctor)라는 의사가 있다. 호주 내륙 지역은 인구가 매우 적어 의료시설도 거의 없는 실정이어서 오지에 살고 있는 사람이 중한 병에 걸리거나 사고를 당했을 때 사실상 치료받을 곳이 없다. 환자로부터 무전을 받으면 의사는 의료기구를 가득 실은 소형 프로펠러 비행기를 타고 날아가 치료해 주거나 상태가 심하면 환자를 비행기에 싣고 병원이 있는 곳으로 데려온다. 물론 치료비는 호주 정부와 자선단체에서 거의 부담한다. 이날 카누를 타고 비바람 부는 험한 바다를 건너온 영국인 의사는 플라잉 닥터보다도 훨씬 훌륭하다는 생각이 들었다.

사사문가 마을의 장례식

초이셀 섬 남해안을 따라 있는 많은 마을들 가운데 가장 인구가 많은 사사문가(Sasamunga) 마을(약 천 명)은 남부 초이셀의 중심지로 진료소도 있다. 다른 남태평양 섬들과 마찬가지로 초이셀 섬 주민들에게도 예로부터 조상의 영혼을 숭배하는 샤머니즘이 퍼져 있었다. 이들은 산이나 강에도 영혼이 있다고 생각하여 이를 섬겼다.

1905년 5월 5일, 영국 감리교회 선교사들은 뉴질랜드인들과 함께 호주를 통해 사사문가에 이르러 기독교를 전파하기 시작했다. 선교사들은 사사문가 마을이 부족 싸움이 심한 초이셀의 다른 지역과는 달리 비교적 평화로웠으므로 이 마을을 택해 초이셀 선교 기지로 삼은 것이다. 선교사들에게 전도를 받은 라반 피타두나(Laban Pitaduna) 부족이 자기들의 땅을 교회 부지로 내놓아 여기에 첫 교회가 세워졌다. 초이셀 섬의 일부 주민들이 기독교를 반대하기도 하였으나 그 정도가 심하지 않아 섬 곳곳에 전파되게 되었다. 가톨릭도 거의 같은 시기에 초이셀에 들어왔다. 당시 선교사들이 세운 연합교회(장로교와 감리교가 합한) 예배당은 마을 가운데에 있는 언덕 위에 자리 잡고 있다.

초이셀에서 기독교의 본산이라고 해도 좋을 이 마을에서는 많은 교계 지도자들이 배출되었다. 이 가운데는 솔로몬 군도의 감리교 전체를 대표하는 보세토(Leslie Boseto) 감독 목사도 있다. 1932년생인 그는 아직도 노익장을 과시하고 있다. 태평양전쟁 기간 동안 초이셀 남해안 앞바다에는 일본과 미국의 수많은 군함이 다녔으므로 보세토 목사와 마을 사람들은 군함과 비행기가 나타나기만 하면 모두 정글 속에 들어가 숨곤 했었다고 한다.

1985년 3월 22일, 나는 회사의 사업계획을 마을 사람들에게 설명하기 위해 그린필드를 데리고 사사문가 마을을 방문하였다. 며칠 밤에 걸쳐 마을 유지들과 만나 회사의 사업계획을 설명하고 협조를 구하였다. 이곳에는 사람들이 많다보니 의견도 제각기이고 반대를 하는 사람들도 많아 생각대로 진행되지 못했다.

3월 24일 아침, 사사문가 마을 앞 해안에 조그만 배가 보이기 시작하더니 배에서는 뱃고동이 울렸다. 그러자 수많은 마을 사람들이 해변으로 달려 나갔고 통곡하는 소리가 들렸다. 해변에 갔다 온 그린필드는 그 배가 가구라이(Joe Gaqurae) 목사의 시신을 싣고서 고향에 돌아왔다고 말했다. 그 목사가 어떤 사람이냐고 묻자, 그린필드는 지난번에 신문을 통해 '미스터 권이 예수 믿는 사람이라면 나는 미친 사람이다'라고 비방한 사람인데 기억 못하느냐면서 내 기억을 되살려 주었다. 가만 생각해 보니 《솔로몬 스타》라는 현지 신문에 어떤 목사가 '미스터 권이 항상 주일날마다 호니아라 연합교회 예배에 참석하는 것은 예수 믿는 신자라서 그러는 것이 아니고 그의 회사에서 사업을 하려는 초이셀 섬에 예수 믿는 주민이 많으므로 그 사람들의 마음을 얻기 위해서다. 그러므로 만약 미스터 권이 예수 믿는 사람이라면 나는 미친 사람이다'라고 쓴 글을 읽었던 것이 기억났다.

나는 그 목사가 어떻게 갑자기 세상을 떠나게 되었느냐고 물어보다가 가슴이 철렁 내려앉는 느낌을 받았다. 그 목사는 3월 22일 밤, 북부 초이셀의 팡고에 마을에서 갑자기 미쳐서 죽었다는 것이다. 나는 그

1. 마을 뒤편 언덕에 서 있는
   연합교회
2. 바다에서 본 사사문가 마을.
   해안가 나무에 가려 집들이
   거의 보이지 않는다

3. 보세토 감독목사와 함께(2001년)
4. 그물로 고기를 잡는 바가라 마을(남부 초이셀)의 주민
5. 사사문가 마을의 해안에서 주민들과 함께(1983년)

의 시신이 도착한 다음 날인 3월 25일 아침, 마을에서 벌어진 장례식에 참석하여 미망인과 가족들을 위로해 주었다.

사사문가 마을은 인구가 많아 일부 주민이 해안에 나가 용변을 해결하게 되면 해안 모래사장이 오염되므로 마을 사람들은 이에 대한 대책으로 간이 화장실을 설치했다. 물론 그래도 해변에서 용변을 보는 주민이 있었다. 마을에 흐르고 있는 폭이 좁은 개울 위에 긴 나무를 두 개씩 거의 붙여서 걸쳐 놓고 용변을 보도록 한 것이다. 여기가 공동변소다. 그 밑에는 깊이 1m 정도의 개울이 흐르고 있는데, 바다에서 고기떼들이 올라와 대기하고 있다가 폭탄이 투하되는 대로 달려들어 분해시켜 버린다. 물론 아침저녁 어두컴컴할 때 나무다리 중간에 앉아야 폭탄 투하하는 모습을 감출 수 있다. 요즈음은 시멘트로 반수세식 시설을 해변에 만들어 이를 공동으로 이용하는 주민들도 있다.

뒤집힌 카누

사사문가에서 남쪽으로 20km 정도 내려가면 파파라 마을이 나온다. 나는 남부 초이셀을 여행하면서 1983년 4월부터 1985년 3월까지 2년 동안 여러 차례 파파라 마을에 들렀다. 보통 하는 대로 마을 사람들을 만나 우리 회사에 협력해줄 것을 부탁하였다. 1983년 이후 마을 사람들의 우리 회사에 대한 태도는 변한 것이 없었다. 다만 가끔 방문하는 나에게 처음보다 우호적인 것은 느낄 수 있었다.

마을 한쪽에는 조그만 개울이 있는데 남자, 여자 모두 낮에는 목욕을 할 수 없다. 마을 사람들은 나그네인 나에게 목욕할 우선권을 주어 나는 해가 떨어지고 아직 어두워시시 않은 저녁에 제일 먼저 개울에

파파라 마을의 모습. 마을 앞 해안에 아이들이 나와 물놀이를 즐기고 있다. 개울은 사진 왼쪽에 있다.

가서 목욕을 하였다. 그 뒤로 동네 남자들이 목욕을 하고 껌껌해지면 여자들이 여러 명씩 몰려가서 목욕을 하였다. 내가 수영복 차림으로 손에는 비누와 수건을 들고 걸어가면 마을 여자들이 호기심 어린 눈으로 집안과 부엌에서 숨어보곤 하였다. 그들끼리 뭐라고 이야기하면서 킬킬거리고 있는데도 나는 모른척하고 개울로 걸어갔다. 개울물은 아주 차갑고 깊은 곳도 있어 땀에 저린 몸을 시원하게 씻고 나올 수 있었다.

  그날 저녁 동네 사람들과 회사 사업에 대해 오랫동안 이야기를 나눴는데, 노인 추장은 특별한 이유도 밝히지 않고 자기들 땅에 우리 회사를 받아주지 않겠다고 하였다. 그러면서 그날 밤 내가 잘 만한 나그네 숙소로 안내해 주었다. 초이셀 섬은 마을마다 지나가는 손님이 묵고 갈 나그네용 집이 있다. 이런 집은 정글에서 채취해 온 관목 잎을 엮어 지었는데, 보통 오랫동안 수리를 하지 않아 지붕이 여기저기에

뻥 뚫려 있어 그 구멍으로 하늘이 보인다. 비가 오면 그대로 맞기 십상이다. 나는 땅바닥 위에다 정글에서 채취해온 나무의 껍질 부분으로 만들어 놓은 군대 내무반 식의 넓은 침상에 모기장을 치고 누웠다. 지붕 구멍으로 별이 안 보이므로 오늘 밤에는 비가 오겠다 싶어 다시 일어나 갖고 다니던 A텐트를 침상 위에다 치고 그 속에 들어가 잠을 청했다.

바깥을 보니 마을에는 석유등잔을 킨 집조차 없는 것 같다. 그래서 인지 주위는 더 어둡게 보이고 나그네 숙소 안은 칠흑같이 껌껌하다. 멀지 않은 곳에서 파도가 해안에 부딪히는 소리가 들린다. 아내와 아이들의 얼굴이 눈을 감아도 나타난다. 하나님께서 어련히 다 아셔서 보호해 주시지 않겠느냐고 믿으며, 내일 가는 마을에서는 주민들을 어떻게 설득하나, 한국의 본사는 요새 잘 되어 가는지 등 여러 생각으로 머리를 뒤척이다 잠이 들었다. 이튿날 아침 일찍, 아직도 주위가 어두울 때 휴지를 갖고 바닷가에 나갔다. 어제 미리 보아둔, 바닷가에 쓰러져 길이의 절반은 물속에 들어가 있는 야자나무에 올라가 일을 순식간에 끝내고 동네 사람들과 아침 식사를 함께 한 뒤 남쪽으로 20km 떨어진 루티(Luti) 마을로 떠났다.

이곳은 평지이므로 주민들이 야자나무를 많이 심어 놓았다. 여기서 남쪽으로 내려가다가 육지 쪽으로 들어간 만을 따라가면 조그만 우르라타(Vurulata)강이 나오는데 1985년 3월 28일, 나와 그린필드는 이 강을 따라 상류에 있는 파오로(Paoro) 마을을 방문하였다. 루티 지역의 넓은 토지를 갖고 있는 사람들이 마을에 살고 있기 때문이었다. 강은 상류로 갈수록 폭도 좁아지고 깊이도 얕아졌으나 강바닥이 자갈이므로 강물은 아주 크리스탈처럼 맑았고 강 주변은 원시 태고의 절경을 보여주고 있었다. 우리는 노를 세워 들고서 강바닥을 찔러 밀며 카누

자! 출발이다! 남쪽을 향해 초이셀 만을 카누로 출발하기 전에

를 전진시켰다. 상류에 다다르자 자갈과 모래는 보이지 않고 강둑은 진흙으로 되어 있는데 그래도 물은 맑았다.

우리는 그날 밤에 마을 주민들을 상대로 회사 사업에 대한 설명회를 가졌으며 그후에는 마을 청년들이 내가 묵고 있는 집에 와서, 마을이 생기고 처음 온 외국인이라며 한국을 비롯해 외부 세계에 대한 이야기를 해 달라고 하여 석유 등잔 밑에서 밤늦게까지 이야기를 해주었다. 이야기 도중에 몇 명의 젊은이들이 선진국 사람들의 성생활(우리도 이 사람들이 보기에는 선진국 사람이다)에 대해 구체적으로 질문하자 옆에 있던 그린필드가 내가 알아듣지 못하는 자기들끼리 말로 뭐라고 이야기하니 그들은 알았다는 듯이 화제를 다시 점잖은 내용으로 돌렸다. 눈치를 보니 그린필드는 '이 사람은 독실한 예수교 신자니 그런 말은 묻지 말라'고 하는 것 같았다.

다음 날 마을을 떠나 강을 따라 내려오다가 바다와 강이 만나는 하구에 도착했을 때 바다에서는 긴 파도가 흰 거품을 내품으며 밀려오

우르라타 강의 입구. 사진 가운데 흰 파도가 보이는 뒷쪽에 있다. 이 강 입구는 항상 거친 흰 파도가 인다.

고 있었다. 이런 파도에 한번 잘못 걸리면 끝장이다. 나는 그린필드 보고 조심하라고 소리 쳤으나 역부족이었다. 흰 파도는 우리 카누를 정면에서 덮치며 말아버렸다. 카누가 파도에 밀리며 순간적으로 약간 옆으로 방향이 바뀌자 연이어 밀려온 다음 파도에 물이 들어오면서 절반쯤 뒤집어졌다. 나는 순간적으로 카누 속에 갇히게 되면 죽는다 싶어 물속에 뛰어들었다. 바다 깊이가 3~4m 정도였는데 내가 해변에 수영하여 나오자 그린필도 재빠르게 물에 뛰어들어 해변에 올라왔 다. 카누는 이제 물속에 가라앉아 버리겠구나 생각했는데, 화이버그 라스로 만든 카누는 물을 가득 채우고서도 완전히 가라앉지 않고 있 었다. 우리는 다시 카누로 수영하여 가서 있는 힘을 다해 카누를 끌고 해변으로 나왔다. 해변에 서 있던 원주민들도 물속에 들어와 도와주었 다. 비록 카누 속에 실었던 일부 물건은 잃어 버렸으나 연료통은 그대 로 있었고 다행히 아무도 다치지 않고 무사하였다. 우리는 주민들의 도움으로 다시 몇 빈을 시도한 끝에 흰 파도를 뚫고 바나에 나왔다.

카누를 타고 초이셀 섬의 마을을 다니면서 나는 여러 번 상어를 만났다. 한 번은 사사문가 앞바다에서 북쪽으로 올라가고 있는데 그린필드가 상어라고 소리쳤다. 앞을 보니 큰 상어 한 마리가 우리가 탄 카누 앞에 크고 뾰족한 지느러미를 내놓은 채 움직이지 않고 있었다. 길이가 5m는 넘어 보이는 놈이 카누에 달려와서 박칠까봐 그린필드에게 놈의 뒤를 우회하여 가도록 지시하였다. 놈은 우리의 움직임을 살펴보기라도 하는 듯이 카누가 우회하여 앞으로 쑥 지나갈 때까지 가만히 움직이지 않고 있었다. 또 한번은 포로포로 마을을 떠나 초이셀 만을 카누로 달리다가 우리와 평행으로 달리던 엄청나게 큰 상어를 보았다. 길이가 7m는 족히 될 만한 이놈 역시 등지느러미를 물 위에 내놓고 가끔 큰 등을 보이며 마치 소형 잠수함처럼 유유히 초이셀 만 안에서 움직이고 있었다.

그밖에도 초이셀 만의 수피자에섬 모래 해안에서 잠수하며 물 밑 모래 속에 있는 조개를 잡아내다가 잠깐 숨을 내쉬기 위해 머리를 물 위로 내미는 순간 상어 지느러미가 20m쯤 앞에서 서서히 내 쪽으로 오고 있는 것을 보고 소스라치게 놀란 일이 있다. 그 순간 그린필드도 해안에서 이 장면을 보았는지 "미스터 권, 상어를 보라!"고 소리쳤다. 얕은 물까지 뒤도 돌아보지 않고 헤엄쳐 나오는데 당장이라도 뒷다리가 상어 이

열대 바다 위의 태양은 뜨겁다. 물에 적신 수건을 머리에 동여매고 파이버 그라스로 된 카누를 타고 솔로몬 바다를 누비던 저자(1983년)

빨에 잘려나가는 것 같은 섬뜩함을 느낀 적이 있다. 그린필드는 수중에서 사용하는 손전등과 작살을 가지고 바닷물 속에서 밤낚시를 하면서 가끔 상어를 만났다고 한다. 그러면 물속에서 손전등을 한쪽 방향으로 계속 비치고 있으면 상어는 그 불빛을 따라 간다고 한다. 식인 상어도 있긴 하지만 대부분의 상어는 사람을 보고서도 공격하지 않는다고 한다.

나뭇잎 은행

마을에서 마을로 카누 여행을 할 때 나는 항상 밥하고 빨래해 주는 현지인 한 명을 데리고 다녔다. 알릭(Alick)이라는 이 젊은이는 태어날 때부터 말을 잘 못하고 더듬거렸는데 사람이 성실해서 몇 년 동안 같이 지냈다. 알릭은 야자 섬유로 만든 조그만 손가방에 전 재산을 다 넣고 다녔다. 재산이라야 밤에 이불로 덮고 자는 때가 묻은 얇은 천과 일하면서 받은 약간의 돈일 뿐이다. 말은 잘 못하고 어수룩하게 생겼지만 그도 돈이 뭐라는 것쯤은 이미 알고 있었다. 그래서 손가방에 돈을 넣어둔 채로 밤에 잠자는 것은 위험하다고 생각했던 모양이다.

하루는 초이셀 만 바닷가 근처에 지어 놓은 현지인 식의 집에서 잠을 잔 적이 있다. 이 집은 그린필드가 내가 초이셀에 오면 숙소로 사용하라고 바다가 보이는 낮은 언덕에 지어놓은 것이다. 현지인 집의 지붕과 벽은 정글에서 갖고 온 관목 나뭇잎을 엮어서 주로 만든다. 바닥은 나무의 질긴 표피를 벗겨서 만든 것을 주로 간다. 그날 밤 유난히 만 쪽에서 바람이 약간 심하게 불자 내가 잠자고 있는 방의 벽에

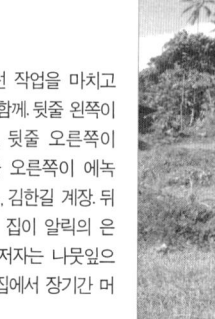

토지경계선 작업을 마치고 직원들과 함께. 뒷줄 왼쪽이 그린필드, 뒷줄 오른쪽이 알릭. 앞줄 오른쪽이 에녹 노인, 저자, 김한길 계장. 뒤에 보이는 집이 알릭의 은행이었다(저자는 나뭇잎으로 된 이 집에서 장기간 머물렀다).

서 동전이 떨어지는 소리가 났다. 아침에 일어나 보니 바닥에는 동전과 지폐가 여러 개 떨어져 있었다. 나중에 알고 보니 알릭이 잠자기 전에 갖고 있던 돈을 나뭇잎으로 된 벽체 속에 숨겨 놓았던 것인데 나뭇잎이 바람에 날리면서 그 속에 있던 돈이 떨어졌던 것이다. 문도 없는 방이지만 내가 자는 방이라 현지인들이 어렵게 생각하고 들락거리지 않을 것으로 생각해 방 벽에 숨겨 놓았던 것이다. 그 바람에 주위에 있던 현지인들이 알릭의 은행이 어디인지 다 알게 되었다. 그 뒤 알릭은 은행을 옮겼다. 아마 숲속 어느 나무 밑에 알릭의 은행이 새로 오픈되었을 것이다.

한번은 우리 회사 현지인 직원인 그린필드를 데리고 누키키라는 마을에 갔었는데 우리가 있던 해안가에서 멀리 떨어진 바다 위로 카누 한 척이 지나가고 있었다. 나는 그 카누에 누가 타고 있는지 볼 수 없었으나 눈이 밝은 그린필드는 알릭이 타고 있다고 했다. 그린필드는 손짓을 몇 번하더니 지금 알릭이 초이셀 만에 집을 짓기 위해서 간다고 한다. 어떻게 아느냐니까 그린필드는 자기가 손짓으로 어디로 가느냐고 신호를 보냈더니 알릭이 양손 끝을 45도로 맞붙이며 세워 지붕 표시를 한 뒤 한 손을 움직여 지붕 표시 밑에 수직으로 세웠다고 한다. 전화나 우편 등 현대 문명이 들어오지 않은 이곳에서도 사람들은 그 나름대로 오랜 세월에 걸쳐 의사전달 수단을 가지고 있었던 것이다.

내가 초이셀에서 오랫동안 카누로 섬 곳곳을 돌면서 마을들을 방문

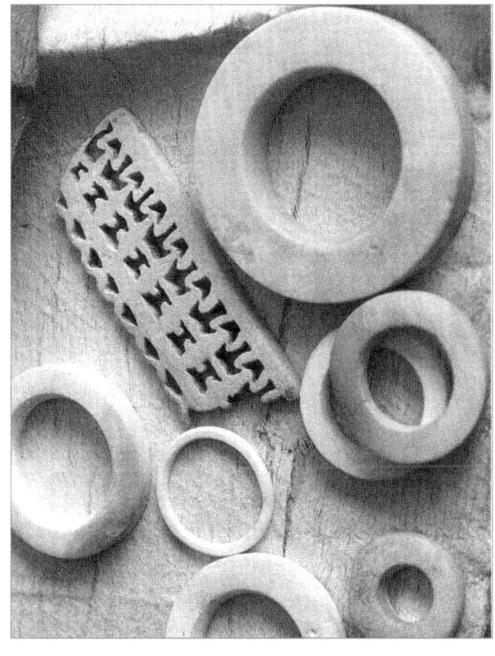

초이셀, 기조 등 서부 솔로몬 군도에서 옛날에 사용되던 돈. 두꺼운 크램(Clam) 조개 껍데기를 갈아서 만들었으며 '바키하(Bakiha)' 라고 불린다. 보상문제 해결, 결혼할 때 신부값 등으로 사용되었다.

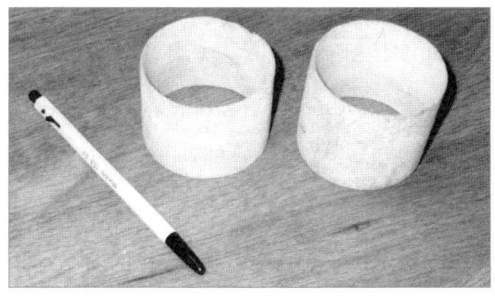

초이셀 원주민이 사용했던 돈. 큰 산호를 깎고 갈아서 만들었다(저자 소장품).

할 때 밥과 빨래를 해주느라 따라다니던 알릭은 그때까지 장가를 못 갔다. 초이셀에서는 전통적으로 결혼은 중매로 이루어졌고 되도록 다른 마을 또는 부족끼리 혼사를 했다. 그러나 요즈음은 연애결혼이 늘고 있다. 오늘날 많이 사라졌지만 옛날에는 신랑이 조개로 만든 돈으로 신부를 샀다. 이들은 두꺼운 클램 조개의 껍데기를 갈아 만든 돈을 혼례비로 사용했을 뿐 아니라 이웃 또는 근처 부족과 다투는 경우 서로 화해하기 위해서 사용하기도 했다. 이러한 돈 이외에 돼지, 조개 목걸이 등도 결혼 또는 보상 때 상대방에게 주는 방편으로 사용되었다. 마음씨 곱고 아주 내성적인 알릭은 돼지를 살 돈이 없어 그때까지 결혼을 못 했었다. 알릭에게 부지런히 일해 저축하여 마음씨 착하고 예쁜 처녀를 골라 결혼하라고 하면 나를 쳐다보고 태어나서 한 번도 닦지 않은 누런 이빨을 드러내며 씩 웃기만 했다.

어린이가 풀어 준 어른의 숙제

천주교 지역인 시로방가, 몰리, 수비수비 마을 주민들은 우리가 초이셀에 도착하자 처음부터 환영해 주며 회사의 사업을 지지해 주었으나 연합교회측은 반대가 심하고 우리를 의심스런 눈으로 주시했다. 사사문가 마을 출신의 가구라이 목사 같은 여러 교회 성직자들과 지도자들이 앞장서서 반대하였던 것도 큰 영향을 미쳤다고 생각된다. 회사 사업을 위해서는 좋은 항구도 필요하였다. 초이셀에서 가장 좋은 항구는 초이셀 만이다. 하와이 진주만의 평균 깊이가 15m임에 견주어 초이셀 만은 60m나 된다. 그리고 초이셀 만은 육지 안에 만이 들어와 있는 것은 물론이고 바다 쪽을 산호초와 섬이 둘러싸고 있고, 북쪽과 남쪽에 각각 한 개씩 큰 배가 들어올 수 있는 수로 입구가 있어 항구로서는 솔로몬 군도에서 가장 좋은 조건을 갖고 있다.

나는 이곳에 있는 타레파시카(Tarepasika) 지역이 앞으로 회사 사업에 필요하다고 생각했다. 등고선이 나온 5만분의 1 지도를 보니 해안에서 내륙으로 들어가는 곳에 늪지가 많았다. 그래서 한편으로는 걱정도 되었다. 그보다 큰 문제는 이 지역을 소유하고 있는 포로포로 마을 주민들이 연합교회에 속해 있는데다 교회 지도자들에게 우리 회사에 협조하지 말라는 지시와 조언을 받고 있는 관계로 적극적인 도움을 주지 않는 데 있었다. 내가 데리고 다니는 현지 직원 그린필드는 마을 추장의 아들이었다. 1983년 우리가 섬의 서북부에서 처음 지상조사를 할 때 그린필드도 조사팀에 속해 있었는데 그때 보니 동작이 민첩하고 영리해 보여 그를 미리 마음속에 점을 찍어 놓고 있었다. 언젠가 사업이 시작되어 현지인이 필요하게 되면 저 친구를 한번 써 봐야겠다는 구상을 갖고 있었던 것이다.

힘들게나마 사업이 진행됨에 따라 초이셀에 현지인 한 명이 필요해 그린필드를 불러 의향을 물어봤다. 그는 처음에는 회사 반대파인 부친을 염려해 거부하다가 내가 계속 설득을 했더니 결국 회사일을 하기로 했다. 나는 농담으로 네 이름이 블루씨(Blue Sea)라면 수산업 회사에 들어가야 잘 될 것이나 그린필드(Green Field)이니 이미 산림회사에서 일하도록 정해졌다고 말해주었다. 이 일이 있기 전에 나는 카누를 타고 처음으로 포로포로 마을 입구에 도착, 마을로 걸어 들어가다가 백발에 흰 수염을 한 노인을 만나게 되었다. 그는 나를 보고 고함을 치고 손을 저으며 마을에서 나가라고 했다. 바로 이 노인이 포로포로 마을의 원로 추장으로서 그린필드의 아버지인 메삭(Mesach Kalevetala)이다. 그는 태평양전쟁 때 일본군이 포로포로 마을에 들어와 젊은이들을 붙잡아 쇼틀랜드 섬 앞에 있는 벨라라에 섬에 끌고 가 비행장 활주로 공사를 시킬 때 끌려간 사람들 가운데 한 명이었다. 그는 일본인과 비슷하게 생긴 한국인을 같은 나라 사람이라고 생각하여 저자를 마을에서 쫓아내었던 것이다. 그는 일본인에 반감을 갖고 있었다. 이런 사실을 알게 된 나는 그 뒤 한국과 일본은 다른 나라라는 사실을 섬 사람들에게 이야기해 주었다. 그리고 그린필드에게 부친을 반드시 설득하라는 임무를 주었다.

태어나서 계속 오지인 초이셀 섬에서만 자란 그린필드와 내가 회사일을 함께 하는데 있어서 공통적인 전문지식과 상식을 공유하기 위해 그린필드에게 가능한 한 많은 상식을 가르쳐 줌으로써 기본적인 공감대를 형성하려고 애를 썼다. 나무의 종류라든가 목재로 어떤 제품을 만드는가 하는 기본적인 전문지식에서 시작해 누가 세이코 시계를 차고 있는 것을 보면 그것을 가리키며 이 시계 이름은 정교(精巧)라는 한자인데 일본인들이 세이코라고 발음하며, 그 회사가 처음 유럽 시장에 진출할 때 첫 몇 해 동안 번 돈을 모두 장래의 시장 점유를 위해 광고비에 사용했다든가 하는 피부에 부딪치는 문명세계의 상식을, 함께 카누를 타고 마을을 돌아다니는 여행을 하면서 시간 나는 대로 가르쳐 주었다. 영리하고 눈치 빠른 그린필드는 가르쳐 주는 모든 것을 금방 쉽게 배웠다.

한편 아들이 자기가 싫어하는 한국 회사에 들어가 일하게 된 것을 안 원로 추장은 아들을 마을에 들어오지 못하게 했다. 그러나 영리한 그린필드는 부친의 마음을 풀어 주었으며, 시간이 가면서 원로추장은 슬슬 우리와 같은 방향으로 생각을 바꾸게 되었다. 몇 달이 지난 뒤 나는 다시 포로포로 마을을 방문하여 추장을 만났다. 물론 그린필드가 사전 정지작업을 해 놓았으므로 나와 추장은 지난번과는 180도 다른 분위기 속에서 만날 수 있었다. 초이셀은 원시사회지만 민주주의 사상이 영국 통치기간 동안 심어졌으므로 추장 한 명만 우리 편으로 만들어 놓았다고 해서 안심할 일은 아니었다. 추장이 지시하면 마을 사람들이 흔쾌히 우리에게 땅을 주도록 해야 한다. 그렇지 않으면 설령 추장의 명령에 따라 마을 주민들이 내키지 않는 마음으로 우리에게 땅을 주게 되면 나중에 문제가 생기게 될 가능성이 크다. 그래서 나는 그린필드에게 마을 남자들 이름을 다 적어놓게 하고 찬성파, 중도파, 반대파를 구분한 뒤 작전을 짰다. 찬성파보다 중도파나 반대파 인원이 훨씬 많았다. 그래서 곧바로 정면 공격을 하는 것보다 뒤로 돌아 공격을 하는 작전을 만들었다.

솔로몬 군도에는 여섯 개의 주요한 큰 섬이 있다. 제일 큰 과달카날 섬을 비롯하여 초이셀, 뉴조지아, 마키라, 말라이타, 산타이사벨 섬이다. 남태평양과 중부 태평양에 있는 많은 섬들 가운데 모계사회의 전통이 내려오는 곳이 뜻밖에 많다. 솔로몬 군도도 예외가 아니다. 초이셀과 말라이타 섬을 제외한 다른 4개의 큰 섬은 모두 현재도 모계사회의 전통이 존재한다. 즉, 마을 또는 부족의 주요 사항을 결정하는데 여성의 입김이 강한 것이다. 특히 산타이사벨 같은 섬은 모계사회의 전통이 아주 강하게 남아 있어 아직도 토지소유권을 여자들이 갖고 있다. 따라서 여자들만 설득하면 회사일을 잘 해낼 수 있다.

그러나 초이셀과 말라이타 섬은 부계사회의 전통이 유지되어 토지소유권이 남자에게 있다. 초이셀이 부계사회이므로 회의를 할 때는 남자들만 참석하지만 모계사회의 기본 배경이 남아 있을 것이라고 생각해 여자들의 마음을 먼저 얻으면 남자들도 쉽게 무너질 것이라고 여기고 어떻게 마을 여자들의 마음을 얻을까 궁리한 끝에 아이들부터 접촉해야겠다고 결심했다. 아이들이 집에 가서 말하는 상대는 아버지

부계사회인 초이셀 섬에서 여자들은 부족회의에 참여할 수 없다. 남자들이 회의장에 간 사이 회의장 옆에서 점심식사를 준비하는 포로포로 마을 아낙네들

포로포로 마을 회의장에서 열린 설명회에 참석한 주민들. 이 자리에서 회사의 장래 계획을 설명하였고 주민들의 많은 질문에 답하는 토론회를 가졌다(1983년).

포로포로 마을의 새로 지은 초등학교 교실. 초등학교 교실이 2층인 것은 솔로몬 전체에서 흔하지 않다. 물론 우리 회사에서 도와 주었다.

보다는 어머니이므로 이 점을 고려하였던 것이다.

　당시 포로포로 마을에는 초등학교가 하나 있었는데(선생님 한 명), 시설은 물론 형편없었고 공책, 연필도 부족하였으며 지우개는 아예 없었다. 그때 내 아들은 인천 송림동에 있는 동명초등학교에 다니고 있었으므로 나는 두 학교 자매결연을 맺어주었다. 물론 이런 원시사회가 아직도 지구 위에 있다는 것을 모르는 한국 학생들에게 이국의 색다른 소식을 접할 수 있는 기회를 줘야겠다는 생각도 있었다. 포로 포로 학생들은 바닷가에서 잡은 조개를 땅에 한달가량 묻어 두어 냄새를 뺀 뒤 편지와 함께 보냈고 한국 학생들은 공책·연필·지우개·축구공 등을 보내주었다. 물론 저자가 일시 귀국할 때마다 한 보따리씩 운반해주고 한국어 편지는 저녁에 마을 아이들을 모아 놓고 번역해 읽어 주었다. 동명초등학생들은 테니스공까지 보내주었다. 내가 보내준 학교 사진을 보고(사진에는 포로포로 마을에 풀이 많이 있다) 학교 안에 테니스장이 있는 줄 생각했나 보다. 그래도 나는 아이들 성의이므로 테니스공들을 가져다 전해 주었다. 포로포로 학생들은 학교 앞 풀밭 위에서 테니스공을 손으로 던지며 놀았다.

이 학교의 현지인 여 선생은 독일인과 결혼하였다. 독일인 롤프(Rolf Novak)는 1960년대 조그만 요트를 혼자서 타고 독일을 출발해 대서양을 건너 솔로몬 군도의 초이셀에 도착한 뒤 여기야 말로 자기가 살 낙원이라고 생각하고 정착하였다. 그는 야자열매를 말린 코프라를 팔아서 생기는 조그만 수입으로 평화롭게 살았다. 과학을 좋아하는 독일 사람답게 나무로 된 카누에 돛을 만들어 달았고, 안전을 위해 아웃리거도 붙였으며, 필요할 때 사용하려고 조그만 5마력짜리 아웃보드 모터도 달았다.

나는 어느 날 인천에서 회사일을 끝내고 귀가 길에 송림동 시장을 지나면서 길바닥에 물건을 펴놓고 파는 아주머니들에게 머리핀(당시 한 개에 2백 원 정도)을 수십 개 사다가 포로포로 학교의 여자 아이들에게 주었다. 얼마 뒤 여자 아이들보다 부인네들이 머리핀을 꽂고 다니는 것을 보고 작전이 성공할 가망이 있다는 생각을 하였다. 그 뒤 이 마을을 방문하니 처음으로 마을 아낙네들이 음식을 해서 나에게 가져왔다. 아이들이 자기 어머니에게 한국 학생들에 대해 좋게 이야기한 것 같다. 또 얼마 지난 뒤 남자들이 모인 마을회의에서 우리 회사가 원한다면 타레파시카 지역 15만 평을 30년 동안 아주 싼 가격에 사용해도 좋다는 회의 결과가 나왔다. 부인네들이 남편들의 마음을 이미 변하게 만들어 놓았던 것이다. 요새도 나는 우리 회사 젊은 부하 직원들에게 외국에 나가서 일하려면 그 나라의 문화를 깊이 파고들라고 주문하고 있다. 그냥 외국어 하나 잘하는 것만으로는 부족하다.

4. 보물섬

영리한 그린필드

그린필드는 나와 함께 초이셀 곳곳을 카누로 방문하였다. 그는 내가 알기로는 초이셀 섬에서 카누에 달린 아웃보드 엔진을 가장 잘 운전할 뿐만 아니라 기계를 손보는 데 타고난 재능을 갖고 있었다. 눈치도 빨라 우리가 어떤 부락에 도착하여 토지소유자들과 만나거나 회의를 하면 얼른 결과를 예견한다. "미스터 권, 이 마을은 결국 반대로 될 것 같으니 이곳에 더 머무르면 시간만 허비하게 될 것입니다. 그러니 내일 아침에 다른 부락으로 떠납시다"라고 그린필드가 말하면 정말 그 다음 날 예견한 대로 되는 것을 수도 없이 보았다. 초이셀에 우리가 처음 갔을 때는 카누와 아웃보드 엔진을 제이슨 의원이나 주민들에게 빌려 사용하였다. 빌릴 때마다 사용료를 내었으므로 나는 경비를 절약하고자 카누와 엔진을 사서 그린필드에게 관리하도록 하였다. 그는 카누 앞부분에 회사 이름을 크게 써 놓았다.

1985년, 우리는 서부 주정부에서 토지소유자 서명이 들어간 급한 서류를 요구 받은 적이 있었다. 당시 호니아라와 초이셀 섬 사이 통신 수단은 전보밖에 없었다. 타로 섬에 있는 무전기로 호니아라의 전화국을 통해 전화를 할 수 있었으나 잘 안 되는 경우가 더 많아 호니아라에 있는 나와 초이셀에 있는 그린필드는 전할 내용이 있으면 전보와 편지를 주로 이용하였다.

한번은 그린필드에게 지시하여 주정부에서 요구하는 서류를 만들어 즉시 카누를 타고 기조 주정부에 서류를 갖다 주라고 하였다. 초이셀과 기조 사이는 가운데 해역에 해류가 강해 위험할 때가 많았으나 급한 서류이므로 그린필드에게 무리한 지시를 한 것이다. 그린필드는 명령에 따라 서류를 준비하여 카누를 타고 기조를 향해 초이셀을 출발하였다. 그린필드가 출발할 즈음에 나는 아차 하는 생각이 났다.

당시 기조 항구에는 초이셀 사람들이 많이 살고 있었는데, 이들 가운데 회사에 과격하게 반대하는 사람들이 제법 있었다. 때문에 만약 이들이 회사 이름이 크게 씌어 있는 카누가 해안에 있는 것을 보면 밤에 와서 카누를 부수어 버릴 가능성도 있었다. 나는 이 점을 그린필드에게 이야기해 주는 것을 깜박 잊었던 것이다. 그러나 아차 했을 때는 이미 그린필드에게 연락할 수 없는 상황이었다. 나는 하나님께 내 생각을 그린필드가 알게 해달라고 기도하였다. 얼마 뒤 초이셀에 돌아간 그린필드에게서 편지가 왔다. 서류를 제대로 전해 주었다는 내용과 함께, 기조로 가는 도중에 혹시 기조에 살고 있는 회사 반대파 주민들이 카누에 써진 회사 이름을 보고 밤에 카누를 부술지도 모른다는 생각이 나서 기조 가기 전에 있는 벨라라벨라 섬에 들려 거기서 휘발유로 회사 이름을 지웠다고 하는 내용도 적혀 있었다. 역시 그린필드였다.

1987년 9월, 우리가 솔로몬에서 가장 큰 최종 벌채허가서를 취득했을 때, 현지인들 가운데 누가 제일 이 일을 위해 힘써 주었는가 한번 곰곰이 생각해 보았다. 여러 사람들이 떠올랐으나 제일 위험한 일도 마다하지 않고 회사일을 해준 인물은 그린필드였다. 그래서 나는 1988년 4월 29일, 그를 서울에 데려가 본사 견학을 시켜 주었다. 내가 그린필드를 데리고 본사에 가겠다고 하자 이곳 사정을 잘 모르는 본사 경영진은 탐탁하게 생각하지 않았으나 나는 회사를 위해 생명을 내걸고 위험한 고비를 많이 넘겨준 그린필드에게 보답도 하는 한편 충성스런 우리 회사 직원으로 만들기 위해 내 계획을 밀고 나갔다. 물

인천의 동명초등
학교에서. 오른쪽
부터 권춘애 교장,
그린필드, 나찬원
교감, 저자

'험한 파도도 우리
를 막지 못한다'
폭우와 파도를 뚫
으며 초이셀 남쪽
바다를 지나는 강
양술 캠프장과 그
린필드

론 솔로몬 상황을 제대로 모르는 본사 경영진이 이 일을 좋게 봐주었
을 리가 없다. 그린필드는 자매학교인 인천 동명초등학교에 선물하기
위해 초이셀 만에서 다이빙하여 직접 잡은 대형 클램 조개(무게 30kg)
를 준비하여 가지고 갔다. 우리는 5월 12일, 동명초등학교를 방문하고
이 조개를 학교 과학실에 전시하라고 기증하였다. 그린필드는 바다에
서 다이빙을 잘한다. 물론 산소통은 메지 않은 채 물안경만 쓰고서 물
속에 들어간다. 물속 10m에 있는 클램조개는 조갯살이 보이도록 벌리
고 숨을 쉬고 있다가 어떤 물체가 닿으면 오므리므로 사람 발이 여기

에 들어갔다간 빠져나오지 못해 죽을 수도 있다. 그러므로 그린필드는 조갯살 속에 칼을 집어넣어 조개를 죽인 뒤 물 밖으로 운반했다.

나는 그를 인천에 있는 회사 기숙사에서 숙식시키면서 본사의 중기(重機) 정비반이나 제재소에서 기계 만지는 훈련을 시켜 나중에 본격적으로 초이셀에서 사업이 시작되면 장차 현지에서 중장비 수리 책임자로 만들고 싶었다.

5월 14일 토요일 오후, 나는 그린필드를 경복궁에 데리고 갔다. 경복궁에는 그때 일본 단체관광객이 많이 왔었는데 그 가운데 한 명이 술을 한 잔 했는지 안하무인격으로 소리를 지르며 동전 여러 개를 근정전(勤政殿) 속에 야구공을 던지듯이 던져 넣고 있었다. 마침 그곳에 있던 내가 그러지 말라고 점잖게 말했더니 그 일본인은 주위에 있는 자기 일행을 보고 힘이 났는지 나를 노려보며 네가 무어냐는 식으로 대들었다. 그래서 그의 멱살을 잡아 흔들고 주먹으로 얼굴을 때리려는 시늉을 하자 그제야 일본인은 제정신이 나는지, 두 손을 모아 빌며 연신 머리를 숙여 절을 하면서 내 앞에 무릎을 꿇는 시늉을 했다.

나는 그 정도로 끝내고 일본인 단체를 안내하고 온 우리나라 아가씨를 불러서 꾸짖고 그 뒤에 선 일본인들에게 우리말로 이런 예의에 벗어난 행동을 하지 말라고 큰 소리로 나무랐다. 나에게 혼난 일본인은 머쓱한 모습으로 뒤쪽에 모여 있는 일행에게 가면서 "스미마센-네(미안합니다-요)" 하고 말했다. 그때 그들을 안내하고 온 관광회사 아가씨가 지금 이 책을 본다면 당시 해프닝을 기억할 것이다. 그 뒤 솔로몬에 돌아온 그린필드는 한국에서 본 일들과 이 사건을 마을 사람들에게 이야기하였다. 10년이 지난 요즈음도 그린필드는 그때 일이 기억나 이야기를 할 때면 일본인이 양손을 모아 비비며 수도 없이 절을 하는 흉내를 내곤 한다.

계약

그럭저럭 폼투(Form 2) 절차도 잘 마무리되었다. 이제는 폼투 서류에 이름이 올려진 토지소유자와 계약해야 하는 절차가 남아 있었다. 우리를 밀어주는 몰리 마을의 토지소유자들 가운데 한 명인 모세는 나에게 콧수염을 기르고 계약을 하라고 조언해 주었다. 일반적으로 동양인은 나이에 견주어 젊게 보이므로 만에 하나라도 누가 업신여기지 못하게 콧수염을 기르고 토지소유자들과 의논을 한다면 효과가 있을 것이라는 그의 말이 일리가 있어 보여 그날부터 코밑에는 면도를 하지 않고 수염을 길렀다. 물론 히틀러 수염 스타일은 아니었다.

4년 동안 각 마을을 방문하며 여러 부족들과 만나 회사 사업을 설명하고 동조를 구한 결과 많은 부족들이 땅을 내놓으며 우리와 함께 일하기를 원했다. 1987년 7월 2일, 우리는 공식적으로 증인들이 보는 앞에서 계약서에 서명하기 위해 섬의 행정소가 있는 타로 섬에 모였다. 바닷가에는 정글에서 얻은 거친 재료로 만든 간단한 책상을 준비해 놓았으며, 나와 원주민 대표들은 책상 주위에 자리를 잡고 앉았다. 각 토지소유자 대표와 증인 및 구경꾼 백여 명이 모인 가운데 계약은 진지한 분위기 속에서 이루어졌다.

인간은 시간이라는 장막에 가려서 바로 한 치 앞도 보지 못한다. 내일 무슨 일이 일어날지 모르는 것은 말할 것도 없고 바로 1초 뒤에 어떤 일이 일어날지 알 수 없는 것이 인간의 한계이다. 1초만 빨리 알아도 교통사고에서 목숨을 건지는 사람이 많을 것이다. 나는 계약을 하면서 장차 우리가 이곳에서 일함으로써 이 섬이 우리 회사와 초이셀 주민들에게 보물섬으로 나타나 주기를 기원하였다. 계약서는 각각 3부씩을 만들었다. 그리고 초이셀 행정소 책임 공무원의 인증 도장을 받아 서부 주정부가 있는 기조에 보냈다. 기조에서는 주지사가 이 서류에 서명을 해야 한다.

한편, 시로방가 공동체의 고문인 클레멘은 나와 원주민 부족대표들이 타로 섬에 모여 계약할 때 호주 교육부의 초청을 받아 시드니에 있는 국제훈련기구(International Training Institute)에서 열린 남태평양 지역 중·고등학교 교장들을 위한 3개월(1987년 5월 말에서 8월 중순까지) 코스 워크숍에 참석하고 있었다. 물론 클레멘이 솔로몬을 출발하기 전에 나는 그가 시드니에 가 있는 동안 계약서가 만들어질 것이라고 미리 이야기해 주었다. 지도자로서 클레멘의 체면을 세워주기 위해 그가 돌아온 뒤 계약할까도 고려해 보았으나 다음 진행을 위해 기다릴 수 없는 상황이었으므로 예정대로 진행시키기로 한 것이다. 그래서 "당신이 계약할 때 있으면 물론 좋겠지만 다음 단계를 위해 빨리 진행시켜야 된다"고 설명하니 그는 충분히 이해하겠다고 했다. 남 앞에 나서기 좋아하는 클레멘의 성격을 잘 알고 있는 나는 이 점이 좀 마음에 걸렸다.

7월 2일, 타로 섬에서 원주민 토지소유자 대표들과 계약이 끝나고 며칠이 지나 나는 시드니에 갈 계획을 세웠다. 다른 일도 있었으나 그것들은 긴급한 것이 아니어서 다음에 가도 되었지만 클레멘 때문에 시드니 방문을 앞당겼다. 7월 22일부터 3일 동안 합판 수출을 위해 뉴칼레도니아의 수도 누메아에 들러 폴리플렉스(Polyplex), 레카오리(Le Kaori) 회사를 비롯해 여러 회사들을 방문한 뒤 7월 25일, 시드니에 도착하였다. 공항에서 클레멘이 교육 기간 동안 사용하는 숙소로 전화를 하지 그는 내가 자기를 만나러 시드니까지 온 것에 놀라워했다.

그 다음 날 교육시간이 끝난 뒤 나는 숙소로 찾아가서 그의 체면을 세워 주었고, 그를 데리고 한국 음식점에 가서 저녁식사를 함께하였다. 식당 여종업원은 검은 피부의 신사가 나와 함께 식사하는 것을 보고 약간 멸시하는 태도를 보였다. 그래서 나는 그 여종업원을 불러 농담으로 이 사람이 누구인지 알아 맞추어 보라고 하였다. 물론 그 여종업원이 클레멘을 어떻게 알겠는가. 솔로몬 군도라는 것도 모를 텐데……. 그래서 솔로몬 군도는 아느냐고 하자 들어본 적이 있는 것 같다고 한다. 그래서 나는 정색을 하고 이 사람이 그 나라의 총리라고 하였다. 그러자 이 아가씨가 주인에게 뭔가 이야기하러 간 것 같더니 즉시 서비스가 확 달라졌다. 클레멘은 이상한 것을 느낀 모양이었다. 식사를 끝내고 나오면서 물었다. "아까 당신이 종업원을 불러 이야기한 뒤 왜 종업원이 갑자기 정중하고 어렵게 우리를 대했냐"고 하길래 당신을 솔로몬 총리라고 말했다고 하자 그는 한참 좋아서 소리내어 웃었다.

시드니를 떠나는 날 아침, 클레멘에게서 호텔로 전화가 왔다. 사실 그동안 당신에게 말을 안했는데 1주일 전에 산림청장에게 편지를 써 보냈다고 한다. 편지의 내용인즉, 이건산업이 원주민 대표들과 서명한 계약서는 실제로 시로방가 공동체의 대표인 자기가 빠져 있으므로 무효이니 그 계약서를 인정하지 말라는 것이었다고 한다. 나는 어이가 없어 전화로 그를 나무랐다. 어떻게 당신이 이런 일을 할 수 있느냐고 했더니 그는 자기가 힘이 있다는 것을 모든 사람들에게 보여주고 싶어 그랬다며 미안하다고 했다. 그래서 내가 클레멘에게 즉시 산림청장에게 앞서 보낸 편지를 무시해 달라는 편지를 오늘 당장 써서 보내라고 요구하자 그는 그러겠다고 약속했다. 물론 나는 산림청장이 앞서 보낸 편지를 받더라도 그를 설득시켜 일이 진행되도록 할 수는 있었다. 그러나 만약 그랬다면 우리는 동지 한 명을 잃어버렸을 것이다. 클레멘은 내가 자기 때문에 시드니를 방문한 것을 알고 무언가 느꼈던 모양이다.

전화를 끝내고 나는 공항으로 나가 시드니에서 피엔지의 포트모스비로 날아갔다. 그리고 포트모스비 공항에 도착하자마자 국내선 터미널로 이동하여 F28 중형 제트기로 갈아타고 부겐빌 섬의 키에타로 갔다. 그곳에 있는 호주 목재 회사 TDC에서 우리에게 판매하기 원하는 원목의 품질을 사전에 검사하기 위해서였다. 7월 28일 키에타를 떠나 다시 솔로몬으로 돌아왔다. 며칠 뒤 산림청장을 방문하였더니 그는 이미 클레멘에게서 편지 두 장을 연속으로 받았다고 한다. 모든 것이 다 잘되었다. 내 방문으로 클레멘도 위신을 세웠고…….

시로방가 마을 출신으로 클레멘과 함께 나를 도와준 레이몬(Raymond Jio)은 당시 재무부 전산책임자였다. 영국에서 3년 동안 유학하고 돌아온 그는 우리를 적대하는 사람들을 만나 회사에 가진 오해를 풀어 주고 회사 사업을 우호적으로 이해하도록 만들었다. 나는 회사일을 생각하다가 답답하여 잠이 안 오면 호니아라 항구가 내려다보이는 언덕에 있는 그의 집에 차를 몰고 가서 그와 상의를 하면 마음이 편안해져 다시 숙소에 돌아와 자곤 하였다. 레이몬의 집은 언덕 위라 바람이 시원하게 잘 분다. 그래서 어떤 때는 나는 오동나무 경침을 갖고 가 영국에서 가져온 고급 마루가 깔려 있는 그의 집(독립 전에 영국인 행정관리의 집) 대청마루에 드러누워 쉬기도 했는데, 레이몬의 아이들은 내가 목에 베고 있는 이 경침이 신기하여 아버지를 따라서 한 번씩 베어 보고는 좋아들 했다. 내가 항상 오동나무 베게를 가방에 넣어 다니고 있는 것을 보고 서양인들도 흥미를 보였다. 이것이 내 베게라고 하면 처음에는 뭐 이런 괴물 같은 사람이 있나 하는 눈치를 보이다가는 대부분 웃음꽃과 감탄사로 이야기가 끝나므로 거래처를 만나 분위기가 딱딱할 때는 나는 자연스럽게 경침 이야기를 슬쩍 꺼내 분위기를 즐겁게 바꾸는 데 이용하였고, 요즈음도 가끔 필요할 때 이 이야기를 꺼내곤 한다. 우리가 초이셀에서 작업을 시작한 뒤 그는 우리 회사에 들어와 총무부장으로서 오랫동안 일하다가 현재는 기조에서 천주교 성당 일에 봉사하면서 말년을 보내고 있다.

남태평양의 목선

19세기 남태평양을 다니는 나무로 만든 조그만 무역선은 호주에서 산호해를 건너 솔로몬 군도로, PNG로, 바누아투로, 피지로 다니면서 무역을 했다. 물론 무역선은 백인 소유였다. 그 당시 백인들 가운데에는 노예 상인도 있어 이들은 큰 배를 타고 이 지역을 다니며 흑인 원주민들을 붙잡아 호주 북쪽 퀸스랜드 주에 데려가 사탕수수와 면화 밭에서 노예로 부렸다(여기에 대해서는 《여기가 남태평양이다》에 자세하게 썼다). 백인 무역선은 서부 솔로몬 제도에도 자주 나타나 좋은 항구가 있는 기조에 들리곤 했다.

뉴조지아 섬의 서쪽에 있는 기조 섬은 긴 쪽 길이가 8km 정도 되는 조그만 섬이나 항구 조건이 좋아 오래 전부터 서양인들이 들르기 시작했다. 그러므로 기조 섬 동쪽에 있는 기조 항구는 무역선이 들르기 시작할 때부터 발전하기 시작했다. 무역선은 담배 · 도끼 · 못 · 망치 등을 싣고 왔고 코프라, 값비싼 목재 등을 실어 갔다. 그 당시 나무로 만든 작은 무역선 '올드코모도(The Old Commodore)'호를 타고 개척자 역할을 하였던 영국 엑스터대학 출신인 우드하우스(Thomas

기조 경찰서 앞에 서 있는 우드하우 스 선장의 기념비

Woodhouse) 선장은 남태평양이 좋아서 35년 동안 솔로몬 군도의 여러 섬을 돌며 무역업을 하다가 1906년 4월 7일, 그의 나이 63세에 기조에 서 숨을 거두었다. 오늘날 기조 부두 근처에 있는 기조 경찰서 건물 앞에는 19세기에 산호 해와 솔로몬 해를 주름 잡던 우드하우스 선장 을 기념하는 조그만 기념비가 서 있다.

기조 섬이라는 이름은 근처 작은 섬에 살고 있던 이조(Izo)라는 추 장의 이름을 따서 붙여진 것이다. 1869년, 기조에 유럽인들이 정착하 여 살기 시작하면서 기조는 영국령 솔로몬 군도에서 툴라기에 이어 두 번째로 큰 마을이 되었고 서부 솔로몬을 통치하는 식민지 행정사 무실이 들어섰다. 1893년에 솔로몬 전체에 살고 있는 백인은 선교사 대여섯 명과 무역상인 45명 정도로서 모두 50여 명이었다. 그러므로 1869년에 기조에 살기 시작한 백인의 숫자는 극소수였을 것으로 짐작 된다.

기조 항구는 오늘날도 호니아라에서 서부 주로 가는 정기 여객선과 화물선들이 들리고, 또 외국에서 원목을 실으러 오는 큰 배들도 입국 수속을 위해 들리는데, 큰 배들은 항구 안에 들어오지 못하고 항구 밖에서 닻을 내리고 수속을 한 뒤 세관원을 태우고 선적지로 간다. 기조는 예로부터 무역이 활발하였으므로 오늘날도 해안을 따라서 중국인의 후손들이 적지 않은 가게를 갖고 있다. 이들 가게에서 파는 것은 주로 옷(헌옷 포함)·신발(헌 신발 포함)·라디오 카세트·석유등잔·성냥·못·바늘·실·낚싯바늘·손전등·낚싯줄·플라스틱 그릇·아이들 완구 등인데 물품의 질이 아주 떨어지는 것들만 모아 놓은 것 같다. 그러나 서부 주와 초이셀 주민들에게는 이 번화한(?) 기조에 가 보는 것이 평생 소원이다. 1983년에 초이셀의 마을을 카누로 방문하면서 저녁에 마을 사람들과 이야기하다 보면 노인네들은 죽기 전에 기조에 한번 가 보기를 원하고 있었다. 오늘날도 기조는 인구 2천 명의 조그만 마을이다.

물속의 도아마루

1943년 1월 말, 뉴브리튼 섬의 일본군 기지인 라바울 항구를 빠져나간 일본군 수송선 도아마루(東亞丸)는 선수를 동쪽으로 향하여 남태평양의 푸른 파도를 가르며 항진하고 있었다. 그러나 탄약과 보급품을 가득 실은 이 배는 뉴아일랜드 섬의 아래 지역 앞을 통과할 때 섬에 숨어서 일본군의 움직임을 살피고 있던 연합군 연안감시원(Coast Watcher)에게 발견되었다. 연안감시원은 즉시 이 사실을 과달카날에 있는 헨더슨 비행장에 무전으로 연락하였다. 이 사실을 모르는 도아마루는 부겐빌을 지나 초이셀 앞바다를 따라 내려오면서 목적지인 콜롬방가라 섬을 향하여 전속력을 내었다. 이제 조금만 가면 일본군이 주둔하고 있는 기조와 벨라라벨라 섬을 지나 콜롬방가라 섬에 도착하게 된다. 콜롬방가라 섬의 남부 해안에 있는 빌라(Vila) 마을에는 당시 일본군의 보급시설이 있었으므로 도아마루는 이곳에 탄약과 무기, 기타 보급품을 내려놓기 위해 항해하고 있었던 것이다. 그리고 이곳에서 그다지 멀지 않은 기조에 주둔하고 있는 일본군은 기조 항구에 병력과 보급품 수송에 필요한 바지선과 소형 선박을 수리하는 시설을 해 놓았다. 그러므로 미군기들은 수시로 날아 와 기조를 폭격하였으므로 마을 안에 있던 건물들은 많이 파괴되었다.

한편 헨더슨 비행장의 미 해병항공대는 도아마루가 돈트리스(Dauntless) 급강하 폭격기의 사정거리 안에 들어오기만을 소리 없이 기다리고 있다가 1월 31일에 드디어 출격하였다. 헨더슨 비행장을 이륙한 12대의 돈틀리스 폭격기들(제142 비행대대)과 이들을 호위하는 제112 비행대대 소속 8대의 F4F 와일드캣(Wild Cat) 전투기들은 기수를 서쪽으로 향하며 편대를 이루었다. 그러나 곧 전투기 두 대는 기계 고장 때문에 도중에 헨더슨 비행장으로 돌아갔다. 돈틀리스 폭격기들은 1942년 6월 초 벌어진 미드웨이 해전에서 일본 해군 항공모함 4척을 격침하는데 큰 공을 세운 바 있다. 미군기들이 기조가 멀리 보이는 위치에 접근하자 도아마루도 이를 발견하고 콜롬방가라로 향하던 선수를 돌려 가까운 기조 방향으로 달아나기 시작하였다.

도아마루 상공에서 수송선 호위를 위해 날고 있던 일본군 제로 전투기와 수상 비행기 편대도 접근하고 있는 미군기를 발견하고는 공중전을 위해 보조 연료탱크를 떨어트리며 미군기들을 향하여 달려들었다. 와일드캣 전투기가 일본 전투기와 싸우는 동안 돈틀리스 폭격기대는 기조 섬으로 달아나고 있는 도아마루에 급강하 폭격을 하였으나 폭탄은 제대로 명중되지 않고 배 근처 바닷물 위에 큰 물줄기를 일으키며 떨어졌다. 그러나 드디어 폭탄 한 발이 배의 왼쪽 앞부분에 명중하여 터지면서 큰 구멍을 배 옆면에 만들자 그 구멍으로 바닷물이 밀려 들어와 앞부분에 있는 화물칸 세 곳이 물속에 잠기기 시작하였다. 폭격기 엄호가 임무인 전투기들도 도아마루 공격에 가담하였다. 일부 전투기들이 제로 전투기와 공중전을 벌이는 동안 다른 전투기들은 도아마루 위에 낮게 내려가면서 기총소사를 하였다.

이 전투에서 전투기대 지휘관이던 드블랑(Jefferson DeBlanc) 중위는 적 전투기 3대와 수상 비행기 2대를 격추시켰다. 그러나 그의 비행기도 일본 전투기의 기관총에 맞아서 바다에 떨어졌다. 부상을 당한 채 바다에 빠진 그는 6시간 동안 헤엄을 쳐서 일본군이 점령하고 있는 콜롬방가라 섬에 도착하여 정글 속에 숨어 있다가 원주민들의 도움으로 2주 뒤 헨더슨 비행장에 돌아왔다. 이날 펠리턴(James Feliton) 중위의 전투기도 격추되어 콜롬방가라 섬의 정글에 떨어졌으나 그 역시 운 좋게 살아남아 헨더슨 비행장에 귀환하였다.

뒷날 대령으로 은퇴한 드블랑 중위는 50년이 지나 솔로몬을 여러 차례 방문하였으며 나와 만날 때마다 수송선에 기총소사를 하면서 공격하던 당시 상황을 마치 얼마 전에 일어난 일처럼 실감나게 이야기해 주었다. 미국 의회는 도아마루 공격 때 보여 준 그의 용감한 행동을 인정, 군인에게 주는 가장 귀한 훈장인 의회 명예훈장을 수여했다.

기조 항구 동북쪽에 있는 콜로루카(Kololuka)섬이 감싸고 있는 만에는 드블랑 중위의 미군 항공기 편대에 침몰 당한 도아마루가 지금도 잔잔한 얕은 물속에 오른쪽으로 넘어져 누워 있다. 이 배를 보려고 호주나 뉴질랜드에서 많은 스쿠버 다이버들이 이곳을 찾고 있다. 태평양전쟁이 일어나기 3년 전인 1938년 12월 8일, 일본의 나가사키에서 진수된 도아마루는 화물과 여객을 함께 운송하는 길이 140m, 6,732톤 급의 큰 배였다. 그러나 전쟁이 일어나자 이 배는 곧 일본 해

하늘에서 본 기조 섬. 사진 오른쪽 아래 콜로루카 섬이 보인다.

군에 징발되어 전선에 군수품과 병력을 운반하는 데 사용되었다.

　배의 앞부분에 있는 3개의 화물칸과 뒷부분에 있는 3개의 화물칸에는 지금도 트럭, 95식 전차, 75㎜ 고사포탄과 탄약, 대포, 오토바이, 폭탄, 의약품(주사기 등), 사무용품, 맥주, 일본 술병, 시멘트 등이 그대로 실려 있고 그 위를 이름 모를 형형색색의 아름다운 산호초가 덮고 있다. 95식 전차 옆에는 전차궤도가 벗겨져 둥근 쇠바퀴가 흩어져 있으며 오토바이는 좌석 위에 산호초가 너무 많이 붙어 있어 형체를 잘 알아볼 수 없을 정도다. 배는 경사진 바다 속 바닥에 침몰하여 앞부분은 물속 7m, 뒷부분은 37m 속에 놓여 있어 물속에 들어가 어렵지 않게 볼 수 있다. 배의 뒷갑판에 설치됐던 고사포는 배가 오른쪽으로 기울어지는 바람에 떨어져 나와 물속 모래 위에 놓여져 있는데 마치 공격해오는 미군기를 겨누듯이 아직도 포신을 하늘로 향하고 있다.

　배 한가운데 있는 브릿지는 2002년 4월, 쇠가 부식되어 완전히 옆으로 내려앉는 바람에 그 뒷부분에 있던 굴뚝도 이제는 물 밑 모래밭에 떨어져 나뒹굴고 있다. 저자가 산소통을 메고 이 배 속에 들어간 날은 날씨가 아주 맑아 태양광선이 비디 속을 훤하게 비쳐 주는 바람에 선체 전부를 볼 수 있었다. 비록 산호초가 배 전체를 겹겹이 싸고 있지만 그 사이로 바깥쪽의 철판을 자세히 보면 산소용접 연결 부위도 어렵지 않게 찾아 볼 수 있다. 화물칸마다 세워져 있는 작업용 큰 기중기는 배가 기울어져 있어서 모두 옆으로 누워 있었는데 햇빛이 투과되는 파란 물속에서는 그 모습이 마치 허공을 향해 긴 포신을 올리고 있는 장거리포처럼 보인다. 물론 산호초는 기중기라고 해서 가만 남겨두지 않고 전체를 어떻게 보면 징그러울 정도로 두껍게 감싸고 있다. 배가 오른쪽으로 넘어져 있으므로 경사진 갑판을 조사하다 보면 갑판에 덮어 붙어 있는 산호초 때문에 마치 바다 속에 있는 바위절벽을 보는 느낌이다. 배의 앞부분 오른쪽에 있는 닻 옆에는 영어로 크기 50cm 정도의 T자가 보인다. TOA MARU의 첫 글자이나 다른 글자들은 산호초가 덮어버려 보이지 않는다.

기조에는 이 수송선 이외에도 태평양전쟁의 유물이 적지 않게 남아 있다. 일본군 제로 전투기 한 대는 해안 근처(기조 항구 카누 정박소

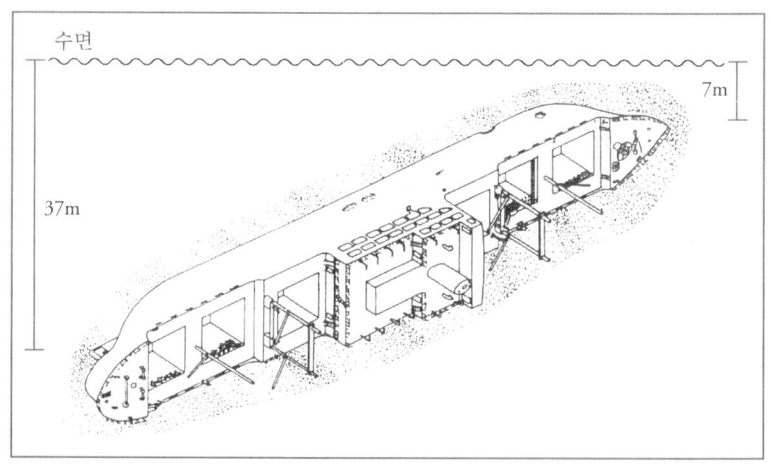

침몰한 도아마루

도아마루에 들어가기 전의 저자.
뒤에 콜로루카 섬이 보인다.

사라기 마을의 초등학교 선생님과 학생들

에서 15m 떨어진 곳) 물속에 빠져 있고 좀더 나가면 미군 F6F 헬캣 전투기와 F4U 콜세어 전투기도 얕은 바닷물 속에서 조용히 태평양전쟁을 증언해 주고 있다. 전투기들이 빠져 있는 바로 위의 거울 같은 수면에는 원주민 아이들이 집에 있는 조그만 나무 카누를 타고 나와 노를 저으며 놀고 있다.

기조 섬의 서쪽 해안에는 조그만 사라기(Saeraghi) 마을이 있는데 기조 마을에서 여기까지는 비좁은 길이 있으나 승용차는 갈 수 없고 지프차를 이용해야 한다. 나는 1984년에 기조 호텔의 원주민 주인 찰리에게 고물 소형 지프차를 빌려 이곳에 갔었다. 금방이라도 주저앉을 것만 같았던 지프차는 그래도 그 마을까지 잘 굴러갔다. 가는 길에 산길을 25kg짜리 쌀포대를 메고 가는 나이 든 남자를 보고 차를 세워 태워 주었다. 사라기에서 기조로 돌아오는 길에 그가 길가에 큰 조개를 들고 서 있는 것을 보았다. 그는 내 차를 세우더니 나에게 큰 조개를 선물하였다. 아까 베풀어 준 친절이 감사했던 모양이다.

기조 항구의 저녁 노을

앞서도 말했지만 서부 주정부에 근무하던 영국과 호주인들은 우리 회사가 초이셀에 들어가는 것을 싫어하였다. 1986년 이미 서양인 관리들은 주정부에서 모두 떠났으나 당시 주지사였던 욥(Job Dudley Tausinga)은 환경보호주의자로서 벌목을 앞장서서 반대하고 있었다. 그래서 기존의 서양 회사들조차 어려움이 많았다.

그 해에 그를 처음 만났는데 그는 나를 만날 때 일부러 나무가 쓰러지면서 울고 있는 그림이 그려진 티셔츠를 입고 나왔다. 물론 첫 만남은 머쓱한 분위기로 끝났다. 앞으로도 이런 관계라면 문제가 있다고 생각하고 얼마 뒤 기조 언덕에 있는 그의 사택을 방문하였다. 그 집은 위치가 좋아 기조 항구가 한눈에 들어오고 항구를 막아주고 있는 누사타페 섬(섬 전체가 비행장임)도 보이며 그 뒤로는 후일 미국 대통령이 된 케네디가 해군 중위 때 상륙했던 조그만 케네디 섬도 보인다. 저자가 주지사 집을 방문했을 때는 석양이 바다 속에 자취를 감추기 시작했다. 잠시 뒤 태양이 완전히 모습을 감추자 전형적인 남태평양의 조그만 항구, 기조를 붉게 물들이던 저녁 노을은 파란 에메랄드

기조 섬의 언덕에
서 내려다본 기조
항구

기조 마을의 해안
도로. 태평양전쟁
이 끝난 지 60년
이 다 되어 가지만
아직도 전쟁 당시
미군이 만든 퀀셋
건물이 서 있다.

빛 수면을 순식간에 붉은 루비 빛으로 물들이고 있었다. 나는 집에 들어가기 전에 너무나도 아름다운 광경에 잠시 숨을 죽였다.

다음 해 나는 서사모아를 방문하여 영국의 시인이며 《보물섬》의 작가인 스티븐슨(Robert Louis Stevenson)의 집이 있는 바이리마(Vailima) 언덕에 올라 비슷한 석양을 보았다. 그는 아피아 항구가 내려다보이는 곳에 집을 짓고 살고 있었다. 그 역시 내가 기조에서 본 석양을 바이리마 언덕에서 수도 없이 보며 작품을 구상했겠구나 생각해 보았다. 스티븐슨은 남태평양에 매료되어 여생을 이곳에서 보냈으며 죽이

17년 뒤 욥의 가
족과 함께 문다에
서(2003년 1월)

서도 유언대로 바이리마 언덕 근처 산 위에 묻혔다. 그의 미국인 부인
도 몇 년 뒤 세상을 떠나 사랑하는 남편 곁에 묻혔다.

　나는 집 밖에서 기침을 하며 인기척을 보인 뒤 "실례합니다" 하고
외쳤다. 아이들이 나와 보더니 곧 주지사가 나왔다. 나를 보더니 깜짝
놀란 모습이었다. 그는 나를 집 안으로 들어오라고 하였고 그의 부인
룻(Ruth)도 불청객을 반갑게 맞아 주었다. 나는 평소에 하고 싶던 이
야기를 다 하였다. 그는 고맙게도 내 설명을 밤늦게까지 경청하여 주
었고 나는 저녁식사까지 대접받았다. 그는 아이들이 크레용이 없으니
한국제 좋은 것이 있으면 나중에 값을 줄 테니 사 달라고 부탁하였다.
그리고 솔로몬에서 구하기 힘든 배드민턴 라켓과 공도 부탁하였다.

　나중에 잊지 않고 우리나라 크레파스와 배드민턴 라켓을 사다 주었
더니 아이들이 좋아서 난리였다. 그 가운데에서도 9살 난 큰 아들 마
푸르가 제일 좋아하였다. 그 뒤 우리는 가까운 사이로 발전하였다. 그
는 아주 사나이다운 기질이 있어 그 전에 심하게 반대했던 태도를 돌
변하여 우리 회사에 누구보다도 호감을 갖기 시작했으며, 화끈하게
우리를 밀어주었다. 그 다음 해 내가 최종 계약서를 가지고 나타나자
살펴보지도 않고 그 자리에서 즉시 인증한다는 편지를 썼다. 그리고

그것을 행정우편으로 호니아라의 산림청장에게 발송하였다. 내가 1990년에 잠시 솔로몬 군도를 떠나 남아메리카 칠레에 있는 이건산업 합판 공장에 가서 현지법인장으로 근무하고 있을 때에도 그는 자주 내 안부를 솔로몬에 있는 우리 회사 한국인 직원들에게 물어보곤 했다. 그의 이름 욥과 부인 이름 룻은 모두 성경에 나오는 믿음 좋은 사람들의 이름에서 따온 것이다.

어뢰정 PT109와 케네디 중위

이야기가 나온 김에 잠깐 케네디 중위 이야기를 하자. 케네디 섬은 태평양전쟁이 한창이던 1943년 8월, PT109 어뢰정 정장이었던 케네디 중위가 어뢰정이 일본 해군 구축함과 충돌하여 침몰하자 일부 부상당한 승무원을 이끌고 6km를 헤엄쳐서 상륙했던 섬이다. 산호초로 둘러싸인 이 섬은 길이 80m, 가장 넓은 폭이 40m 정도로

솔로몬항공사의 새해 연하장에 나온 케네디 섬

아직도 무인도이며 약 80그루의 나무가 자라고 있다. 그런데 신기하게도 남태평양의 어느 섬에서도 쉽게 볼 수 있는 야자나무가 현재 근처 섬들에는 있으나 이 섬에는 없다. 대신 언뜻 보면 잎이 소나무 잎처럼 생겨 침엽수로 보이는 활엽수인 '카수아리나(Casuarina)'가 섬에서 자라고 있는 나무의 절반 이상을 차지하고 있다. 중국 남부에서는 이 나무를 목마황(木麻黃)이라고 부른다. 케네디는 1960년에 미국 대통령이 되었고 취임식 행사에는 PT109의 실제 모형이 등장하여 화제가 되기도 했다.

2002년 5월, 서부 솔로몬의 작은 마을 기조는 여러 통신사들의 주목을 받는 일이 일어나 갑자기 분주하게 되었다. 그것은 대서양 깊은 바다에서 타이타닉호를 찾아내고 미드웨이 해전 때 침몰한 미 해군 항공모함 요크타운을 태평양 바다 한가운데서 발견한 기록을 갖고 있는 수중탐사 전문가인 미국의 발라드(Robert Ballard) 박사 팀이 PT109의 잔해를 찾기 위해 이곳에 왔기 때문이다. 특히 이 팀에는 케네디 대통령의 조카인 로버트 케네디 상원의원의 아들 맥스웰 케네디도 합류하여 전쟁 당시 케네디 중위를 구조해준 원주민을 만났다. 케네디는 대통령 취임식 때 전쟁 당시 자기를 구조해 준 원주민 쿠마나(Aaron Kumana)와 가자(Biuku Gaza)를 초대하였다. 초청 절차는 당시 솔로몬 군도를 통치하던 영국 식민지 행정청을 통해 진행되어 원주민 두 명은 기조에서 호니아라에 도착하였다. 그러나 뜻하지 않은 엉뚱한 일이 일어났다. 이들을 만나 본 영국 관리는 이들의 영어가 부끄러울 정도로 형편없는 것을 발견하고(영국 식민지의 체통 때문이었는지) 영어 잘하는 다른 원주민을 선발하여 대신 미국에 보냈던 것이다.

위에서 말했듯이 일본 구축함과 충돌하여 어뢰정이 두 쪽으로 갈라지자 케네디는 부하들을 이끌고 헤엄쳐 케네디 섬 근처에 있는 올라사나 섬과 나루 섬에도 상륙하였다. 이를 기념하여 이들 세 섬 사이(5km)를 수영하는 '케네디 수영 카니발'이 앞으로 매년 열릴 것 같다. 한 달 동안 기조 앞바다에서 벌어진 수중탐사를 통하여 탐사팀은 두 쪽으로 갈라진 PT109의 선체(합판으로 만들어짐)는 인양하지 못했으나 바다 밑 360m 지점에서 어뢰발사관(마크 18형) 2개 가운데 1개와 어뢰(마크 8형) 1개를 찾아내었다. PT109와 일본 구축함 아마기리(天霧) 호의 전투에 대해서는 《헨더슨 비행장》에 자세하게 설명해 놓았다.

다니엘과 다니엘

1985년 5월, 나는 자동차 면허증 유효 기간을 연장하기 위해 호니아라에 있는 재무부 세입과에 갔다. 그곳에 소정의 수수료를 내어야 면허 기간이 연장되기 때문이다. 가는 날이 장날이라고 내가 간 날 많은 사람들이 줄서 있었다. 내 뒤에는 동양인(중국인) 한 명이 서 있었다. 우리는 줄서서 기다리는 동안 서로 인사를 하였고 명함을 서로 교환하였다. 이야기를 듣고 보니 홍콩에서 온 다니엘 마[馬庭偉]라는 이 친구는 호니아라에서 건축자재회사 사장인 매형 밑에서 일하고 있었다. 저자의 영어 이름도 다니엘이다. 외국인들에게 '주혁'이라는 단어는 발음이 어려우므로 외국인들이 친밀하게 부르기 편하게 영어 이름을 갖고 있는 것이 좋겠다는 생각이 들었다. 그래서 이왕이면 구약성경에 나오는 다니엘을 골랐다. 그는 하나님의 말씀을 지키기 위해 사자굴에 들어가는 것도 겁내지 않았으므로 나도 그의 신앙을 본받자는 의미로 1983년에 이 이름을 내 스스로 붙였다. 나는 이 이름이 현실적으로도 좋다는 것을 외국을 다니며 실감하였다. 가령 '존'이라고 붙였다면 영국, 미국에서는 '존'이라고 부르지만 프랑스에서는 '쟌', 스페인에서는 '환', 러시아에서는 '이반'이라고 부른다. 마이클이라고 지었다면, 프랑스에서는 '미셸', 스페인에서는 '미카엘리스'라고 부른다. 그러나 다니엘은 어디서나 다니엘이다. 애칭도 멋있다. '단', '다니' 또는 '대니'라고도 불린다. '아 목동들의 피리소리들은……'으로 시작하는 '아! 목동아(Danny Boy)'라는 명곡에도 '오! 대니 보이'라고 나오지 않는가?

우리는 서로의 영어 이름이 같은 것을 알고 더 반가와 했다. 내가 합판도 수입하느냐고 물으니 그렇다고 한다. 우리는 이렇게 해서 친구가 되었다. 그 전해에 나는 솔로몬에 합판을 팔고자 호주인이 경영하는 건축자재회사를 방문해서 몇 차례 시도를 했으나 가격 때문에 실패한 적이 있었다. 그래서 다니엘에게 한 번 더 시도를 할 작정으로 그 다음 날 만날 약속을 하고 다니엘을 찾아갔다. 이야기해 보니 다니엘과 매형은 아주 머리가 부드럽고 날렵하게 돌아가는 사람들이란 것을 알았다. 그리고 의리도 있어 보였다. 이렇게 해서 나는 그 해에 처음으로 솔로몬 군도에 우리 회사가 만든 합판을 수출하였다. 이것을 계기로 나는 바누아투, 사모아, 미국령 사모아, 사이판, 괌, 티니안 등 남태평양과 중부 태평양에 우리 회사 합판을 수출하게 되었다. 이 지역은 인구가 적어 물동량도 적으나 대신 높은 가격을 받을 수 있는 시장이었다.

다니엘과의 거래로 나는 중국인들의 장사 방식과 그들끼리의 커넥션도 알게 되었다. 다니엘은 나에게 중국인들끼리의 비밀스런 이야기도 스스럼없이 이야기해 주었다. 나보다 나이가 몇 살 어린 그는 솔직할 뿐만 아니라 머리가 비상하게 좋았다. 매형 조지통[唐卓聘]과 다니엘은 사무실 옆에 부엌을 만들어 놓고 점심 식사는 그곳에서 했는데 내가 혼자 있는 것을 알고 수시로 점심에 초대해 주어 내 집 드나들 듯이 그곳에 가서 점심을 먹었다. 한국제 금호타이어도 수입해 팔고 있던 다니엘은 호니아라에 '금호각'이라는 중국 식당도 열고 수시로 나를 초대하였다. 그러나 중국에서 데려

인천의 우리 회사를 방문한 다니엘과 함께

온 요리사가 갑작스럽게 병으로 죽는 바람에 식당은 문을 닫았다.

1987년에 다니엘이 한국에 왔을 때 나는 그를 호텔비도 아낄 겸 우리 집에 와서 자라고 하였다. 다니엘은 우리 집에서 합판을 요 삼아 깔고 잤다. 난생 처음으로 합판 위에서 잠을 잤는데 아주 잘 잤다고 한다. 가끔 나는 다니엘에게 잠시 뒤면 썩어버리는 세상의 보이는 물질이나 명예를 위해서 살지 말라고 하였다. 그 대신 세상에 잠깐 보이다가 두고 갈 것을 이용하여 영원한 복을 마련하는 영생의 생활이 있다는 것을 설명해 주고 예수 믿는 도리를 전해 주었다. 기독자는 다른 사람과 겉으로는 똑같이 보이는 일상생활을 하지만, 창조주 하나님이 주신 각자의 현실생활에서 보이지 않는 영원세계의 건설구원을 순간순간 이루어 가는 것을 짧은 인생의 기쁨으로 여기고 있다는 점을 설명해 주자 머리가 좋은 다니엘은 궁금한 질문을 날카롭게 퍼부은 뒤에 창조주 하나님의 존재와 역사(役事)에 대해 받아들였다.

솔로몬 사람들은 다니엘의 매형인 조지를 솔로몬 제일의 부자라고

말하고 있다. 조지 역시 여러 가지로 나를 도와주었다. 중국이 공산주의 경제체재를 자본주의 체재로 바꾸어 가면서 중국의 경제는 나날이 무섭게 성장하고 있다. 이러한 분위기를 타고 다니엘과 조지는 원래 고향인 중국 광동성에도 사업을 벌이고 있다. 저자는 최근에 광조우[廣州]를 방문하여 이들과 중국사업도 추진하기 시작했다. 18년 전에 솔로몬에서 장사를 하며 싹튼 우정이 이제 중국에서 열매를 맺을 것 같다. 2003년 8월 초 다니엘은 내가 중국 출장을 갔을 때 중국인 교회에 함께 가서 주일예배를 드렸다.

기조 항구와 자동차용 합판

1986년 초, 기조 바닷가를 거닐던 나는 우연히 부둣가에 일본 미쓰비시 자동차에서 만든 3톤 캔터(Canter) 중형 트럭이 서 있는 것을 보았다. 기조 섬의 구멍이 많고 울퉁불퉁한 도로에서 사용하다 보니 트럭은 화물칸 뒷문의 열림 부분이 일부 부서져 내려 상당히 노후하여 보였다. 당시에는 기조에 자동차가 거의 없었으므로 나는 이 트럭에 다가가서 한번 둘러보았다. 그러다가 우연히 트럭의 화물칸을 막아 주고 있는 양옆과 뒷문짝 및 운전석 뒤에 있는 부문이 모두 합판으로 된 것을 보았다. 합판 회사에 일하고 있는 나로서는 호기심이 발동해 트럭 위에 올라가서 자세히 살펴보았다. 불량한 도로 때문에 화물칸에 장착된 합판의 나사가 풀어진 덕분에 튀어나온 합판의 단면을 자세히 볼 수 있었다. 나는 이때 처음으로 일본 트럭 화물칸에 화물과 차체에 주는 충격을 흡수하기 위해 합판을 사용하고 있다는 사실을 알게 되었다. 합판은 여러 장의 단판(單板, veneer)으로 구성되는데 나사가 풀어져 튀어나온 일본제 합판을 보니 단판의 수와 두께를 쉽게 알 수 있었다. 문제는 길이였다. 우리나라나 일본에서는 최대 길이 2.4m의 합판을 만들고 있는데 이 트럭 화물칸에 장착된 합판은 특수하게 제작되어 길이가 3m를 넘었다.

아무튼 나는 이날 일본제 트럭용 합판의 정확한 규격을 알게 되었다. 당시 우리나라에서는 트럭에 합판을 쓰지 않았다. 얼마 뒤, 귀국한 나는 트럭용 합판을 만들어 국내 자동차회사에 중형트럭용으로 공급하려는 계획을 세웠다. 우선 우리 회사에서 가까운 데 있는 회사부터 방문하기로 하고 부평에 있는 대우자동차와 시흥에 있는 기아자동차를 방문하였다. 당시 대우자동차에서는 일본 이스즈 회사와 기술제휴로 엘프라는 중형트럭을 생산하고 있었고 기아자동차에서는 일본 마즈다 회사와 기술제휴로 타이탄 중형트럭을 생산하고 있었는데 두 회사 차량 모두 합판을 사용하지 않고 있었으므로 나는 큰 기대를 갖고 두 회사를 찾았다.

그러나 내 기대는 물거품이 되었다. 만약 그 당시 현대자동차에서도 중형 트럭을 생산하고 있었다면 나는 그 회사도 방문했을 것이다. 그러나 현대자동차는 중형 트럭을 생산하고 있지 않았으므로 방문하여도 별 성과가 없을 것으로 지레 짐작하고 방문 계획을 갖고 있지 않았다. 그런데 놀랍게도 현대자동차에서 먼저 연락이 왔다. 중형 트럭을 개발하려고 하는데 화물칸의 합판 장착을 고려하고 있다는 것이었다. 당시 김영근 이사(현재 이건창호 사장)에게서 이 기쁜 연락을 받고 나는 임진득 계장(현재 이건창호 상무)과 함께 울산에 내려가 개발담당 책임자를 만났다. 상담이 잘되어 우리는 시제품을 만들어 1986년 9월, 현대자동차에 보냈다. 꼼꼼한 임 계장과 생산부의 이광무 과장이 심혈을 기울어 2.4m가 넘는 합판을 제조하였고 공무괴의 김

일공 과장은 아이디어를 내어 한 번에 많은 구멍을 정확하게 뚫는 기계를 만들어 시제품을 잘 만들었던 것이다. 합판 구성은 이미 기조에서 알게 된 일본 제품보다 덜 마모되고 훨씬 강하도록 설계하여 만들었으므로 우리 제품의 품질에 확신을 갖고 있었다. 그러나 일본보다 도로 상태가 열악한 우리나라의 험한 산골길을 2개월 동안 달리는 도중에 문제가 생기는 건 아닌지 한편으로 걱정도 되었다.

2개월 뒤 울산에서 연락이 왔다. 품질이 합격이라는 것이다. 이제는 가격을 결정해야 하는데 골치 아픈 문제가 생겼다. 그것은 현대자동차와 같은 그룹의 일원인 H 종합목재의 경쟁이었다. H사는 그때까지 현대자동차에서 만드는 대형 트럭의 화물칸 용으로 제재목을 공급하고 있었는데 같은 그룹인 현대자동차에서 그때 개발하려는 중형 트럭에 자기들 제재목을 공급하려는 것이었다. 현대자동차 측에서 같은 그룹사의 제품으로 결정하지나 않을까 나는 무척 염려하였고 우리가 할 수 있는 일이란 품질과 가격을 경쟁적으로 만들어 들이대는 정공법밖에 없다고 생각하고 개발실과 구매실을 여러 차례 방문하였다.

당시 나는 다른 대기업에도 우리 회사의 다른 제품을 납품하기 위해 방문하곤 했는데 어떤 회사의 구매직원은 은근히 뭔가를 바라는 눈치를 보이기도 했다. 그러므로 현대자동차의 개발실이나 구매실 직원들 가운데에도 그런 사람이 있지 않을까 염려를 했다. 그러나 막상 상대를 해 보니 생각했던 것보다 현대자동차 담당자들이 업무 면에서 아주 깨끗하다는 것을 알게 되었다. 이들의 공정한 판단으로 결국 우리가 만든 자동차용 합판이 현대가 처음 개발한 중형 트럭 '마이티'에 장착하게 되었고 아직까지도 이 합판을 우리는 현대자동차에 공급하고 있다. 이 자리를 빌어 당시 현대자동차 개발실의 박성실 차장, 김귀정 과장, 신상옥 대리, 조정관 대리 그리고 구매부서의 김병훈 과장과 남기도 씨에게 감사의 마음을 전한다. 요즈음도 우연히 마이티 트럭이 지나가는 것을 보게 되면 뿌듯한 마음과 함께 기조의 해안도로가 생각나곤 한다.

과달카날 전투가 끝나던 날

서부 주정부로부터 주지사가 인증한 편지와 원주민 토지소유자와의 계약서가 과달카날 섬에 있는 수도 호니아라의 산림청에 도착하였다. 이에 따라 나는 산림부 장·차관, 청장과 만나 연간 벌채허가량을 20만㎥로 해달라고 요청하였다. 당시 호주의 알라다이스, 카레나, 폭스우드 회사는 연간 벌채허가량이 각 회사마다 4만㎥ 정도였다. 그리고 영국계 레버스 퍼시픽은 식민지 행정을 등에 업고 연간 15만㎥의 벌채허가권을 갖고 있었다. 빌리라는 현지인이 세운 회사가 과달카날 동부 지역에서 현지 원주민과 산림벌채 계약을 맺자 한국 H그룹의 H종합목재에서는 그 현지인을 직원으로 영입하고 특별대우를 해주며 그 회사 계약서를 얻었다. 그리고 솔로몬 현지에 현지법인을 세운 뒤 그 계약서를 이용해 1983년에 산림청으로부터 연간 7만 5천㎥의 벌채허가를 받았다. 그 뒤 H사는 현지에서 원목을 생산하기 시작했다. 현지법인의 한국인 직원들은 이른바 한국 굴지의 재벌회사라는 자부심 때문인지 규모가 작은 우리 회사를 아주 우습게 여기고 있었다.

나는 최종 벌채허가서를 취득하기 전에 솔로몬 군도 역사상 가장 큰 벌채허가량을 받을 계획을 세웠다. 그리고 이 계획을 달성하기 위해 내가 알고 있는 사람들은 다 동원해 산림부 장·차관과 청장을 설득하기로 했다. 물론 최종 열쇠는 산림청장이 갖고 있으나 그 위의 장·차관의 영향도 무시할 수는 없었으며, 그들 이외에도 청장이 의견을 물어보는 청장의 부하들도 모두 만나 설득하였다. 당시 솔로몬 군도 총리실에 경제고문으로 유엔에서 파견나와 있는 김학수 박사에게도 산림장관을 만나 우리 회사의 사업이 이 나라의 경제 발전에 아주 중요하므로 큰 벌채량이 발급되어야 한다는 점을 조언하도록 부탁하였다. 물론 언제나 애국자인 김 박사는 나라를 사랑하는 마음에서 장관을 만나 이야기해 주었다.

1987년 9월 9일, 산림청장으로부터 갑자기 전화 연락이 왔다. 다음 날 사무실에서 만나 벌채량에 대해 이야기하자고 한다. 나는 그날 밤에 다음 날이 결전일이라고 생각하니 잠이 오지 않았다. 어떻게 산림청장을 마지막으로 설득할까 하는 생각에 새벽이 되어서야 겨우 잠이 들었다. 새벽 꿈에 바로 그 전해에 돌아가신 어머니 모습이 보였다.

어머니는 무엇인가 아들이 하는 일을 염려스러워 하는 얼굴을 하고 계셨다. 아침에 일찍 일어난 나는 산림청을 향하여 링가키키 언덕을 차를 몰고 가면서 "어머니, 걱정마십시오! 오늘 솔로몬에서 가장 큰 벌채허가서를 기여코 받고야 말겠습니다"라고 마치 어머니가 내 앞에 있는 듯이 말하였다.

마침내 산림청장을 만나 마지막으로 오랜 시간 일진일퇴를 거듭하는 공방전을 벌렸다. 레버스 퍼시픽이 받은 것보다 큰 20만㎥는 받아야 한다면서 내 주장을 양보하지 않았다. 청장은 이것은 불가하다며, 레버스 퍼시픽은 식민지 시절이었으므로 15만㎥나 발급되었으나 지금이라면 절반밖에 못 얻었을 것이라고 반박했다. 나는 초이셀 지도를 펴놓고 우리가 계약한 넓은 지역을 솔로몬의 다른 회사가 계약한 작은 지역과 비교 설명해 주고, 이 넓은 지역에서 생산될 양이 충분하다는 점을 숫자로 계산해 보이면서 설득하였다. 장시간 질문과 답변이 오고간 끝에 결국 우리는 벌채허가량으로 20년 동안 연간 15만㎥를 받아냈다. 청장은 내가 보는 앞에서 벌채허가서에 연필로 15만㎥라고 쓰고서 비서를 불러 타이핑을 시켰다. 그리고는 내일 타이핑된 벌채허가서를 받아가라고 한다. 비록 내가 원했던 수량은 얻지 못했지만 다른 호주 회사들 보다는 서너 배가 많은 양이며 H종합목재보다는 두 배가 많은 양이다.

한편 인천 본사에서는 내가 마지막 담판을 하는 것이 걱정이 되었던지 당시 전계수 이사를 즉시 솔로몬으로 급파하였다. 나는 그날 오후 박 사장에게 전화를 하여 상황을 설명해 주고 산림청장이 연필로 벌채허가서에 15만㎥를 써 넣어 비서에게 주었으므로 실질적으로 모든 것이 결정되었다고 보고하고, 그러므로 전이사께서 오지 않으셔도 된다고 말하였다. 그러나 서울에서 솔로몬 사정을 제대로 알 수 없었던 전 이사는 이미 하루 전에 비행기를 타고 출발하였다고 한다. 그날 저녁에 헨더슨 비행장에 도착한 전 이사에게 사정 이야기를 하니 무척 기뻐하였다. 그 다음 날인 9월 11일 오후, 그를 모시고 산림청장을

산림청장실에서. 오른쪽부터 엔리 부청장, 장문영 부회장, 삼손 청장, 저자(1996년)

찾아가니 정식 벌채허가서가 약속대로 우리를 기다리고 있었다. 그날 벌채허가서를 받아 쥐고 나는 본사에 아래와 같은 간단한 내용의 팩스를 보냈다.

'과달카날에서 전투는 오늘로서 끝났습니다. 이제는 초이셸에서 20년 전투가 남아 있습니다.'

14년의 세월이 흐른 다음 김학수 박사는 월간조선 기자와 회견하는 중에 나에 대한 일을 이야기해 주었으며 그 내용이 2001년 4월호 월간조선에 실렸다. 나는 이때 김 박사가 유엔 사무차장으로서 방콕에 있는 유엔기구인 아시아태평양경제사회위원회(ESACP)의 사무총장인 것을 알게 되었다. 현재 김 박사는 한국인으로서는 유엔에서 가장 높은 직책을 맡고 있다. 그가 2002년 3월 4일, KBS가 주는 해외동포상을 수상할 때 나는 오랜만에 그를 식장에서 다시 만났다.

한국인이 두 번 만든 헨더슨 비행장

태평양전쟁이 발발하자 일본군은 전격적으로 동남아시아를 점령하는 한편 남태평양의 뉴기니 섬과 솔로몬 군도에도 밀어닥쳤다. 특히 일본 해군은 미국과 호주의 병참연락선을 차단하기 위해 1942년 5월부터 솔로몬 군도의 과달카날 섬에 비행장을 건설하였다. 이 비행장 건설 작업에는 한국인 징용 노무자가 동원되었다. 그 수는 정확하게는 밝혀지지 않았지만 당시 공사에 동원된 2개의 해군 설영대(공병대)에 소속된 한국인은 2천 명 이상으로 추정된다. 삽과 곡괭이를 주로 사용하여 비행장 공사를 거의 완료한 그해 8월, 미 해병대가 과달카날에 상륙하여 이 비행장을 탈취하였고 '헨더슨 비행

헨더슨 비행장
(1983년)

헨더슨 비행장을 탈
취하기 위해 일본군
이 사용했던 무기들
(과달카날 섬)

호니아라 시내에 있
는 일본군 150mm
야포와 기념비(가
운데 것은 일본군
기념비이고 오른쪽
것은 뉴질랜드군 기
념비)

장'이라는 이름을 붙였다. 일본군의 과달카날 섬 비행장 건설을 중요한 위협으로 간주한 미군이 반격작전을 펼쳤던 것이다. 그 뒤 이 비행장을 서로 점령하려는 일본군과 미군 사이에 6개월 동안 육지전, 해전, 항공전이 격렬하게 벌어졌다.

이 헨더슨 비행장을 둘러싸고 벌어진 피비린내 나는 전투가 바로 과달카날 전투이다. 몇 년 전에 나온 '씬레드라인(Thin Red Line)'이라는 할리우드 영화는 이 전투를 묘사하고 있다. 나도 이 영화를 보았으나 영화에 나오는 전투 규모, 특히 과달카날 섬에 미군이 상륙하는 장면에 나오는 함선과 항공기는 실제 역사와 비교하여 너무 초라함을 느꼈다. 태평양전쟁이 시작된 이래 그때까지 일본 육군에게 계속 패배를 거듭하던 연합군은 이 전투에서 처음으로 육지전에서 일본군을 격파한 것이다. 한편 이 비행장 건설에 동원됐던 한국인 노무자들은 미군의 포격, 폭격에 맞아 죽었거나 미군을 피해 정글에 들어갔다가 열대의 무수한 병에 걸리거나 먹을 것이 없어 기아로 쓰러져 과달카날의 한줌 흙이 되었다.

당시 과달카날에 있던 일본군 사이에는 '과달카날 섬의 노래(カ島の歌)'라는 작가 미상의 노래가 불려졌었다. 한국인 징용자들도 이 노래를 부르며 고향에 두고 온 부모형제와 가족을 그리워 하다가 이국 땅에 한 줌의 흙이 되었을 것이다. 그 노래의 가사는 다음과 같다.

많은 야자수가 있는 비행장
오늘 싸움의 밤은 깊어 가고
돌아오지 않는 전우를 생각하는데
쳐다보이는 것은 남십자성(南十字星)

앞서 보잉턴 소령 이야기에 나오는 윌리엄스 대위는 1943년 4월, 헨더슨 비행장에서 근무할 당시 비행장 근처 포로수용소에 있던 한국인 노무자 2명을 본 적이 있다고 증언하였다. 그의 기억에 따르면 철조망 속에 갇혀 있던 한국인 노무자들은 일본군 포로들과는 달리 표정이 밝았고 미군에게 친절하게 대하였다고 한다. 그 뒤, 포로가 된 이들 한국인 노무자는 일본군 포로들과 함께 수송선편으로 뉴질랜드에 보내졌다.

태평양전쟁이 끝나고 솔로몬 군도는 다시 영국 통치령이 되었다. 전쟁이 끝나고서도 헨더슨 비행장은 전쟁 당시와 같은 잔디 활주로였다. 1968년이 되어서야 영국은 헨더슨 비행장 활주로에 아스팔트를 깔았다. 이 활주로는 1978년 7월 7일, 솔로몬 군도가 신생 독립국으로 태어나고서도 계속 쓰였다. 독립한 지 2년이 지난 1980년에 이 새로운 독립국에게 쿠웨이트 정부는 경제 원조를 약속하였다. 그것은 바로 헨더슨 비행장의 활주로를 연장하고 새로운 관제시설을 하여 최신 대형 여객기가 이착륙 할 수 있도록 하는 비행장 확장공사였다. 내가 이 소식을 들은 것은 1980년 11월, 처음 이 나라를 방문하였을 때였다.

1984년 8월에 솔로몬 정부는 정식으로 현지 신문에 비행장 확장공사 입찰발표를 하였다. 거기에는 PQ서류라는 단어가 있었는데 나는 이 의미를 알지 못해 당시 솔로몬 건설부 고문으로 있던 영국인 데이빗(David Gwynne)의 사무실을 방문하여 물어보았다. 초면인데도 데이빗은 PQ란 Pre-Qualification(사전 자격심사)의 약자라고 친절하게 가르쳐 주었다. 이거야말로 낫 놓고 기역자도 모른다는 말이 어울리는 수준이었다. 그 정도도 모르면서 어떻게 건설공사에 입찰하려고 하려는가 데이빗은 속으로 허허 웃었을 것이다. 모든 궁금한 사항을 데이빗에게 물어본 뒤 이 소식을 즉시 한국 본사에 연락하였고 보고를 받은 장문영 부회장(당시 전무)은 이를 거래처인 동산토건에 알려주었다. 데이빗은 그후에도 건설에 문외한인 내가 궁금해서 물어보는 것에 항상 친절하게 가르쳐 주었다.

데이빗의 모습에서는 목에 힘을 주고 있다던가 또는 반대급부를 요구하는 공무원의 태도를 전혀 볼 수 없었다. '아! 영국이 세계를 지배하던 뒷면에는 이런 공무원들이 있었구나' 하는 생각이 절로 나왔다. 데이빗의 친절에 내가 해 준 것이라고는 본사에서 보내 온 새해(1985년)의 우리 회사 달력 하나를 선물했을 뿐이다. 나는 여태까지 우리 회사 달력을 줄 때 그림 한 장씩을 넘겨보면서 동양 달력 그림에 그렇게 감탄을 하며 고마워하던 사람을 본 적이 없다.

이 비행장 공사에 입찰예정인 회사들을 위해 독일의 공사 감리회사는 1984년 10월, 헨더슨 비행장에서 현장 설명회를 열었는데 여기에는 20여 개의 회사가 참여하였다(이 부분에 대해서는《헨더슨 비행장》저자후기란에 언급하였다). 이날 참가자들은 비행장 활주로 끝에서 끝까지 각자가 타고 온 차로 이동하였다. 그 전날 텔렉스로 동산토건 부사장은 나에게 동산토건을 대신하여 설명회에 참석해달라고 부탁하였다. 그래서 현장 설명회에 참석한 나는 이날 처음으로 비행장 활주로를 차로 달려 보았다. 비행기를 타고서 헨더슨 비행장 활주로에 내릴 때나 이륙할 때는 활주로 거리가 그다지 길지 않게 보였는데 막상 현대자동차의 초기 모델인 포니2 승용차를 타고 전속력으로 달려보니 엄청나게 멀어 보였다. 아마 비행기와 자동차의 속력 차 때문이리라 생각된다.

이날 오후에는 솔로몬 군도의 유일한 방송국인 SIBC의 회의장에서 공사에 대한 질문회가 열렸다. 이 자리에 참석한 일본의 닛쇼이와이 회사 직원은 사회자인 영국인 데이빗에게 헨더슨 비행장 활주로 확장

공사의 목적은 군사용이냐고 물었다. 이에 데이빗은 점잖게 낮은 목소리로 "솔로몬 군도는 공군을 갖고 있지 않습니다"라고 답변하여 심각한 분위기이던 좌중에 웃음꽃을 한번 터트려 주었다.

한편, 공사 금액이 작아서 그랬는지 현장 설명회가 열릴 때까지도 그렇게 관심을 보이지 않던 동산토건은 그 뒤 공사에 관심이 생겼던지 1985년 1월에, 입찰에 참여하기 위해서 이사 한 명을 솔로몬에 보냈다. 이틀 뒤인 1월 7일이 입찰일이라 나는 회사 숙소에서 동산토건의 H이사와 함께 입찰 서류를 다시 검토하였다. 내용을 살펴보니 솔로몬 상황에 맞지 않는 불필요한 비용이 책정되어 있었으므로 나는 그것을 지적하여 주고 다시 비용을 계산하여 입찰 가격을 내렸다. 예를 들자면, 현지 근로자들을 시내에서 비행장까지 통근시키기 위한 버스 구입비, 현지인 숙소 등이었다.

서울에서 솔로몬 현지 사정을 알 수 없었던 동산토건에서는 이러한 비용까지 책정하여 왔다. 그러나 솔로몬 주민들은 노무자가 아닌 일반 주민들도 보통 트럭 화물칸에 타고 다니므로 우리는 이러한 항목을 빼버리고, 비슷한 내용의 다른 비용도 절감한 뒤 입찰 가격을 다시 계산하여 서류를 만들었다. 입찰 결과는 입찰 당일 발표되었으나 중앙입찰위원회의 최종 검토 결과는 4월에야 끝났다. 동산토건은 결국 이 공사를 수주하였다. 참고로 당시 입찰에 참여한 회사는 다음과 같다(입찰 발표 순서에 따름).

헨더슨 비행장 확장공사 입찰응시 회사

1. 럭키개발 (한국)
2. Pacific Electric (미국)

3. Plessey Electric (영국)

4. 닛쇼이와이 (일본)

5. 동산토건 (한국)

6. Jennings (호주)

7. 현대건설 (한국)

8. China-Fujian Cooperation (중국)

9. Standard Electric (독일)

10. Wimpy (영국)

11. John-Holland (호주)

12. Resource Development (싱가포르)

13. Kalapi (쿠웨이트)

14. Downer (뉴질랜드)

15. Fletcher (뉴질랜드)

16. Pioneer (호주)

17. Barclays (뉴질랜드)

18. Rush & Tomkins (네덜란드)

19. Mudajaya (말레이지아)

20. Klockner (독일)

21. International Airport Authority of India (인도)

1985년 말에 막상 건설 공사가 시작되자 솔로몬 역사상 가장 큰 사이클론(태풍) '나무(Namu)'가 과달카날을 덮쳤다. 이 바람에 헨더슨 비행장의 활주로는 허리까지 차는 물바다가 되어 버렸고 근처에 있던 넓은 논은 갑작스럽게 불어난 강물이 휩쓸고 가버려 폐허가 되었다. 많은 원주민 마을이 물에 고립되었으므로 호주와 뉴질랜드 정부에서는 군용 헬리콥터를 동원하여 이재민을 구조하였다. 나는 이러한 사태를 보고, 비행장 공사를 동산토건이 수주하도록 도와준 것을 후회하였다. 그리고 당시 현장소장이었던 문규복 차장을 비롯한 동산토건의 한국인 직원들이 뜻밖에 어려움을 만나 고생하는 것을 보고 너무나도 미안한 마음이 들었다. 그러나 다행스럽게도 동산토건은 공사보험에 들었으므로 이때 입은 피해를 모두 보상받았다. 그렇지 않았더라면 나는 좋은 일을 하고서도 아직까지 후회와 죄책감에 사로잡혀 있었을 것이다. 비행장 건설공사가 진행되고 있는 모습은 당시 현장취재에 나선 국내 모 텔레비전방송국에 의해 국내에서 방영되었다.

1987년 4월 8일, 헨더슨 비행장의 새롭게 확장된 활주로 옆에서는 활주로 확장과 관제탑 공사가 끝나 준공식이 열렸다. 이 행사에 참석하기 위해 그 전날 동산토건의 K사장과 Y상무가 한국에서 왔다. 공사가 끝난 뒤에도 솔로몬에 남아 있던 직원은 자기 회사 사장이 왔다면서 인사드리려 함께 가자고 하기에 나는 사장이 묵고 있는 호텔 방에 찾아가 인사를 드렸다. 그때 외부에서 새로 영입된 지 얼마 안 되는 사장에게 비행장 공사의 내막을 처음부터 알고 있는 상무와 직원이

1986년도에 솔로몬 군도를 강타한 사이클론 '나무(Namu)'에 부서진 교량 근처에서 부락민을 구조하는 호주군 헬기(과달카날 섬)

비행장 한쪽에 있는 확장
공사 완공기념비. 활주로
확장은 동산토건. 관제탑
항법시설은 독일의 '크뢰
크너' 회사가 한 것을 보여
주고 있다. 콕스(Kods)는 독
일 감리회사이다.

이건산업에서 비행장 공사를 주선해 주었다는 사실을 보고하지 않은
것으로 느껴졌다. 사장 방에는 Y상무와 그 직원이 함께 있어 나를 만
났지만 사장은 우리가 그 공사를 주선해 주었다는 사실을 전혀 모르
는 눈치였다. 그렇다고 내가 주선해 주었소라고 밝히기도 뭐해 가만
히 있다가 방을 나왔다. 그 다음 날이 준공식이었는데 물론 그들은 나
를 초청해 주지 않았다. 아마도 Y상무와 직원은 K사장에게 자기들이
비행장 공사를 처음부터 직접 알게 되어 수주한 것으로 보고했던 것
같다.

여하튼 태평양전쟁의 전환점이 된 헨더슨 비행장을 중심으로 벌어
진 전투를 통하여 역사(歷史)를 바꾼 역사(役事)를 이룩한 헨더슨 비
행장이 전쟁 기간에는 한국인 징용노무자들에 의해서 만들어졌고 전
쟁이 끝난 뒤에는 다시 한 한국 건설회사에 의해 확장되었다.

헨더슨 비행장 공사가 성공리에 끝나자 동산토건 직원들은 귀국하
기 시작하였는데 직원들 가운데 중장비 기술자로 솔로몬에 왔던 최명
오 씨는 현지에 남아 현지인과 결혼하여 보금자리를 만들었다. 그는
자녀들에게 모두 한국 이름을 지어 주었다. 그들 가운데 영진이라는

호니아라에 있는 이건산업 창고 앞에서 최명오 씨(왼쪽), 조선족 이동호 씨(오른 쪽)와 함께

아들은 가끔 우리 사무실에 아버지를 따라 오곤 했는데 똑똑하고 착해 언젠가는 솔로몬 군도에서 큰일을 하는 사람이 될 것 같다. 우리 회사에는 중장비가 많다. 요즈음에도 그는 가끔 우리 회사가 갖고 있는 중장비를 돌봐주기 위해 초이셀과 뉴조지아 섬에 들린다. 물론 우리는 수고비를 주고 있지만 그는 같은 한국인으로서 한국 회사가 잘 되어야 한다며 바쁜 중에도 시간을 내어 항상 기꺼이 우리의 부탁을 들어준다.

지구 탐험대

2002년 5월 2일, KBS 텔레비전방송국 촬영팀이 호니아라에 도착하였다. 이들은 지구의 오지를 보여주는 '도전 지구탐험대' 라는 프로를 1주일 동안 촬영하기 위해 일반인들이 가보기 어려운 이곳을 찾아 온 것이었다. 이들이 솔로몬에 도착해서부터 호니아라 사무실의 우리 회사 한국인과 현지인 직원들은 마치 우리 일처럼 장소

물색부터 촬영현장에 현지인 직원을 파견하는 일까지 촬영에 관련된 여러 일에 협조했다. 우리 직원들의 도움으로 방송사는 과달카날 섬의 동남부 지역에 있는 콤바오루 마을을 방문하여 아직도 원시적인 주민들의 생활모습을 촬영하였다. 이 프로는 6월 2일, 국내에서 방영되었는데 촬영에 협조한 우리 회사 직원들(정환기 과장, 안중현 계장, 서영수 사원, 현지인 직원 George Natei)의 이름이 프로 마지막 부분 자막에 현지코디로서 나왔다. 그러나 섭섭하게도 촬영에 적극적으로 협력해준 우리 회사의 이름은 자막에 보이지 않았다. 물론 이런 것을 기대해서 촬영에 협력해준 것은 아니다.

1980년대 중반부터 우리나라 텔레비전방송국 촬영팀들이 솔로몬군도를 방문하여 오염되지 않은 남태평양의 모습을 카메라에 담아 국내에서 몇 번이나 방영하였다. 이때마다 우리는 이들의 촬영에 협조해 주었다. 텔레비전을 시청한 일반인들은 지구에 이러한 곳이 있었는가 놀라며 아주 신기해했을 것이다. 그러나 이런 프로보다 진기한 실제사건과 경치, 원주민들의 문화를 우리 한국인 직원들은 회사 업무를 하며 일상적으로 만나고 있다.

5. 밀림 속의 병원

타레파시카의 꿈

초이셀 섬의 토지는 거의 등기가 되어 있지 않아 언제나 토지 분쟁의 소지가 있다. 그러나 초이셀 만 근처를 둘러싸고 있는 넓은 토지는 예외적으로 등기가 잘 되어 있어 토지 분쟁의 염려가 없는데, 소유주는 포로포로 마을이다. 등기 지역은 남쪽에 있는 타레파시카, 중·고등학교가 들어서 있는 중간 지역인 타레쿠쿠레, 그리고 포로포로 마을이 들어서 있는 북부 지역 등 크게 세 구역으로 나뉜다.

초이셀 만에 있는 타레파시카 지역은 지도에 늪지가 많이 있었고 1984년 3월 1일부터 3월 3일까지 본사에서 파견된 신입사원들을 데리고 조사했을 때도 실망스런 결과가 나왔다. 그러던 가운데 어느날 나는 포로포로 마을의 촌로인 에녹(Enoch Vanabule) 영감에게서 자기가 젊었을 때 타레파시카 해안에서 내륙까지 늪지를 피해 사냥을 다녔다는 이야기를 들었다. 이 이야기를 듣고 나는 1988년 4월 11일부터 4월

하늘에서 본 타레파시카. 사진 왼쪽 위에 초이셀 만이 보인다.

16일까지 에녹 영감을 따라 타레파시카를 다시 조사하였다. 영감의 말은 사실이었다. 물론 도중에 100m 길이 정도의 발목이 빠지는 얕은 늪이 있었지만 다행스럽게도 그 옆에 있는 낮은 언덕을 불도저로 밀어 버려 늪을 메운다면 문제될 게 없었다. 그 뒤 더 내륙 쪽에 있는 흙을 운반해서 늪지를 메우면 쉽게 이 지역 마스터플랜을 세워 오랜 동안 회사가 일할 수 있다고 생각되었다. 또 늪지를 다 메우지 않더라도 연결 길만 만들면 늪지의 옆과 뒤에 단단한 좋은 땅이 많이 있으므로 돈들이지 않고 쉽게 훌륭한 캠프를 만들 수 있다.

그래서 포로포로 마을 사람들이 처음에는 이 지역을 우리에게 주지 않다가 나중에 어린아이들 덕택으로 마음을 바꾸었을 때 나는 이 지역에 베이스캠프를 세우려고 했으며, 1988년 4월 18일 마침내 30년 동안 장기 임대계약을 맺었다. 포로포로 주민들은 면적에 견주어 아주 싼값으로 우리에게 그 지역을 사용하도록 해 주었다. 타레파시카는 초이셀 만에 있어 선적지로서는 최고의 조건을 갖고 있었을 뿐만 아니라 상당히 넓기도 했다. 그 옆에는 강도 흐르는데 새우 양식에 적합한 조건을 갖추고 있었다. 나는 강과 바다가 만나는 곳을 따라 새우양

포로포로 마을 회의장에서 마을 대표 에녹 노인과 함께 타레파시카 지역 임대계약서에 서명하는 저자. 계약서 옆에 에녹 노인이 준 바나나가 있다.

식 농장을 설치하고 원양어업 선단이 정박할 부두도 구상하는 한편 그 안쪽에는 제재소 지역, 현지인 숙소, 현지 종업원 운동장, 학교, 병원 등의 위치도 잡아 놓았다. 한국인 숙소는 초이셀 만이 한눈에 내려다보이는 타레파시카 지역 가장 높은 언덕에 세우려고 했다. 그곳은 태평양전쟁 때 미군 정찰대가 머무르던 곳이다. 그 옆에는 폭포도 있어 식수문제도 쉽게 해결될 수 있었다.

그러나 모든 일은 계획대로 되지는 않는다. 이러한 내 계획은 회사의 다른 임직원들 때문에 변경되어 우리는 몰리 지역에 갑자기 캠프를 설치하게 되었다. 물론 몰리 마을 사람들도 회사를 지지해주고 있지만 베이스캠프는 타레파시카에 들어서는 것이 단기적으로나 장기적으로 회사와 초이셀 주민에게 유리했다. 타레파시카를 못 얻었다면 몰리로 가는 것도 고려해 볼 수 있었으나 내가 보기에는 몰리로 갈 이유가 전혀 없었다. 앞서 이 나라에서는 토지가 등기 되어 있지 않아 분규가 수없이 일어나고 있는 데 대해 언급하였다. 타레파시카 지역은 초이셀에서 유일하게 토지 등기가 잘 되어 있어 분쟁의 걱정도 없다. 이 점은 장기 사업을 위해 아주 중요하게 고려해야 할 요소다.

그리고 비행장도 바로 앞인 초이셀 만에 있다. 비행장과 타레파시카 사이는 카누로 10분이면 건넌다. 안전한 만 안에 있으므로 파도도 없다. 그러나 몰리까지는 1시간이나 걸리며 그것도 파도가 높거나 바람이 심하게 불면 위험해서 카누 운항이 불가능하다. 또 몰리 지역은 바위가 많고 터가 좁아 야적장을 넉넉하게 만들려면 언덕의 바위를 깨고 해안을 매립해야 하므로 거기야 말로 큰 공사비를 써야 하는 곳이다. 그러므로 나는 베이스캠프를 몰리로 옮기면 안 된다고 초이셀에 나와 있던 상사와 동료 및 부하들에게 수도 없이 말하였고 여러 차례에 걸쳐 본사 경영진에게도 팩스나 전화로 의견을 밝혔다.

그러나 누구도 내 말에 귀를 기울여 주지 않았다. 아예 전화 받는 것조차 거절하였다. 내가 그런 의견을 말하는 것이 외부에서 우리 회사에 영입해 온 사람들을 시기하여 그러는 것으로 들린 것 같았다. 그리고 그때 현지에 나와 있던 서너 명의 부하 직원 가운데에는 솔로몬에 도착한 지 얼마 안 되어 뭐가 뭔지 판단을 못 해 입을 다물고 있는 이들도 있었고, 어떤 직원은 내용을 알면서도 새로 온 책임자의 의견이 맞다고 했다. '큰 벌채허가서를 받긴 했지만 진급도 못 하는 걸 보면 뭔가 모자라 윗사람들이 신임 안 하는 것 같고, 그래서 외부에서 다른 사람들을 스카우트해 왔구나' 하는 생각을 하며 사장의 신임을 받는 실력자 앞에 줄을 잘 서려고 그런 진실하지 않은 행동을 한 것 같다.

H종합목재에서 벌채허가서를 받자 현지에 나와 있던 그 회사 K부장, L과장 등도 벌채 허가서를 받자마자 모두 한 계단씩 특진하였다. 책임자였던 K부장은 자기 회사를 사랑한 사람이었다. PNG에 진출하여 벌채허가권을 받은 H자원 부장, 과장 등도 모두 한 계단씩 특진하였다(두 회사는 이미 오래 전에 문을 닫았다). 그러나 나는 과장으로서 큰 수량의 벌채허가서를 받았음에도 진급되지 않았다. 나는 회사에 들어와서 여태까지 어떻게 하면 진급할까 신경 써 본 적이 없다. 생각해 보면 그때도 다른 회사의 일반적인 관례와 달리 진급을 시켜주지 않은 것은 외부에서 데려온 사람들과 계급의 격차를 크게 하여 외부에서 온 사람들에게 복종을 잘하라고 그런 게 아니었던가 한다.

하여튼 내가 마스터플랜을 가지고 꿈꾸던 타레파시카 지역은 이제 우리 손을 떠났다. 베이스캠프 계약을 처음 타레파시카 지역으로 했다가 그 뒤 회사 요청으로 계약을 취소하고 새로운 타레쿠쿠레 지역으로 다시 계약했지만 결국 두 번째 계약은 취소한다는 아무 통보조차 없이 다른 지역으로 떠나긴 회사를 보고 5년 동안 나와 함께 일했던 그린필드는 실망하여 조용히 회사를 떠났다. 물론 계약 당사자인 포로포로 마을 사람들도 실망하며 격분하였다. 이때 나는 호니아라에 있었고 누구도 이 사실을 알려주지 않아 회사가 원래 맺었던 베이스 캠프 자리에 대한 계약이 갑자기 취소되고 다른 곳으로 옮긴 사실을 나중에야 알게 되었다. 내가 솔로몬 사업을 하며 유일하게 허무감을 느꼈던 것은 회사가 타레파시카를 잃었을 때였다. 누가 빼앗아 가 버린 것이 아니고 우리가 스스로 버렸던 것이다.

수이 강의 폭포

초이셀 만의 타레파시카와 타레쿠쿠레 지역 사이를 흐르는 수이 강은 길이가 10km, 폭이 10~20m이다. 초이셀 만에 면한 강 입구에서 5km 정도까지는 수심이 깊어 모터보트도 올라올 수 있

수이 강

다. 강변은 맹그로브 지대로 게, 새우, 물고기들의 번식지일 뿐만 아니라 이름 모를 많은 새들도 깃들고 있다. 특히 이 강에는 악어가 많이 살고 있다. 예로부터 포로포로 마을 사람들은 자신들의 조상이 죽어서 악어가 되었다고 믿어 오고 있다. 기독교가 이 마을에 들어온 지도 오래 되었지만 아직도 일부 주민들은 그렇게 믿는다. 그러므로 이들은 악어를 보아도 총이나 활로 죽일 생각을 하지 않고 사라지기를 기다리고 피한다. 이 강을 카누로 오르내리며 어떤 때는 큰 악어가 맹그로브 뿌리에 올라와 누워서 일광욕을 하는 것을 보기도 하고 조그만 새끼들이 강변에 나와서 놀다가 카누 엔진소리를 듣고서는 놀라서 물속으로 다시 뛰어 들어가는 모습도 보곤 한다.

솔로몬뿐만 아니고 남태평양의 주민들은 기독교가 들어오기 전에는 자기 조상들의 영혼을 섬겼다. 죽은 조상들이 동물 속에도 살고 있고 또는 큰 바위나 나무에도 살고 있다고 믿은 것이다. 솔로몬 군도의 많은 주민들도 예외가 아니다.

솔로몬 군도의 주요 6개 섬 가운데 하나인 말라이타 섬에는 조상의 영혼이 상어 속에 살고 있다고 믿는 부족도 있다. 그들은 상어 속에 들어 있는 조상의 영혼이 상어에게 자신들이 바다에서 적과 싸울 때 적이 타고 있는 카누에 머리를 들이박아 침몰시키기도 하고 적을 유인해 오기도 한다고 믿는다. 또 다른 부족들은 자신들 조상

솔로몬 정부를 상징하는 문장(紋章)

의 영혼이 뱀, 게, 물고기, 새, 박쥐 등에도 살고 있다고 믿고 있으므로 절대로 이들 동물을 죽이지 않을 뿐만 아니라 오히려 신성한 것으로 섬기고 있다. 애니미즘(Animism)이 아직도 이들의 종교로 자리 잡고 있는 것이다. 현재 솔로몬 정부를 상징하는 문장(紋章)에는 악어와 상어가 그려져 있는데 이것도 예로부터 내려오는 이러한 풍습과 관계가 있다.

수이 강을 카누를 타고 자주 지나다니는 우리가 이들 악어를 잡아버리자고 원주민들에게 말하면 이들은 앞에 나온 이유를 들며 절대 안 된다고 한다. 그 바람에 수이 강의 악어들은 마음 놓고 강을 따라 활개를 치면서 가끔 사람을 해치기도 한다. 2002년에도 어린이 한 명이 강 근처에서 놀다가 악어에게 잡아먹혔으며 다른 한 명은 살아났으나 중상을 입었다. 또 최근 초이셀섬 전역에서 악어가 사람을 공격하는 일이 자주 일어나고 있으나 원주민들이 악어를 경외하는 태도는

솔로몬 군도에 출장오는 이건산업의 모든 한국인 직원은 출장 기간 동안 반드시 정글 속에 들어가 5Km 이상을 걸어야 한다. 현지 출장 중, 정글 속에 들어가는 본사 직원들

여전히 변화하지 않고 있다. 악어는 한 번에 알을 50개 가량 낳는다. 암컷은 알이 부화하기까지 3개월 동안 음식도 먹지 않은 채 알을 묻어둔 곳을 응시하며 알을 지키는 모성애가 아주 강한 동물이다. 또 물속에서도 꼬리를 이용하여 자기 키만큼 물 위로 뛰어오를 수 있기 때문에 수면에 앉아 있거나 물가 나무 가지에 앉아 있는 새를 보고(악어의 눈은 각층이 3개이므로 둔탁한 물 밑에서도 물 위의 것을 잘 볼 수 있다) 순간적으로 뛰어 올라서 잡아먹으므로 악어가 있는 곳에서는 물놀이를 하지 말아야 한다.

1988년 4월 14일(목요일)은 나에게 잊을 수 없는 날이다. 그날 임시로 고용한 현지인들을 데리고 타레파시카 뒷 지역을 조사하다가 수이 강 상류에 있는 폭포 근처를 지나게 되었다. 폭포 위에 비스듬하게 솟아오른 언덕에 올라가면 넓고 푸른 초이셀 만의 정경이 한눈에 들어온다. 그래서 태평양전쟁 때 이곳에는 미군 정찰대원들이 숙소를 지어놓고 살았다. 정글 속에서 땀에 젖은 몸을 한번 씻을 겸 우리는 폭포 밑 바위 근처에서 멱을 감았다. 폭포의 높이는 7m 정도밖에 되지 않으나 폭포 물이 떨어지는 못 뒤쪽에 있는 절벽 밑 부분은 벽이 크게 패여 있어 우리는 재미로 떨어지는 폭포 물속을 뚫고 들어가 그 속에서 잠시 있다가 나오곤 했다. 그 속은 서늘하며 폭포 물이 공기를 차단하고 있어 약간

수이 강 상류에 있는 폭포에서 잠시 휴식 중인 저자와 현지인들

숨쉬기가 거북했으나 폭포 물이 우레 같은 소리를 내면서 앞을 커튼처럼 가리며 떨어지는 광경을 작은 바위동굴 속에 앉아 바라는 것은 정말 진기한 경험이었다. 옛날 중국의 도인들도 이런 곳에서 도를 닦았는지 모른다.

폭포 물이 떨어지는 근처에 못이 패여 있고 그 못에서 다시 폭포 물이 작은 폭포를 이루면서 수이 강에 떨어진다. 나는 시원한 못 속에 잠시 몸을 담그려고 점프하여 들어갔다. 그러나 거센 물살에 밀려 못 속에서 몸이 서너 번 돌면서 날카로운 바위에 둘러싸인 못 밖으로 쓸려 내리다시피 굴러 나와 수이 강에 떨어졌다. 폭포 주위에 있는 수이 강 양쪽은 바위로 되어 있다. 오랜 세월에 걸쳐 폭포 물에 따라 수면 주위의 바위 표면은 전체가 마치 천연두로 생긴 곰보 모양의 날카로운 작은 구멍으로 덮여 있다. 여기에 손을 대면 상처가 나기 십상이었다. 나는 물속에서 서너 번 곤두박질하면서 순간적으로 '아! 사람이 이렇게 해서 죽는구나'라고 느꼈으며 이것이 내 마지막 순간이라는 생각도 문득 들었다. 물속에 있는 동안 맑은 강물을 좀 마셨지만 곧 정신을 차리고 흐르는 강물 수면 위로 떠올라 헤엄을 쳐서 강 옆에 있는 바위를 잡고 간신히 땅에 올라 왔다. '이제 물과 악어로부터 살았구나'라는 생각이 나면서 동시에 나는 하나님께 감사하였다. 물살에 떠밀려 못 밖으로 밀려나올 때 날카로운 바위 표면 때문에 등에 상처가 생겼겠다고 생각하면서 등을 만져 보았으나 아무렇지도 않았다. 정말로 놀라웠다. 폭포 근처에서 이 장면을 처음부터 바라보고 있던 원주민들도 내가 강물 속에서 나오자 모두 환성을 지르며 좋아하였다. 우리는 다시 정글 속에서 남은 조사작업을 시작하였다.

초이셀의 첫 자동차

1989년 6월 2일, 드디어 우리가 발주했던 장비들이 싱가포르에서 바지선 두 척에 실려 도착하였다. 대양 항해에 적합한 대형 터그보트가 이 두 척의 바지선을 끌고 무사히 몰리 섬에 도착하여 싣고 온 불도저, 트럭 등 장비를 하역하였다. 이들 대형 장비를 구경하고자 바닷가에 몰려든 주민들은 눈이 둥그레졌다. 그리고 주민들은 우리 회사의 장비가 도착한 것을 환영하는 잔치를 몰리 섬에서 벌여 남녀 모두 전통춤을 추었다. 숙소로 개조한 해상 컨테이너가 장비와 함께 도착하기 전까지 15명의 한국인 직원들은 잠잘 집도 제대로 없어 현지인들이 나뭇잎으로 지붕과 벽을 만들어서 살던 집에 기거하며 불편한 생활을 이기고 열심히 일하였다.

우리가 가져온 자동차 가운데에는 대우자동차의 덤프트럭도 있었고 기아자동차의 '세레스'라는 4륜구동 소형차도 있었다. 원래 소형차는 도요다 회사의 랜드크루저를 사려고 계획하였으나 1988년 여의도에서 열린 국산품 전시회에서 우연히 기아자동차에서 만든 4륜구동 농촌용 소형 1톤 트럭을 보고 깊은 인상을 받은 나는 이것을 사용해 보기로 했다. 당시 랜드크루저 한 대 살 돈이면 세레스 5대를 살 수 있었다. 가격도 가격이지만 국산차를 사용한다는 의미도 있었다. 세레스는 성능이 좋아 요즈음도 우리 회사에서는 20여 대 사용하고 있다. 하여튼 이들 자동차는 초이셀 섬에 처음으로 상륙한 것들이었다.

한국인 직원 외에도 필리핀인 10여 명과 2백 명 이상의 현지인이 고용된 가운데 작업이 본격적으로 시작되었다. 장비가 도착한 뒤 한국인은 모두 에어컨이 달린 콘테이너 숙소에서 생활했다. 장비가 내

싱가포르에서 오랜 항해 끝에 초이셀 섬에 도착한 첫 장비가 상륙하고 있다.

첫 장비가 도착하는 날 몰리 지역의 원주민들은 전통춤을 추면서 환영하였다. 춤을 추는 여인들

첫 장비가 도착하는 날 몰리 섬에서 현지인들과 함께 식사하는 한국인 직원들

려진 해안의 뒤쪽은 높은 바위 언덕이어서 불도저는 이것을 깨어 부수는 작업을 하며 전진했다. 그리고 언덕 위를 밀어 한국인 가족 숙소를 짓고 다른 쪽 언덕 밑으로 바닷가를 매립하여 원목 야적장을 만들었다. 또 정비소와 대형 제재소도 만들기 시작했다. 몰리 섬이 내려다보이는 경사진 언덕에는 필리핀 직원과 현지인 직원 숙소를 지었다.

한편 캠프 뒤쪽의 산 너머에 도로를 내면서 만나게 된 서너 개의 하천에는 굵고 긴 원목을 가져와 트럭이 지나갈 수 있는 다리를 만들었다. 이렇게 해서 베이스 캠프는 모양을 갖추어 갔고 우리는 본격적으로 벌채 작업을 시작하였다. 초이셀 섬은 솔로몬 군도 가운데에서도 가장 나무가 많은 섬이다. 해안에서 1km만 들어가도 벌목할 나무가 있다. 인도네시아의 경우 해안에서 수백km씩 들어가야 벌채 현장이 나오지 만 초이셀은 섬 어느 곳에나 해안부터 빽빽한 정글로 덮여 있으므로 상륙하면서부터 나무를 벌채하여 해안으로 운반할 수 있다. 그러므로 인도네시아, 말레이시아, 필리핀, PNG 본토와 견주어 운반비가 훨씬 적게 드는 이점이 있다.

독신자들이 생활하는 컨테이너 숙소 옆에는 식당, 자재 창고, 손님 숙소, 탁구장도 짓고 좀 떨어진 곳에는 한국인 가족 숙소 4채를 지어 직원 가운데 희망자는 가족도 데려와 살게 하였다. 젊은 직원들은 아이들도 데리고 와서 살았는데 원시림 속에서 나오는 맑은 공기 때문에 감기 한번 걸리지 않고 튼튼하게 무럭무럭 잘 자랐다. 대학에서 임학을 전공한 뒤 초이셀에 와서 생산을 담당하던 조승훈 과장은 미혼으로 있다가 결혼한 뒤 부인을 이곳에 데려와 함께 살았는데, 부인은 세레스 1톤 트럭을 몰고서 남편 못지않게 캠프 주위를 분주하게 다녔다. 조 과장은 결혼하기 전에는 수염도 깎지 않고 옷에도 신경을 쓰지 않아 밤에 보면 안경 낀 유령 같이 보였으나 부인이 오더니 말끔한

1. 하늘에서 본 몰리캠
   프. 왼쪽에 보이는 것
   이 몰리 섬
2. 몰리섬에서 바라본
   몰리캠프

3. 몰리캠프의 어린이들
4. 세레스에 현지인 근로자들을 태우고 산으로 올라가는 한국인 직원
5. 한국인, 필리핀 직원들이 함께 식사를 하는 몰리캠프의 식당

모습의 신사가 되었다. 그래서 결혼이 좋은가 보다. 그 뒤 부인이 출산을 위해 귀국한 다음에는 다시 조금씩 이전 모습으로 돌아가는 듯했다. 성격이 워낙 솔직하고 회사일을 위해서는 어떠한 위험도 겁내지 않는 진짜 사나이였으므로 원주민 직원들이 많이 따랐다.

공업고등학교를 졸업하고 현장에서 오랜 경험을 쌓아 온 중장비 정비책임자 이진봉 과장은 독실한 기독교 신자로 캠프에서 가장 먼저 일어나고 가장 늦게 잠자리에 들면서 모든 일에 빛과 소금 같은 모습을 보여준 훌륭한 직원이었다. 현지인들은 그를 '리봉'이라고 정겹게 불렀고 그의 현지인 부하직원들은 그와 함께 일하는 것을 언제나 자랑스럽게 여겼다. 그래서 그의 이름은 초이셀뿐 아니라 나중에는 뉴조지아 섬을 비롯하여 솔로몬 군도 곳곳에 알려지게 되었다. 물론 좋은 소문으로서다. 주일날은 아침 일찍부터 예배 드리는 장소를 깨끗하게 준비하며 봉사하는 일에 열심이었다. 그는 10년 이상 일하면서 정이 든 솔로몬 군도를 떠나 귀국하였으나 원주민들은 '리봉'의 안부를 자주 물었다. 2003년 초 그는 다시 솔로몬 군도에 돌아가 아직도 우리 회사에서 현지인들과 함께 일하고 있다.

조림사업

남태평양의 PNG, 솔로몬 군도, 바누아투, 피지 등 목재를 생산하는 국가들에는 많은 목재 회사들이 정글에서 벌목작업을 하고 있는데 거의 모두 자르기만 할 뿐 심지는 않는다. PNG에서는 수십 개의 벌목회사들 가운데 3개 회사만 조림사업을 하고 있으며 솔로몬 군도에도 10여 개 목재 회사들 가운데 두 회사(이건산업과

몰리 캠프의 현지인 가족 숙소

여가 시간에 골프를 교육받는 한국인 직원들(몰리캠프)

산속에서 현지인들과 함께 점심식사를 하는 한국인 직원들

KFPL)만이 벌목한 자리에 나무를 심고 있다. KFPL이란 회사는 1987년 레버스 퍼시픽 회사가 철수한 뒤 그 지역에 영국 정부와 솔로몬 정부가 합동으로 지분을 가지고 설립한 국영회사이다. 그러므로 순수하게 민간회사가 조림하는 것은 이건산업 하나뿐이다.

우리는 그동안 이 지역에 적합한 수종을 호주의 조림 전문가들과 상의하여 선정한 뒤 1993년부터 몰리 지역에 대규모 묘목장을 조성하고 기존 벌채 지역부터 조림을 시작하였다. 이 조림 작업은 신인섭 이사(당시 차장)가 계획을 세우고 송덕환 과장이 현장 책임을 맡아 차근차근 계획대로 진행되어 그 다음 해에는 초이셀 만 지역에도 묘목장을 만들어 조림 작업을 시작하였다. 조림 수종은 유칼립투스 데그룹타(Eucalyptus deglupta)를 비롯하여 아카시아, 멜라이나, 티크 등이었다. 한국 회사가 조림을 한다는 소문이 퍼지면서 솔로몬 정부의 유력 인사들과 조림에 관심 있는 외국인들이 호니아라에서 먼 변방 지역인 초이셀 섬까지 속속 찾아와 우리의 대규모 조림사업을 보고는 놀라는 한편 격려도 아끼지 않았다.

유칼립투스 데구룹타는 호주 북부 열대 지역이 원산지이다. 열대 우림기후에 적합한 수종으로 PNG에서도 정부가 장려하고 있다. 이 활엽수 수종은 재질이 단단한데 열대우림 지역에서 생장 속도가 아주 빨라 심은 지 5년만 되면 우리나라 같은 온대 지역에서 50년 자란 활엽수와 같은 크기가 된다. 바로 여기에 열대 조림의 매력이 있다. 물론 나무 주위에 있는 잡초와 넝쿨도 빠른 속도로 자라며 나무의 성장을 방해하므로 이를 제거하느라 온대 지역에 견주어 사람 손이 많이 필요하다. 경제적이고 효력이 좋은 제초제를 사용할 수도 있으나 만에 하나 제초제의 화학성분이 환경에 나쁜 영향을 줄까 걱정되어 제초제는 사용하지 않고 대신 주변 마을에서 고용한 원주민 노동력을

초이셀 섬에 만든 묘목장. 고인이 된 최명행 감사의 이름을 따라 이름지었다.

조림지에 묘목을 운반하는 현지인 직원들(초이셀 섬)

몰리 지역의 묘목장을 둘러보는 솔로몬 정부 요인들

이용하여 조림지 관리작업을 하고 있다.

삼림자원은 인간이 필요하면 이용해야 한다. 물론 과도한 남벌은 생태계를 파괴하므로 우리가 경계해야 할 일이지만 나무를 자르지 않고 그냥 두면 언젠가는 스스로 생명이 다해 쓰러지고 썩어 버리게 되므로 균형을 맞추어 장래를 위해 조절하는 경영을 하는 것이 필요하다. 독일 같은 산림 선진국에서는 필요한 목재를 벌목하면서도 자손대대로 계속 사용할 수 있도록 하는 산림경영에 앞서가고 있다. 이렇게 앞서가는 산림경영은 우리나라에서도 본받아야 한다. 한국전쟁 뒤 우리나라는 정부와 국민의 노력으로 국토를 푸르게 가꾸는 데는 일단 성공하였다. 그러나 막상 산에 들어가 보면 산업용재로 필요한 큰 나무는 거의 없어 해마다 많은 양의 목재를 외국에서 수입하고 있는 실정이다.

몇 년 전에 진해에 있는 해군사관학교를 방문하여 학교 앞 바닷가에 떠 있는 거북선 속에 들어가 본 적이 있다. 거북선 내부를 만든 목재를 보니 모두 외국산이었으며 특히 중앙에 있는 굵은 기둥들은 모두 동남아시아에서 수입해 온 남양재(南洋材)인 것을 보고 마음이 아팠던 일이 있다. 우리나라에 이런 용도에 쓸 굵은 나무조차도 없단 말인가? 거북선 한 척에 들어갈 정도의 나무는 있겠지만 많지 않아 구하기가 쉽지 않으므로 제작자들은 손쉽게 구할 수 있는 남양재 원목을 사다가 민족의 자랑인 거북선을 만든 것으로 짐작된다. 우리가 세계에 자랑하는 거북선이 우리나라 나무로 만들어졌으면 더 의의가 있었을 텐데……

몰리 병원

초이셀 섬은 의료시설이 지극히 부족하다. 이것은 초이셀 섬 뿐만이 아니고 솔로몬 군도 전체가 같은 형편이다. 초이셀 주민들은 조그만 진료소 수준의 의료시설이 타로 섬과 사사문가 마을에만 있어 큰 사고를 당하거나 급히 치료를 요하는 중병에 걸리더라도 때마침 파도라도 치면 카누를 타고 갈 수 없으므로 그냥 누워 있다가 죽는 경우도 많았다. 우리는 이러한 의료 수준을 알고 몰리에 베이스 캠프를 지을 때 병원도 함께 지었다. 그리고 이 병원에 근무할 의사를 필리핀에서 데려왔다. 현지인 회사직원과 그 가족들 외에도 많은 주민들이 이 병원을 이용하였다. 약품은 거의 한국에서 오는 원목선 편으로 가져왔다.

1989년에 문을 연 이 병원에서 2002년 12월까지 478명의 아이들이 태어났다. 그리고 이 병원의 진료를 받은 사람은 2002년 말까지 외래

몰리캠프 언덕 위에 세워진 몰리 병원

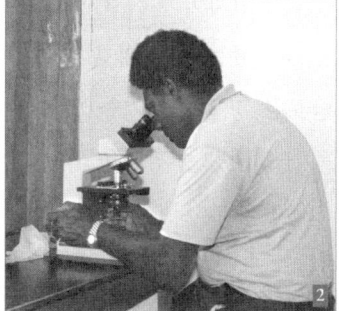
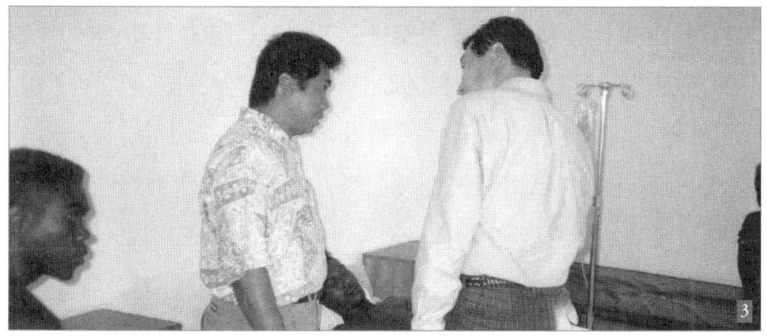

1. 몰리병원의 의약품은 거의 한국제이다.
2. 말라리아 균을 현미경으로 조사하고 있는 '리바이' 수석 간호사
3. 병원에 근무하는 필리핀 의사 '바비'가 박영주 회장에게 환자의 상태를 설명하고 있다.

환자가 83,128명, 입원 환자가 1,464명이었으며 예방접종을 맞은 어린
이는 5,554명에 이르렀다(부록 참조). 물론 치료비와 약품은 회사가
전액 부담하고 있다. 이것은 전적으로, 우리보다 어렵게 살고 있는 사
람들에게 무언가 도움 주는 일을 하겠다는 박영주 회장의 뜻이었다.
나는 돈을 좀 번 다음에 이런 좋은 일을 하자고 했으나 박 회장은 단
호하게 거절하고 베이스 캠프를 건설할 때부터 의료봉사를 시작했다.
시간이 지나면서 나도 생각이 변해 박 회장의 생각이 옳았다는 것을
인정을 하게 되었다.

우리 회사가 초이셀에서 지역사회를 위해 여러 가지로 봉사를 하고 또 유일하게 원칙대로 조림사업을 한다는 소문이 점점 퍼져 나가자 솔로몬 정부 관계자들뿐만 아니라 서양인들도 우리 사업을 견학하기 위해 초이셀을 방문하였다. 그 가운데는 솔로문 주재 호주 대사관 플린(Rob Flynn) 대사도 있었다. 그는 1등 서기관과 함께 1995년 10월 13일, 몰리 캠프를 방문하여 우리가 세운 병원, 학교, 묘목장과 조림지를 둘러보고 조림지에 기념 식수를 했다. 그는 자기 후임자에게도 오늘 자기가 본 것을 그대로 전해 주겠다고 말하고는 방문하기 전에 들은 대로 우리가 남태평양에서 가장 모범적인 목재 회사라고 격찬하였다.

이밖에도 많은 외부인사들이 우리가 하고 있는 조림사업을 견학하기 위해 몰리 지역의 조림지를 방문하였다. 미국에서 태어나 콜로라도 대학에서 심리학을 전공한 유재욱이라는 미국교포 젊은이는 1994년 태평양을 건너 초이셀 섬에까지 우리를 찾아와 몰리 캠프에서 6개월 동안 원주민들과 함께 나무를 심고 생활하며 이국 문화를 맛보았

호니아라 바닷가에 세워진 국립미술관

1. 솔로몬국립미술관에 전
   시된 현지인들의 작품

2. 하오마에 장관에게 국립미술관 열쇠를 양도하는 저자
3. 국립미술관 양도식 날 호주의 플린 대사에게 이건창호의 기능을 설명하고 있는 저자
4. 국립미술관 공식 개관일에 참석한 솔로몬 마마로니 수상, 서현섭 주 PNG 한국대사 그리고 박영주 회장
   (오른쪽)

다. 그는 정글 속을 탐험하기도 하고 맑디맑은 남태평양의 바닷물 속에서 현지인 청년들과 어울려 다이빙을 하면서 남태평양의 진수를 맛보기도 했다. 한편 그의 서툰 한국말도 한국 직원들과 생활하면서 나날이 늘어 초이셀을 떠날 때는 유창하게 할 수 있었다. 서울대학교 건축과를 졸업한 뒤 미국에서 건축설계가로 활동중인 그의 아버지 유걸 씨는 1996년, 한국 정부의 원조와 이건산업의 협력으로 세운 솔로몬 군도 국립미술관을 설계하였다.

호니아라에서 가장 중심지에 있는 이 미술관은 아름다운 바닷가에 면해 있다. 독립 전에는 영국인 총독 관저였던 것을 독립 뒤 국립미술관으로 개조공사를 한 것이다. 재정상태가 안 좋았던 솔로몬 정부는 1995년도에 이 총독 관저와 부지를 일본의 한 호텔에 팔았다. 이 일본 회사는 역사가 담긴 이 총독관저를 헐어버리고 그 자리에 리조트 호텔을 만들 것이라는 소식을 들은 박 회장은 당시 솔로몬 마마로니 수상에게 전화를 걸어 솔로몬의 현대사를 증언하는 역사적인 장소가 없어지게 된 것을 안타깝게 생각한다고 말하였다. 박 회장의 조언을 듣고 무언가 깨달은 솔로몬 수상은 즉시 국무회의를 열어 이 건물을 도로 일본 회사에서 구입하여 국립미술관으로 만들기로 결정하였다. 그러자 이제 미술관으로 개조하는 비용이 문제가 되었다. 이러한 어려움을 알게 된 박 회장은 한국 외무부에 이 사실을 설명하여 외무부 산하 한국 해외 협력단(KOICA)은 솔로몬 정부에 미술관 건립을 위하여 미화 25만 달러의 원조를 하였다. 그러나 이 비용으로는 공사비의 절반밖에 충당하지 못하므로 나머지 25만 달러는 우리 회사에서 부담하였고 이와 별도로 우리 회사는 한국 본사에서 미술관 공사 전문 직원들을 파견하여 현지인들과 함께 1년간의 공사 끝에 아름다운 국립미술관을 완공하였다.

이렇게 하여 열대의 파란색 바다와 초록색 정원을 배경으로 남태평양에서 가장 아름다운 미술관이 호니아라의 새로운 명물로 탄생하였다. 이 미술관은 솔로몬의 조각과 그림만 전시하는 것이 아니고 전통춤을 포함한 무대예술(Performing Arts)도 할 수 있도록 설계되었다. 미술관이 완공되어 나는 1997년 6월 6일, 솔로몬 정부를 대표한 하오마에(William Haomae) 문화부 장관에게 미술관 열쇠를 양도하였다. 플린 대사는 이날 공식 식전에서도 많은 축하객들 앞에서 우리 회사를 다시 한번 격찬하였다.

내일의 인재를 기르기 위하여

우리가 초이셀 섬에 장비를 상륙시킨 다음 해인 1990년에 언젠가 우리가 초이셀을 떠난 다음에도 섬 사람들이 자립해서 잘 살 수 있도록 하기 위해 젊고 유능한 학생들을 선발하여 밀어 주는 장학재단을 설립하였다. 이건재단이라고 이름 붙여진 이 재단은 초이셀 출신으로서 솔로몬 전국에 걸쳐 있는 고등학교, 전문대학, 간호대학에 다니는 학생이면 누구나 장학금을 탈 수 있는 기회를 주었다. 물론 선발을 할 때는 학교장의 추천서와 1년 간의 성적표를 제출하도록 했다. 회사의 총무부장, 원주민 원로 등으로 구성된 심사위원회는 제출된 서류를 심의, 학업과 행동이 모범적인 학생들을 매년 60여 명씩 선발하여 1년 동안의 학비, 기숙사비, 잡비를 장학금으로 제공하였다.

2002년까지 13년 동안 장학금을 받은 학생은 7백 명이 넘는다. 이 가운데는 뉴질랜드에 유학까지 갔다 온 학생도 있다. 장학금으로 학

1. 주한 솔로몬 명예영사관 개
   관식(1994년 10월 20일)
2. 주한 솔로몬 명예영사관 개
   관식. 오른쪽부터 김두희 장
   관, 오인환 장관, 박영주 회
   장, 사에말라(솔로몬 외무부
   장관)

3. 테나루고등학교의 프라시다 교장에게 장학금을 전달하는 이건산업(솔로몬 법인)의 레
   이몬 총무부장(1999년)
4. 울루팔루 수상에게서 십자훈장을 받고 있는 박영주 회장
5. 이건산업이 지원한 솔로몬 국가대표 태권도 선수단. 해외 시합 출발 전 결단식 장면
   (1999년, 호니아라의 공설운동장에서)

교를 졸업하고 공무원이 되었다던가 간호원이 된 젊은이들이 회사를 찾아와 고맙다는 인사를 하기도 하는데, 이들에게 감사편지를 받을 때는 큰 보람을 느낀다. 나는 이 젊은이들이 바르게 자라 초이셀을 위해, 아름다운 솔로몬 군도를 위해 훌륭한 일을 하는 사람들이 되기를 기대하고 있다.

이 장학사업도 순전히 박 회장의 아이디어였다. 회사는 물론 이익을 만들어 내야 한다. 사업을 하면서 이렇게 많은 사람들에게 선한 일을 한다는 것은 쉽지 않다. 우리가 사업을 하면서 지역사회를 위해 공헌하는 것이 인정되어 솔로몬 정부는 1994년, 박 회장을 한국주재 명예영사로 임명했으며 1998년 12월에는 이 나라에서 외국인에게 주는 최고훈장인 십자훈장을 수여하였다. 물론 박 회장은 명예영사가 되고 훈장 받기 위해 이러한 사회사업을 한 것은 아니다. 초이셀 섬 출신으로서 우리 회사가 주는 장학금을 받아 솔로몬 군도에서 가장 좋은 전문대학(솔로몬 군도에는 대학이 없다)에서 공부하는 에벌린(Everleyn Qilakiu)이라는 젊은이가 우리 회사에 보낸 감사편지를 이 책 부록에 넣었다. 관심 있는 독자는 한번 읽어보기 바란다.

듀도릭스 이건

1997년 11월 초, 나는 몰리 캠프에서 근무하고 있는 오남택 대리에게 무전을 받았다. 내용인 즉, 몸집이 큰 영국인 나비학자가 카누를 타고 캠프에 찾아와 숙소를 부탁하는 한편 우리가 가꿔 놓은 조림지 속에서 나비를 잡고 싶어 하니 허락해 달라는 것이었다. 서잉인 가운데에는 동양인이 잘되는 것을 시기하는 사람들도 가끔 있으

이건 나비가 발견된 초이셀의 조림지

므로 나는 오 대리에게 그 사람의 방문 목적을 다시 한번 잘 조사해
보고 만약 순수한 학자라면 숙소도 제공해 주고 나비잡는 일도 도와
주되 우리에게 무엇인가 해를 끼칠 불순한 방문 목적이 보이면 받아
주지 말라고 지시하였다. 나중에 들으니 오 대리는 이민국 직원처럼
여권 제시도 요구하고 여러 가지 자세한 질문도 하였다고 한다. 그 결
과 순수한 학자라고 판단되어 우리는 그의 조사를 힘껏 도와주었다.
몰리 캠프에서 가장 경치가 좋은 언덕에 세계의 명품 '이건 창호'를
사용하여 지어 놓은 손님숙소와 식사도 무료로 제공하고 캠프와 멀리
떨어진 곳에 있는 조림지까지 아침, 저녁으로 차량도 제공하였다. 그
리고 일부 현지인 직원을 붙여주어 그 학자의 작업을 도와주었다.

　나비학자 존(John Tennent)은 이렇게 해서 우리와 인연을 맺었다.
비바람이 많이 몰아친 밤이 지나고 날이 밝자 존은 이른 아침 숙소를
출발해 조림지로 떠났다. 그날 그는 그때까지 나비 도감에도 없던 새

영국 런던에 있는
자연사박물관

영국자연사박물관
지하 보관소에 있
는 이건 나비. 왼
쪽이 나비학자 존

로운 나비를 발견하고 나비채로 잡았다. 이 새로운 나비는 현재 영국
런던에 있는 대영자연사박물관에 영구 보관되어 있다. 이 박물관에는
1750년대 영국인이 채집한 나비를 비롯 수많은 종류의 동식물들이 모
두 특별한 온도와 습도 조건에서 보존되어 있다. 제2차 세계대전 기
간 동안 독일 공군 폭격기들이 런던을 폭격하여 전력 사정이 아주 어
려웠을 때도 영국 정부는 이 박물관이 계속 에어컨을 사용할 수 있도
록 조치하여 주었다고 한다. 이런 환경에서 영국은 세계에서 독보적
으로 동식물분류학을 이끄는 나라가 된 것이다.

나비학자 존과 함께 서로 상대방이 저술한 책을 바꿔 들고 있다. (솔로몬 바닷가에 있는 저자의 숙소에서)

    2002년 10월 초, 나는 이 박물관을 방문하여 박물관의 연구원이기도 한 존의 안내로 곳곳을 둘러보고 지하실에 잘 보관되어 있는 '이건 나비'도 보았다. 그 나비를 보여주기 위해 존은 큰 열쇠꾸러미를 가지고 직접 6개의 큰 문을 열며 나를 데리고 갔다. 지상 4층, 지하 1층인 박물관 안에는 해당 분야 별로 도서관이 7개나 있고 건물 내부는 거의 동식물자료 보관장소로 사용되고 있어 이름만 박물관이지 실은 커다란 자료보관소였다. 일반에게 공개되는 것은 공룡뼈 등 일부 품목이며 일반인이 관람할 수 있는 공간도 큰 건물의 조그만 일부 구역뿐이다. 박물관을 살펴보고 나는 영국인들의 자존심을 느낄 수 있었다. 최근에 서울에 자연사박물관이 개관하였다 하나 사실 우리나라에는 아직도 제대로 된 자연사박물관이 없는 실정이다.

    1997년 11월 24일, 초이셀의 타로 섬에서 존을 처음 만났다. 나를 보자 그는 자기 연구를 도와줘 고맙다는 인사를 하였다. 열흘이 지난 12월 5일, 호니아라에 있는 내 사무실에 갑자기 그가 찾아왔다. 그의 말에 따르면 지난 2세기 동안 동식물 학자들이 거의 모든 동식물의 종을 발견함으로써 이른바 선진국에는 새로운 종자가 거의 없고 중

부 아프리카, 아마존 상류 지역, 뉴기니 섬, 솔로몬 군도 등에서 아직
도 새로운 동식물의 종(種)들이 가끔 발견된다고 했다. 그러나 이 지
역들은 모두 열대우림 기후로, 질병이 심하고 교통이 불편하므로 학
자들이 쉽게 오지 못한다고 했다. 그러면서 이번에 이건산업 직원들
의 도움을 받아 새로운 종의 나비를 이건산업의 조림지 안에서 발견
했으니, 내가 허락한다면 이 나비의 학명으로 회사 이름을 사용하고
싶다고 했다. 그리고 이 나비의 종 이름으로 'eagoni'를 제안했다. 나
는 회사 영문 이름이 'eagon'이므로 뒤에 붙인 'i'는 떼어버리자고 했
더니 학명은 라틴어를 쓰므로(라틴어는 단어가 a 또는 i로 끝나는 것
이 많다) 이런 방식이 관례라고 한다. 그래도 나는 원칙이란 것이 예
외가 있고 어떤 종 이름은 자음으로 끝나는 것도 있으니 그냥 회사
이름 그대로 해달라고 말했더니 존은 흔쾌히 받아들였다. 그러나 학
회에 이 새로운 나비에 대해 보고하여 혹시 다른 곳에서 다른 사람이
먼저 발견한 것이 없는지 확인하는 절차를 3년 동안 밟은 뒤 문제가
없으면 그때서야 새로운 학명으로 학회에서 정식으로 인정받을 것이
라고 했다.

　나는 이 일을 거의 잊고 있다가 2년이 지난 뒤에야 존에게 어떻게
진행되고 있는지 궁금하다는 내용의 팩스를 보냈다. 그때 존은 아프
리카에 나비 채집을 하러 가 있었으므로 한달이 지나서야 그에게 아
직도 진행 중이라는 연락이 왔다. 그 뒤 나는 별로 여기에 신경을 쓰
지 않고 있었는데, 2000년 12월 20일, 서울에서 열린 내 첫 저서인《헨
더슨 비행장》출판기념회에 참석하고 있던 나에게 존으로부터 팩스
한 장이 도착하였다. 이건 나비가 학회에서 정식으로 인정되었다는
내용이었다. 마치 존은 그날 내 책이 처음 출판되는 것을 알고 축하를
하려고 기다렸다는 듯이 나에게 기쁨을 선사하였다. 나는 이날 출판

기념회에 모인 하객들에게 인사말을 하면서 방금 전에 받은 존의 팩스 내용을 이야기하였다. 책 내용에 대해 이야기할 때는 아무런 박수도 안 치고 정색을 하고 듣던 하객들이 나비 이야기를 하자 큰 박수를 보내주었다. 나비 소식이 없었으면 연설 도중에 박수 한번 못 받을 뻔하였다.

내가 알기로 동식물의 학명에 회사 이름이 올라간 것은 이건 나비가 세계에서 처음인 것 같다. 예를 들어 일본의 세계적인 기업인 소니나 미쓰비시 같은 회사들의 이름이 어느 동식물의 학명이 되었다면 아마 그 회사들은 회사 이미지를 위해 엄청나게 광고했을 것이다. 이런 광고가 여태까지 없는 것을 보면 한번도 회사 이름이 동식물 학명에 오르지 않은 것으로 보인다. 참고로 학명은 영어로 쓸 때 규칙이 있다. 학명은 보통 과(科, family), 속(屬, genus), 종(種, species)을 주로 쓰는데 그 규칙은 다음과 같다.

첫째, '과'의 첫 철자는 대문자로 쓰고 나머지 철자는 소문자로 쓰거

솔로몬에는 나비 종류가 많아 나비 우표도 많다. 솔로몬에서 발행한 우리나라 기념우표가 나비 우표 사이에 있다.

나 과 전체 단어를 대문자로 쓴다(예: Lycaenidae 또는 LYCAENIDAE).

둘째, '속'은 첫 철자만 대문자로 쓰고 나머지는 모두 소문자로 쓴다(예: *Deudorix*).

셋째, '종'은 모두 소문자로 쓴다(예: *eagon*).

넷째, 속과 종은 이탤릭체로 써야 한다. 이태릭체 활자가 없으면 속과 종 밑에 줄을 쳐야 한다.

그러므로 '이건 나비'의 정확한 학명(과 · 속 · 종)은 다음과 같다.

Lycaenidae(과) *Deudorix*(속) *eagon*(종)

존에 대해 이야기를 잠깐 하고 나비 이야기를 마치자. 존은 나보다 4살이 많다. 그는 영국에서 고등학교를 졸업하고 영국 육군에 사병으로 입대하여 이병부터 모든 단계의 계급을 다 거쳐 대위가 되었고 군대 생활을 하는 동안 북아프리카, 말레이시아, 홍콩 등 영국군이 주둔하는 곳을 거의 모두 거치는 해외 파병 생활을 오래 하였다. 장교가

이건 나비, 듀도릭스 이건
(*Deudorix eagon*)

되어서는 병과가 헌병이었다. 군대에 들어갔지만 어릴 때부터 품어온 나비에 대해 조사해 보려는 꿈을 버리지 못해 군대 생활하는 동안에도 틈틈이 시간을 내어 나비에 관한 조사를 하였다.

그리하여 1995년 제대할 때까지 23년 동안 놀랍게도 나비에 대한 40편의 논문을 발표하였다. 제대하자 아들이 대학에 가는 것을 보기 원하는 어머니의 소원을 이루어 주고자 47살의 나이로 1996년, 켄트 대학에 들어갔다. 그가 군대 기간 동안 40편의 논문을 쓴 것을 안 교수들은 회의를 하여 대학교를 1년 다닌 뒤 대학원에 들어가는 것을 허락하였다. 1999년에 석사학위를 받은 그는 새로운 종의 나비를 찾기 위해 포충채와 가방만을 들고 오늘도 남들이 가기 어려운 오지를 찾아다니고 있다.

존은 2001년 5월, 솔로몬 군도를 다시 방문하였다. 그는 학자풍의 사람이 아니라 군인풍의 사람이다. 유머도 너무 풍부해 존과 함께 이야기하다 보면 함박웃음을 터트리는 시간이 이야기하는 시간보다 많다. "내가 보기엔 당신은 군대에 딱 맞을 체질 같은데 왜 제대했느냐"고 물어보니 대답이 걸작이다. "영국 군대는 위에서 시키는 것만 하면 되기 때문에 그 생활을 오래 하다 보니 머리 쓸 필요가 없어 조금 더 있다가는 뇌의 마지막 남아 있는 세포마저 없어져 버릴 것 같아 그러기 전에 제대해 버렸다"고 한다.

영국 런던 교외에 살고 있는 그는 나에게 영국을 방문하면 자기 집에 들러 꼭 며칠 머물고 가라고 했다. 내가 회사일로 가면 항상 바빠 들를 시간이 없을 것 같다고 하자 미리 도착 일정을 알려주면 내가 편안하게 잠을 잘 자고 갈 수 있도록 자기 집 담장부터 내가 잠잘 방 내부까지 모두 국방색 페인트로 칠해 놓겠다고 했다(그는 내가 군대를 좋아하는 것을 이미 잘 알고 있었던 것이다). 그러나 나는 2002년

10월, 영국을 방문했을 때 시간에 쫓겨 런던 북쪽에 있는 존의 집을 찾아가지 못하고 다음 기회로 넘겼다. 존은 내가 여태까지 만난 서양인들 가운데 가장 의기가 투합되는 사나이이다.

한편 우리나라에도 존처럼 나비에 열정을 갖고 있는 사람이 있다는 사실을 《중앙일보》 2002년 4월 1일자 기사를 읽고 알게 되었다. 메리츠 증권회사 직원인 오해룡(吳海龍) 씨는 본업인 회사일을 하면서 주말마다 나비를 쫓는 생활을 12년 동안이나 계속하고 있으며, 이미 60여 개의 표본 상자를 만들었다고 한다. 나는 그가 중도에 그의 꿈을 포기하지 말고 계속하기를 바란다.

참고로 'Deudorix'는 라틴어로 'Deu(하나님)' + 'dorix(원한다)'의 뜻이다. 그러므로 'Deudorix eagon'은 '하나님께서 이건을 원하신다'라는 좋은 뜻이다.

6. 뉴조지아 섬

비루 항구

1981년 5월 22일, 나는 비루 항구 근처에서 원목을 생산하여 수출하고 있는 카레나 목재 회사를 방문하게 되었다. 이 회사 사장은 호주인 존(John Morris)이었다. 나는 그와 함께 소형 비행기로 호니아라를 출발하여 문다 비행장에 도착하였다. 요즈음 문다 비행장

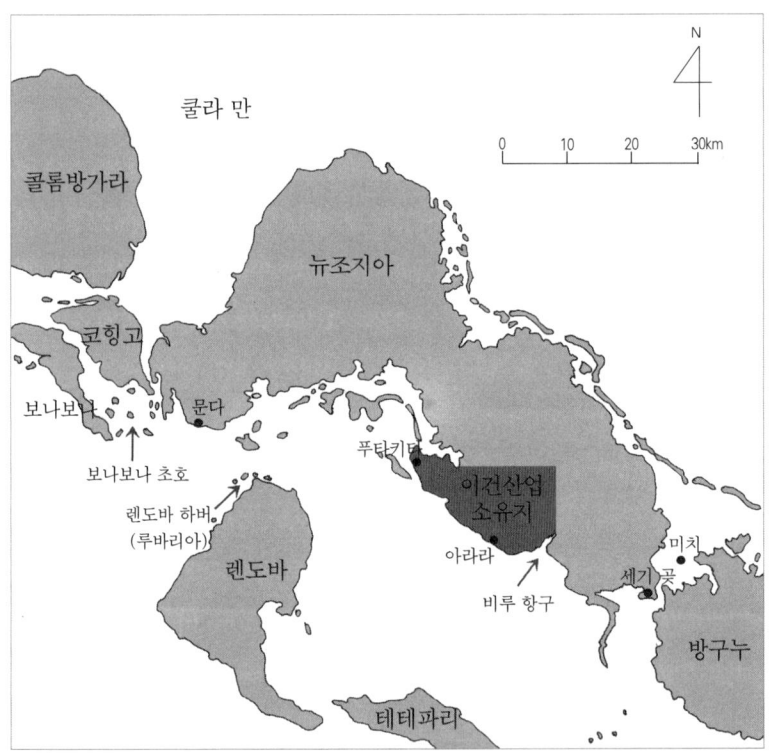

뉴조지아 섬과 그 주변

은 국내선 비행기만 내리지만 당시에는 PNG에서 거의 매일 소형 비행기가 날아왔으므로 미군이 남기고 간 퀸셋 건물은 조그만 막사 안에 이민국, 세관, 검역소 직원들의 책상이 널려 있어 상당히 복잡하였다. 그리고 그때만 해도 PNG와 문다 사이를 오가는 승객이 제법 많아서 문다 비행장은 활기가 있었다.

  우리는 비행장 근처 해안에서 기다리고 있던 카레나 회사의 카누를 타고 잔잔한 라군(Lagoon ; 礁湖) 속을 한 30분 달린 뒤 바다로 나가 오른쪽의 렌도바(Rendova) 섬을 보면서 다시 1시간을 달렸다. 카누가 라군 안에서 밖으로 나가자 라군 안의 잔잔한 수면과는 달리 바깥은 파도가 높이 일었다. 우리가 탄 카누는 나뭇잎처럼 흔들리며 전진하여 아라라 마을 근처 해안에 무사히 이르렀다. 우리는 대기하고 있던 자동차를 타고 비루 항구를 내려다보는 언덕에 지어진 그의 집에 도착하였다.

하늘에서 내려다본 비루 항구

비루 항구 지역은 솔로몬 정부가 넓은 땅을 소유하고 있었다. 1960년 대 말, 당시 필리핀에서 벌목작업을 하던 캐나다인 메어스(Bill Mears) 가 이곳에 들어와 칼레나 회사를 세우고 벌목작업을 하다가 일본의 아다카 목재 회사(종합상사 아다카의 방계회사)에 팔았다. 아다카 목 재는 다나카 총리가 미국 록히드사로부터 전투기 구매할 때 받은 뇌 물사건으로 구속되면서 이에 간접적으로 관련된 종합상사인 아다카 본사가 도산하는 바람에 회사를 존에게 팔았다. 당시 아다카 목재의 솔로몬 원목 생산 책임자였던 존은 싼값에 회사를 인수한 것이다.

1982년, 술 때문에 건강이 좋지 않았던 존은 내가 비루 지역에 있는 자신의 회사를 방문한 뒤 나에게 자기 회사를 사라고 했다. 몇 달 뒤 존은 우리 회사 인천공장을 방문하였으나 매각 건은 결말을 보지 못 하였다. 그러다가 그는 같은 호주인이 경영하는 어스무버(Earth Movers) 회사에 자기 회사를 매각하였고 어스무버사의 짐(Jim Boyer) 사장도 곧 건강이 나빠져 중국계 말레이시아 회사에 이 회사를 팔아 넘기고 몇 년 뒤에 세상을 떠났다.

이 회사들은 그동안 솔로몬 정부가 소유한 일부 지역에서만 작업을 했고 나머지 지역에는 솔로몬 정부 산림청에서 1970년대 초부터 조림 을 해 오고 있었다. 그 뒤 1995년에 솔로몬 정부는 이 지역 전체를 민 간에게 불하할 계획을 세웠고, 이를 우리 회사에 통보하여 주었다. 앞 서 언급한 대로 민간 회사로서 그때나 지금이나 벌목지에 나무를 다 시 심는 회사는 우리밖에 없었으므로 솔로몬 정부는 초이셀 섬에서 모범적으로 하고 있는 우리의 조림사업에 깊은 관심을 갖고 있었던 것이다.

조림사업이 엮어 준 조림사업

우리가 초이셀에서 하는 조림사업에 관심을 갖고 있던 솔로
몬 정부의 솔로몬(Solomon Mamaloni) 총리와 알란(Allan
Kemakeza) 산림부장관, 크리스토퍼(Christopher Abe) 재무부장관은 뉴
조지아 섬에 갖고 있던 정부 소유 토지 2만 6천 헥타르(약 8천만 평)
를 민간 기업에게 불하하려는 계획을 세웠다. 그리고 불하 대상 회사
로 우리 회사를 포함하여 3개 회사(영국과 말레이시아 회사)를 후보
로 선정하고 이들에게 정부의 의도를 통보하였다. 우리와 경쟁자가
된 영국 회사는 우리와는 비교가 안 될 정도의 대형 국영회사로서 아
프리카 지역과 남태평양 지역뿐만 아니라 북미, 남미를 비롯하여 유
럽에서도 대규모 사업을 하고 있었다. 말레이시아 회사 역시 말레이
시아와 인도네시아에서 대규모 사업을 하고 있었으며 말레이시아에
서는 상장 회사 가운데 하나였다.

우리는 사업성을 검토한 결과(물론 본사에서 반대를 하거나 신중
한 의견을 말하는 간부도 있었지만) 일단 참여하기로 하였다. 영국 회
사는 옛 식민지 종주국의 영향을 이용하여 솔로몬 정부에 접근하였고
말레이시아 회사는 높은 금액을 무기로 접근하였다.

당시 크리스토퍼 재무장관도 이 사업의 열쇠를 쥐고 있었다. 그는
호니아라의 경치 좋은 해안가에 있는 식민지 시대 영국 관리의 집을
공관으로 사용하고 있었다. 나는 거의 매일 이른 아침에 그의 집에 찾
아갔다. 보통 7시쯤 들렀는데, 어떤 날은 전날 한잔 하고서 그때까지
도 잠을 자고 있었다. 그러면 아이들이나 부인이 그를 깨웠으며, 우리
는 바닷가 해변에 쓰러져 있는 나무 위에 걸터앉아 이 사업의 장래와
방향에 대해 이야기를 하며 우의를 다졌다. 이러한 접근 방법은 영국

인이나 말레이시아인이 자존심 때문에, 또는 귀찮아서라도 하지 않는 방법이었다. 그리고 가끔 한국 라면도 갖다 주었는데, 그래서인지 아이들은 아침에 내가 나타나 주기를 은근히 기다렸다. 하루는 그의 7살 된 막내아들 삼마가 컵라면 이야기를 하면서 '다니엘, 어디서 당신은 이렇게 맛있는 라면을 구해 오느냐'고 물어 보길래 한국에서 갖고 왔다고 하자 한국 라면이 제일 맛있다고 입맛을 다시기도 했다. 나는 재무부장관만이 아니고 이 사업에 관련된 모든 공무원과 정치인의 집을 매일 같이 이른 아침과 밤에 교대로 방문하였다. 이러면서 정부 토지가 우리에게 올 것 같다는 느낌을 받았다.

하루는 장관이 재무부차관, 국유지 매각 담당자와 함께 호주 브리즈번에서 영국 회사의 호주 현지법인 책임자와 만날 예정이라는 사실을 알게 됐다. 물론 영국 회사에서 요구한 것이다. 나는 오랜 기간 동안 솔로몬 군도에 있으면서 현지인 정치인이나 공무원들이 백인(특히 옛 종주국이었던 영국, 호주, 뉴질랜드인) 말이라면 껌뻑 죽는 경향이 있는 것을 알고 있었으므로 걱정이 되었다. 이제 거의 우리 손에 들어오는 상황에서 엉뚱하게 영국 회사 쪽으로 기울어지면 큰일이다 싶어 나는 같은 비행기로 브리즈번에 갔다. 설령 영국인이 이들을 자기 회사 쪽으로 설득하는 말을 했더라도 즉시 그 행동을 희석시켜 버리기 위해서였다.

우리 네 사람은 아침에 호텔에서 식사를 하였다. 장관은 전날 카지노에 가서 돈을 좀 땄다며 밥값을 냈다. 내가 먼저 호텔 식당을 나오는데 건장하게 생기고 정장을 한 백인 두 명이 나를 보고 국유지 매각 담당자의 이름을 대면서 혹시 그가 아니냐고 한다. 솔로몬에 오래 살아 햇볕에 탄 구릿빛 피부를 갖고 있는 내가 솔로몬 원주민으로 보였던 모양이다. 내가 그렇다고 했으면 재미있는 일이 벌어졌을 것이

1. 뉴조지아 섬의 이건산업 조림지
2. 뉴조지아 섬의 회사 조림지에서 저자. 뒤에 보이
   는 것은 심은 지 1년 되는 유칼립투스 수목들.
3. 뉴조지아 섬의 이건산업 조림지에서 가지 치기
   작업 뒤 현지인 직원들과 함께. 오남택 대리(오
   른쪽 끝), 오항구 대리(왼쪽에서 두번째), 정환
   기 차장(왼쪽에서 세번째)
4. 조림목을 감고 올라가는 잡초를 제거하는 현지
   인 직원

1. 미국인 조류학자 크리스와 캐더린은 뉴조지아 조림지를 여러 번 방문하여 묘목장에서 함께 일하였다.
2. 뉴조지아의 이건산업 묘목장
3. 씨앗 발아 상태를 살펴보는 정환기 차장과 현지인 직원

다. 하여튼 얼마 지나지 않아 결국 솔로몬 정부는 이 대규모 조림지를 우리에게 매각함으로써 우리 회사는 이 조림지(8천만 평)의 새로운 주인이 되었다.

　서울의 여의도 섬이 90만 평이니 우리 회사가 소유하고 있는 지역은 여의도의 약 90배에 달하는 지역이다. 남북한 경제협력의 일환으로 조성되는 개성 공단이 약 2천 만 평인 것을 감안하면 8천만 평이 얼마나 큰 면적인지 짐작할 수 있을 것이다. 참고로 1991년에 착공한

새만금 방조제가 만약 완공된다면 1억 2천만 평(8천 5백만 평은 농지)의 국토가 새로이 조성될 수 있다는 것을 생각하면 재벌회사도 아닌 우리 같은 민간 회사가 외국에 이렇게 큰 토지를 확보한 것은 작은 일이 아니다. 우리 회사는 한국 회사 가운데 해외에 땅과 삼림을 가장 많이 소유하고 있다. 더우기, 원래 이 지역은 과거 솔로몬 정부에서 조림을 하였던 곳인데, 우리가 매입한 뒤에는 훨씬 더 큰 규모(여의도 면적의 2배 이상을 매년 조림하고 있다)로 조림을 하고 있다.

나는 아침에 지프차를 몰고 바닷가 근처에 있는 아라라 캠프를 출발해서 주요 임도를 따라 조림 작업하는 것을 둘러보곤 했는데, 돌아올 때는 태양이 벌써 서쪽 수평선으로 기울고 있었다. 그럴 때마다 허기지고 고단했지만 하루 종일 달려도 다 못 돌아 보는 그 넓은 조림지가 우리 회사의 것이라고 생각하면 가슴이 뿌듯했다.

목재자원이 빈약한 우리 나라는 매년 필요로 하는 목재량의 6퍼센트 정도만 국내에서 나오는 목재로 충당하고 나머지 90퍼센트 이상은 귀한 외화를 써 가며 외국에서 수입하고 있는 것이 현실이다. 그러므로 목재 회사인 우리는 남들보다 훨씬 먼저 이들 지역에 진출하여 한국에 있는 우리 회사 공장에서 필요로 하는 나무는 우리 땅에서 우리 손으로 키워서 쓰자는 방침 아래 이런 사업을 벌린 것이다. 비가 많이 오고 햇빛이 강한 열대지방에서는 온대에 속한 우리 나라보다 나무의 성장 속도가 몇 배나 빠르다. 특히 현재 우리가 심는 목재 수종 가운데 주 수종인 유칼립투스는 성장량이 다른 열대 수종보다도 몇 배나 빨라 앞으로 그 생산량은 우리 회사가 필요로 하는 양보다 훨씬 많은 양이 남아 돌게 될 것으로 보고 이를 외국에 수출할 계획을 갖고 있다(이미 일본, 베트남 등지에 수출하고 있다). 한마디로 말하사

뉴조지아 섬의 이건산업 아라라(Arara) 캠프 속에 살고 있는 현지인 가족. 열대과일 포포와 바나나는 캠프 어디에도 이렇게 열려 있다

면 이 지역은 우리 회사 소유로서 어떤 면으로 보면 우리 대한민국 국토가 크게 늘어난 것이다.

이 비루 지역에는 현재 우리 회사의 한국인, 필리핀인, 현지인 직원과 그 가족 약 5백 명이 나무를 심고 가꾸어서, 큰 것은 베어내어 가공하여 여러 나라에 수출하는 일을 하고 있다. 이들을 위해 회사는 비루 지역 안에 있는 아라라(Arara) 마을에 캠프를 만들었다. 이 캠프 안에는 학교 · 병원 · 운동장 · 교회 · 파출소 · 손님 숙소 등이 세워져 있다.

1995년 당시 우리 회사 인천본사에는 최연자라는 여직원이 있었다. 조림지 구입 건을 상담하고 양해각서를 작성할 때 나는 그 내용을 영어로 만들어 최 양에게 타이핑하라고 주었다. 그런데 타이핑을 하던 최 양은 서울 시내에 있던 나에게 전화를 걸어 내가 일부러 쓰지 않은 문구를 상기시켜 주었다. 순간 나는 최 양의 의견을 받아들여 그 문구를 넣도록 하여 양해각서 내용을 더욱 구속력 있게 만들었다. 양측이 양해각서에 서명하고 난 뒤에도 얼마 동안 나는 괜히 그 문구를 넣었다고 후회하였다. 그러나 서너 달이 지나간 뒤 그때 그 문구를 넣기를 정말 잘했다는 것을 알게 되었다.

마(魔)의 280km

현재 우리가 대규모로 조림사업을 하고 있는 뉴조지아 섬의 남쪽 부분은 태평양전쟁 당시 일본군이 마(魔)의 150리(浬)라고 부르던 지역이다. 이 지역은 과달카날 섬의 헨더슨 비행장으로부터 280km(일본의 1리는 1.852km) 정도 떨어져 있다. 마의 150리라는 말은 당시 헨더슨 비행장에서 완전무장을 하고 출격하던 미군 전투기 F4F 와일드캣의 유효 행동반경이 280km인 데서 나온 것이다. 당시 솔로몬 군도 방면의 일본군 최전선 보급기지는 쇼틀랜드 섬에 있었다. 그러므로 일본군 수송선과 구축함은 6개의 항로로 쇼틀랜드로부터 과달카날에 보급품을 수송하였다. 솔로몬 군도는 섬이 많으므로 섬 사이를 지나는 일본군 함선은 곧 주요 섬에 배치되어 있는 연합군 감시대에 탐지되었고 연안 감시대원은 이를 즉시 헨더슨 기지에 보고하였다. 그러면 대기하던 미군기가 발진하여 일본군 함선을 공격, 침몰시키거나 파괴하였으므로 일본군의 피해는 나날이 심각하게 커졌다.

미군은 병력과 보급품을 잔뜩 싣고 과달카날로 향해오는 일본군 수송선단(특히 고속의 구축함)을 '도쿄급행'이라고 불렀다. 반면 미군기의 공격으로 수송 도중에 많은 피해를 보고 있던 일본군은 자기들 스스로를 비하하여 이 수송 방법을 '쥐수송'이라고 불렀다. 뉴조지아 섬은 과달카날과 쇼틀랜드 섬 사이 중간 지역에 있었으므로 일본군은

1. 아름다운 뉴조지
   아 섬을 감싸고
   있는 초호
2. 추락한 F4F 와일드
   캣 전투기의 잔해
   (과달카날)

이 중앙 항로를 많이 이용하였고 따라서 많은 함선이 뉴조지아 부근 해역에서 침몰되었다. 큰 섬들인 초이셀, 산타이사벨, 말라이타와 주위의 작은 섬들이 한 줄로 늘어서 있고 이 줄과 평행하게 뉴조지아, 과달카날, 그리고 작은 섬들이 나란히 솟아 있는데 이 두 줄 가운데의 항로를 일본군은 '중앙항로'라고 불렀다. 한편, 미국 해군은 이 지역을 슬롯(Slot)이라는 별명을 지어 불렀다. 지금은 거의 모두 전자화하였지만 오래 전에는 오락장에 가서 볼 수 있던 슬롯머신의 손잡이를 당겼다 놓으면 구슬이 튕겨 올라가서는 내려온다. 게임기 안의 공간을 위에서 아래로 여러 가지 모양으로 만든 칸막이들 사이를 지나 구슬이 내려오는 것을 보고 솔로몬 군도의 해역을 생각해 보면 왜 미군이 이곳을 슬롯이라고 불렀는지 이해할 수 있을 것이다.

2002년도에 저자는 미국 라스베가스에서 열린 국제건축자재전시회를 관람하였는데, 그때 시내 곳곳에 슬롯머신이 수없이 많이 있는 것을 보고 놀란 적이 있다. 또 우리나라의 인천시와 부평시가 붙어 있는 것처럼 라스베가스와 바로 붙어 있는 헨더슨 시에 있는 비행장이 헨더슨 공항으로 이름 붙여져 있는 것을 보고 다시 한번 놀랐다. 라스베가스에는 여행객들이 이용하는 맥카란(McCarran) 국제공항이 있지만 헨더슨 공항에서는 화물기와 개인 소유의 소형비행기들이 뜨고 내린다고 한다.

미군 전투기의 행동반경을 알고 있는 일본군 함선들은 이 280 km 지역에 들어오면 특별 경계령을 내리고 최고속으로 항해를 하여 가능한 한 미군기의 공격을 피하려 하였다. 일본군은 구축함과 대형 수송선 외에도 배의 앞문이 열리는 소형 수송선을 이용하기도 하였다. 속력이 느린 이 배는 소규모 병력과 보급품을 싣고 배 위를 잎사귀가 많은 나뭇가지로 덮어 위장을 하고 운행하였다. 뉴조지아 섬 근처 해안은 많은 나무로 덮였으므로 밤에는 운항하다가 낮에는 나무가 많이 있는 섬 해안에 붙어 있어서 미군 정찰기는 이들 선박을 제대로 발견할 수 없었다. 미군 정찰기를 피해 야간에 은밀하게 운행하는 이런 소형 선박을 공격하려고 미군은 어뢰정 편대를 사용하였다.

그때 활약했던 어뢰정 가운데에는 앞서 이야기한 케네디 중위가 정장으로 활약했던 PT 109호도 있었다. 케네디 중위의 어뢰정 기지는 뉴조지아 섬 옆 렌도바 섬의 북쪽에 있다. 이 지역은 수심은 깊으나 조그만 섬들이 많아 어뢰정 같은 조그만 배가 숨어 있기에는 안성맞춤이다. 그러므로 이 조그만 섬 가운데 하나인 루바리아 섬에 케네디 중위의 어뢰정 기지가 있었다. 말이 기지이지 조그만 어뢰정 10여 척 정도가 정박할 수 있는 섬들이 있는 곳이다. 주위에 비슷한 크기의 작은 섬들이 많으므로 이 근처에 살지 않는 사람은 루바리아 섬을 찾기가 쉽지 않다.

루바리아 섬에는 당시 케네디 중위가 마시던 우물이 몇 년 전까지도 잘 유지되어 있었으나 2001년에 다시 섬을 방문해 보니 우물 옆의 흙이 많이 내려앉아 얼마 지나면 우물의 형태가 없어질 것처럼 보였다. 이 섬에 살고 있는 몇 가구 안 되는 주민들은 케네디 중위를 기념하고자 몇 년 전에 케네디박물관을 지어 놓았다. 관목의 잎과 나무로 엮어진 이 작은 박물관 속에는 케네디 대통령의 사진, 당시 사용하던 기관총 등이 전시되어 있었다. 그러나 찾아오는 방문객이 거의 없어 최근에는 안타깝게도 전시물도 모두 없어져 버리고 건물도 많이 손상되어 몇 년 지나면 없어질 것 같았다. 아무튼 과달카날에 보급품과 병력을 내려 놓은 일본군 함선은 전속력으로 다시 쇼틀랜드로 돌아가면서 뉴조지아 남부, 마의 280km 해역에 다다르면 약간 숨을 돌릴 수 있었다.

현재 우리가 조림 작업을 하고 있는 비루 항구 근처 바닷가 절벽 위에 몇 년 전에 손님 숙소를 지어 놓았다. 숙소에는 각각 화장실이 딸린 방이 두 개 있는데 방하나 크기가 15평이 넘고 화장실의 크기도 5평이나 되는 쾌적한 분위기이다. 거래처의 외국인 방문객도 많으므로 거실과 방에는 매달 발행되는 대한항공 기내잡지 중간에 있는 우리나라 풍속화를 사용하여 만든 액자들을 붙여 놓았더니 머무는 외국인들이 이 그림들을 아주 좋아한다. 거실에서 앞을 내려다보면 탁 터진 바

폐허가 된 케네디 박물관(2001년)

케네디 박물관 내부. 과거에는 기관총, 케네디 사진 등 전시물이 있었으나 오늘날은 아무것도 없고 어뢰정에서 떼어낸 부품(?)으로 물을 끓이는 현지인 부엌 시설만이 있다.

절벽 위에 있는 손님 숙소

다에서 불어오는 시원한 바람이 가슴을 넓게 해 준다. 나는 우리 회사의 뉴조지아 조림지를 방문할 때는 이 숙소에 머무는데 거실에 앉아 양쪽에 펼쳐진 바다를 바라보면서 바로 앞의 280km 해상에서 60년 전에 일어난 전투를 혼자서 상상하다가 현실로 돌아오곤 한다.

호니아라 밤하늘의 한국 해군가

1999년 11월 30일 이른 아침, 해군사관학교 졸업반 생도들을 태운 해군 순항 훈련함대가 호니아라에 입항하였다. 한국 함대로서는 1993년 첫 번째에 이어 두 번째 방문이었다. 이날따라 당장 비가 내리려는 듯이 검은 구름이 낮게 호니아라 앞바다를 덮고 있었으나 비는 내리지 않았다. 호니아라에는 미국 · 영국 · 호주 · 뉴질랜드 · 대만의 군함들이 가끔 친선방문을 하지만 보통 한 척씩 들린다. 그런데 우리 해군군함이 세 척이나 일정한 간격을 유지하면서 잔잔한 호니아라 앞바다인 쇠바닥 해협에 나타나자 많은 원주민들이 이 당당하고 멋있는 모습을 보려고 부둣가에 몰려들었다. 잠시 뒤 보급함인 화천함을 기함으로 하여 전투함인 경북함과 제주함이 차례로 부두에 접안하였다.

우리 회사 한국인 직원들과 얼마 안 되는 교민들은 부두에서 원주민들과 함께 양국 국기를 흔들면서 이들을 반갑게 맞아 주었다. 이들을 맞아 솔로몬의 대나무 무용단이 부둣가에서 공연을 하는 동안 화천함에서는 군악대가 '돌아와요 부산항에'를 군가 식으로 편곡하여 신나게 연주하였다. 이 모습에 원주민들은 모두 열광하였다. 노래도 멋있거니와 그때까지 어떤 다른 나라의 군함에서도 호니아라 항구에

1. 울루팔루 솔로몬 수상에게 거북선 모형을 증정
   하는 조학제 제독
2. 솔로문 군도를 방문하기 위해 호니아라 항구에
   입항하고 있는 우리나라 해군 순항훈련함대를
   환영하고 있는 솔로몬 군도의 민속무용단
3. 기함 화천호 함상에서 환영사를 하는 저자

4. 한국 함대의 솔로몬 방문을 환영하는 이건산업 직원들과 교민들. 천지호 함상에서 환영깃발을 잡고 있는
   이형문 계장과 진연상 계장(1993년)
5. 화천호 함상에서 열린 함상 만찬에서. 왼쪽부터 김정식 대령(경북 함장), 임진혁 대령(생도 실습대장), 알
   파 기마타 의원, 조학제 제독, 울루팔무 수상, 저자, 박명준 대령(제주 함장), 심덕보 대령(화천 함상)

입항하면서 노래를 연주하는 군악대를 본 적이 없었던 것이다. 이들의 방문을 환영하는 첫날 저녁 식사는 우리 회사에서 맡았다. 우리는 함대의 지휘관, 참모들과 교민 모두를 시내에 있는 중국 식당에 초대하였다. 식사를 하며 여흥의 시간을 갖는 동안 우리는 모두 하나가 되었다. 식당 문 닫을 시간이 되어 식탁에서 일어나기 전에 내가 해군가 합창으로 이날의 파티를 끝내자고 제안하자 우리 모두는 식당 벽이 무너져라 있는 목소리를 다 내어 해군가를 불렀다.

  우리는 해군이다 바다의 방패
  죽어도 또 죽어도 겨레와 나라
  바다를 지켜야만 강토가 있고
  강토가 있는 곳에 조국이 있다
  우리는 해군이다 바다가 고향
  가슴속 끓는 피를 고이 바치자

호니아라에 며칠 머무는 동안 함대 사령관인 조학제 제독을 비롯한 장병들은 외교관의 역할을 단단히 하였다. 호니아라 운동장에서 열린 태권도 시범행사에는 부슬비가 내리는데도 현지인들이 들어차 장병들의 동작이 끝날 때마다 열렬하게 환호하였다. 다음 날 밤에 벌어진 함상 파티에는 솔로몬 군도의 총리, 대법원장, 장관, 외교사절들이 모두 참석하여 화천함의 취사반에서 준비한 우리의 전통적인 음식을 들고 노래와 춤을 추면서 즐거운 시간을 가졌다. 장병들 가운데에는 노래 솜씨가 좋은 젊은이들이 많았으며 영어 노래도 불러 외국 대사관 직원들을 포함한 많은 외국인들을 즐겁게 해 주었다. 또 우리 회사 직원 신중현 사원(외대 스페인어과 졸업)은 베사메무초를 끝 내주게 불러 유럽연합 대표로 이 자리에 참석한 어여쁜 스페인 아가씨의 마음을 뒤숭숭하게 만들기도 했다. 이날 밤에 나는 결혼한 지 21년 만에 처음으로 아내의 노래 솜씨를 발견하였다.

순항훈련 함대가 떠나는 날 아침은 함대가 오던 날과는 아주 대조적으로 열대의 전형적인 맑고 화창한 날씨였다. 부둣가에 서서 손을 흔드는 우리나 흰 제복을 입고 군함의 갑판과 함교에 일렬로 서서 손을 흔들고 있는 장병들이나 잠깐 동안의 만남이었지만 정이 들어 모두 섭섭한 마음으로 석별의 정을 나누었다. 제주함과 경북함이 순서대로 이미 항구를 빠져나가고 화천함의 스쿠류가 흰 거품을 일으키며 거대한 함체를 움직이는 동안 뒷 갑판에서는 군악대가 아리랑 행진곡을 힘차게 연주하였다. 부두에 선 우리는 화천함의 뒷 모습이 쇠바닥 해협에서 완전히 사라질 때까지 계속 손을 흔들었다.

별종 공무원

1984년 4월 중순, 우리나라 산림청 직원 두 명이 초이셀 섬을 방문하였다. 하영재 계장과 윤경덕 주임은 먼 곳 솔로몬까지 와서 우리 회사의 솔로몬 임지 현장을 살펴보고 사업의 타당성을 나름대로 평가하였다. 당시 이들은 타로 섬에 와 우체국장 에디 집에 머무르면서 카누를 타고 초이셀 섬의 북부 지역을 돌아보기도 하고 해안 정글에 들어가기도 하였으며 소형 비행기를 타고 우리가 추진하던 임지 위를 날면서 항공조사를 하기도 했다. 또 한국인이 일상 먹는 반찬도 제대로 마련하지 못해 밥과 구운 생선만 가지고 몇끼 식사를 함께 하고, 모기가 자유로이 드나드는 비좁은 현지인 방에서 돗자리를 바닥에 깔고 함께 잤다. 이것이 인연이 되어서 윤경덕 씨와는 아직까지도 서로 안부를 전하는 사이가 되었다.

　나는 지금도 그때 후회되는 일이 하나 있다. 바람도 불지 않는 적도 바로 밑에 있는 타로 섬에서 산림조사를 마치고 숙소에 돌아온 뒤 수영복으로 갈아입고 우리는 바닷가에 나가 시원한 물속에 몸을 담갔다. 그때 나는 이들에게 오리발과 스쿠버 다이빙용 물안경을 사용하라고 빌려준 뒤 이들이 솔로몬을 떠나기 전날, 이들에게서 물안경과 오리발을 인심 사납게도 회수하였다. 물론 그 당시 우리 회사 사업을 평가하고 상부에 보고하러 먼 길을 온 이들에게 나는 여행에 보태 쓰라고 단 1달러도 주지 않았다. 그래서 비싼 물건도 아니었는데 그냥 솔로몬 군도 방문 기념으로 줄 것을 괜히 도로 달라고 하였다는 생각이 아직까지도 내 마음속에 남아 있다. 개인이나 조직의 이익을 위해 공무원에게 뇌물도 주고 있는 현실에 나는 반감을 갖고 있었으므로 설사 먼 길을 온 사람들일지라도 어디까지나 친절하면서도 당당하게 대해야겠다는 생각을 갖고 있었다. 그러나 세월이 지나면서 그때 내가 너무 지나쳤다는 생각이 요새도 가끔 든다. 물론 뇌물을 주지 않고서도 좀더 따뜻하고 넉넉한 마음으로 대할 수 있었는데 하는 생각에서이다.

　그 일이 있은 지 15년이 지난 1999년, 저자가 본사에 출장 왔다는 소식을 들은 윤경덕 서기관은 어느 날 밤, 저자가 묵고 있는 서울의 한 호텔로 찾아와서는 구운 김 수백 장을 전해주며 솔로몬에 갖고 가서 먹으라고 했다. 15년 전에 내가 너무 야박하게 대한 것을 그는 아주 신선하게 생각했던 모양이다. 나는 이 김을 소중히 솔로몬 군도로 갖고 와서 우리 회사 직원들에게 오래 전의 이야기를 해주며 오랫동안 아껴가며 함께 먹었다. 윤경덕 서기관은 현재 독립가협회 전무로

서 우리나라 삼림 발전을 위해 일하고 있으며 하영재 계장은 남해 군수로 봉직하고 있다.

1996년 12월, 한국 산림청에서 우리 회사의 솔로몬 군도 조림사업을 살펴보기 위해 젊은 직원 한 명을 파견하였다. 유정기 주사는 초이셀 섬과 뉴조지아 섬에서 우리가 대규모로 조림하고 있는 현장을 살펴본 뒤 호니아라를 떠나 귀국하였다. 그는 헨더슨 비행장에서 나에게 산속에서 현지인들을 인솔하여 나무를 심고 가꾸고 있는 한국인 직원들을 보고 깊은 감동을 받았다면서 그들을 위해 반찬값으로 사용하라며 미화 1백 달러를 내 손에 쥐어 주었다. 물론 나는 거절하였다. 그러나 그의 간청이 너무 강해 계속해서 받지 않으면 오히려 그의 호의를 무시하는 것이 될 것 같아 결국 나는 그 돈을 받았고 회사에 돌아와서 직원들에게 이 일을 말해주었다.

우리는 보통 일반인들이 공무원에게 접대성 돈을 준다는 것만 듣고 있었다. 그래서인지 우리 직원들은 모두 이 이야기를 듣고 놀라워했다. 유정기 주사는 아마 그가 받아온 출장수당에서 일부를 떼어 우리에게 준 것 같았다. 나는 솔로몬을 포함해 남태평양에서 20년을 생활하면서 여러 가지로 희한한 일을 많이 보아 왔으나 이런 별종 한국인 공무원들을 보게 된 멋진 기회도 얻었다.

여기 솔로몬과는 직접 관계가 없지만 특이한 공무원인 신순우 전 산림청장(2001년 말 공직에서 은퇴) 한 분을 소개하고자 한다. 나는 2001년 2월, 호주 캔버라에서 처음 그를 만났다. 한국과 호주 양국 산림청장회의를 위해 신 청장은 직원들과 함께 서울에서 오고 나는 솔로몬에서 캔버라에 도착하였다. 양국에서 임업에 관련된 회사 임직원도 옵서버로 참석할 것을 요구하였으므로 나도 그 회의에 참석했던 것이다. 신 청장을 처음 본 것은 호텔 로비에서였다. 그는 어릴 때 교통사고로 한쪽 다리를 잃고 의족을 사용해야 하는 불편한 몸임에도 표정이 아주 밝았다. 고위 공직자이면서도 겸손한 생활이 몸에 배어 부하직원들과 함께 처음 인사할 때 나는 그가 산림청장인 줄 한눈에 알아볼 수가 없었다. 나를 보자 먼저 반갑게 웃으며 악수를 청하기에 나는 그가 청장을 수행해 온 국장인 줄 알고 어느 분이 청장님이냐고 물어 보니 자신이

호주 캔버라의 호주군 한국 참전 기념비 앞에서 오른쪽부터 권교택(한솔케미언스 대표이사), 저자, 신순우 청장

라고 한다. 어떻게 보면 아주 자연스러운 모습이지만, 권위를 내세우는 대부분의 우리나라 고위 공무원들과 그는 확실하게 달랐다.

2002년 3월 23일, 토요일 오후 늦게 오래간만에 시간을 내어 교보문고에 가서 신간을 찾아 보았다. 우연히 《가이드포스트》 4월호에 눈길이 가서 그 잡지를 펼쳐 보다가 그에 대해 나온 기사를 읽었다. '아! 원래 이런 사람이었구나! 지난해 캔버라에서 만났을 때 내가 처음 받은 인상과 이분이 살아온 인생이 같은 냄새를 풍기는구나!' 하는 감동이 다시 일어났다.

뉴인천의 꿈

뉴조지아 섬에 있는 솔로몬 정부의 임지를 구입한 뒤 새로운 선적시설이 필요하였다. 그때까지 여러 회사들은 비루 항구에서 원목을 선적하였다. 비루 항구는 천연의 좋은 항구이나 적당한 부두가 없어 선적 작업은 견인선과 바지선을 여러 척 사용하지 않으면 안 되었다. 그래서 영구적으로 사용할 수 있는 부두를 설치할 만한 위치를 찾다가 벨로벨로 섬이 앞의 파도를 막아주고 있는 뉴조지아 섬 서부 해안 지역으로 정하였다.

이 해안은 깎아지른 듯한 바위 절벽이어서 절벽 중간 지역에 도저히 부두를 만들 수 없을 것 같아 보였으나 현장에 가서 조사를 해보니 절벽으로 불도저 한 대가 내려갈 수 있는 공간이 있었고 절벽 중간에는 폭 30m 정도 되는 공간이 있었다. 그래서 대형 불도저를 내려보내 절벽을 깎아 근처를 평평하게 골라 길이 3백m 정도의 공간을 확보하여 3만 톤급 선박이 접안할 수 있는 천연 부두를 만들었다. 그리고 절벽 위쪽에는 대형 야적장을 설치하고 그 주변에는 제재소 건물 두 개와 한국인, 현지인 직원 숙소도 만들었다. 앞으로 이곳은 더욱 발전될 것이다. 새로운 항구가 만들어지고 이 지역이 개발됨에 따라 이 곳에 적당한 이름을 붙이려고 구상하다가 우리 회사 본사가 있는 인천을 생각하여 '뉴인천'이라고 지었다.

우리가 이 지역의 주인이 되고 나서 처음 수출되는 물건에 대한 선적서류에 목적지는 한국의 '인천', 선적지는 솔로몬 군도의 '뉴인천'이라는 단어가 표시될 것을 생각하니 약간 흥분되기도 하였다. 이 이름과 배경이 솔로몬 항만청을 비롯한 관공서와 주변에 알려지자 모두들 좋다고 했다. 물론 본사에도 연락하였다. 그런데 조그만 문제가 생겼다. 그것은 다름 아닌 박 회장이었다. 그는 '뉴인천'이라는 이름에서 과거 제국주의 시대에 강대국들이 약한 나라를 점령하여 식민지를 만든 뒤 자기 나라 지역이름을 그대로 또는 약간 변형해서 갖다 붙인 냄새가 난다며 반대하였다.

나는 다시 적당한 이름을 생각한 끝에 '푸타기타(Putagita)'라는 이름으로 뉴인천을 교체하였다. 이 단어는 뉴조지아 섬의 현지어로서 '꿈'이라는 뜻이다. 환경기업으로서 세계에서 가장 성공적인 조림사업을 이루어 보자는 우리 회사의 꿈과 결의를 이 단어 속에 포함시켜 보았다. 처음에는 발음이 부드럽지 못하고 어색하게 들리던 이 말이 이제 우리에게는 아주 익숙하게 되었다. 그리고 뉴조지아의 섬 사람들은 오히려 우리보다도 이 말을 더 자랑스럽게 사용하고 있다. 나는 언젠가 푸타기타의 꿈이 현실로 이루어 지기를 고대하면서 오늘도 나에게 주어진 회사일을 하고 있다.

하늘에서 본 **푸타기타**. 아래에 보이는 벨로벨로 섬을 건너 해안을 깎은 조그만 부분이 푸타기타이다.

1. 푸타기타 부두 공사 중인
   직원들과 함께. 왼쪽부터
   정승락 계장, 이진봉 과장,
   저자, 오항구 대리. 사진
   왼편에 벨로벨로 섬이 보
   인다.

2. 푸타기타 절벽을 깎아 부두를 만드는 작업을 하고 있다. 앞에 보이는 선박은 이건산업
   이 구입한 미국해군 중고 상륙선. 배 안에 세레스 1톤 차의 뒷모습이 보인다.
3. 푸타기타 부두가 완성되어 6천 톤 선박이 처음으로 정박하였다.

정글 속에 뚫은 길에서 10km를 달리는 마라톤을 끝내고 현지인들과 함께. 오른쪽부터 이용주 주임 (중장비 책임자), 장문영 부회장, 저자

뉴조지아 섬에서 열린 제1회 이건 마라톤 대회를 마치고 현지직원 및 그 가족들과 함께 (2001년)

환경보호 벌목방법

미국 워싱턴 소재 세계자원연구소의 2002년도 보고서는 전 세계 원시림이 급속하게 줄어들고 있는 것을 보여주고 있다. 지난 2년 동안 원시림이 가장 많이 훼손된 지역은 러시아의 남부와 유럽 접경 지대로서 이 가운데 유럽 접경 지역은 원시림의 9퍼센트만이 자연 그대로의 모습을 간직하고 있다. 그리고 시베리아 평원을 동서로 가로지르며 거대하게 펼쳐져 있던 러시아의 타이가(Taiga) 침엽수 산림 지대는 겨우 26퍼센트만이 남아 있게 되었다. 아프리카, 아마존

유역, 동남아시아도 경작지 개간을 위한 벌목, 화목 채취, 조림이 따르지 않는 무절제한 벌목 등으로 비슷한 상황에 있는 것이 오늘의 현실이다.

오늘날 산림자원 국가로 떠오르고 있는 뉴질랜드의 경우는 이와 반대이다. 뉴질랜드는 1930년대부터 국토 전역에 걸쳐 대규모 조림을 계속해 온 결과 현재 전 세계에 많은 목재를 공급하고 있는 나라가 되었다. 또 뉴질랜드에서는 벌목할 때 토양이 훼손되는 것을 막기 위해 불도저를 사용하지 않고 나무를 줄에 매달아 반출하는 케이블 로깅(Cable Logging) 방법을 사용하고 있다. 이 방법을 쓰면 벌목된 원목을 공중에 설치한 줄에 매달아 운반하므로 표토(表土)가 파괴되는 것을 방지할 수 있다. 또 무거운 불도저의 트랙은 나무가 자라는 데 필요한 많은 영양분을 갖고 있는 지표면을 파괴하게 되나 케이블 로깅은 불도저를 사용하지 않으므로 이런 피해도 방지할 수 있다.

나는 이러한 방법이 있다는 것을 대학교에서 배운 적이 있으나 뉴질랜드를 방문했을 때 이 방법이 사용되는 것을 처음 보고 강한 인상을 받았다. 그래서 이 장비를 구입하려고 미국과 호주, 유럽에 문의했으나 장비 가격이 불도저에 견주어 너무 비싸 쉽게 결정할 수 없었다. 그러다가 뉴질랜드 남섬 북쪽에 있는 넬슨(Nelson)이라는 작은 도시에도 이 장비를 만드는 회사가 있다는 이야기를 듣고 곧바로 연락하여 장비와 가격 관련 자료를 받은 뒤 직원 2명을 데리고 현지를 방문하였다. 우리는 이 회사에서 뜻밖에 아주 저렴한 가격으로 장비를 살 수 있었으며 운용하는 방법도 직접 산속에 들어가 배웠다. 눈썰미와 손재주가 좋아 한번 보면 똑같이 만드는 중장비 정비 책임자인 이진봉 과장과 앞으로 솔로몬에서 케이블 로깅 방법을 사용할 안동환 대리는 산속에서 직접 뉴질랜드 사람들과 한 주일 동안 함께 일하며

뉴조지아 섬의 캐이블 로깅 방법. 나무가 공중에 매달려 표토 훼손을 막는다.

뉴조지아 섬에서 캐이블 로깅. 대우 자동차에서 만든 덤프트럭에 캐이블 기둥을 설치하였다.

뉴조지아 섬에서 우리가 만들고 있는 유칼립투스 조림지

장비 사용법을 익혔다. 나도 이들을 격려하고 독려하고자 함께 장비의 조종간을 붙잡고 사용법을 배웠다.

1999년 초, 장비가 뉴조지아에 도착하자마자 이 과장은 장비를 분해한 뒤 정비소에서 똑같은 장비를 한 달 만에 만들어 현장에 투입하였다. 뉴질랜드 회사에서 알았다면 놀라자빠질 일이었다. 우리는 이 장비를 몇 년 전에 한국에서 가져와 사용하고 있던 덤프트럭(대우자동차 제조) 화물칸을 떼어낸 자리에 설치한 뒤 필요한 곳으로 이동하며 작업을 하였다. 이렇게 해서 우리는 큰 돈을 절감하는 한편 우리 실정에 맞는 장비를 직접 만들어 쓰기 시작하였다.

마로보 라군

뉴조지아 남부에는 수 없이 많은 작은 섬들이 두 줄로 나란히 섬 남쪽을 감싸고 있는 초호 안에 자리잡고 있다. 이 두 줄로 된 산호초(Double Barrier)는 세계에서 가장 길다. 초호 안 잔잔한 바다 위에는 각가지 모양으로 생긴 작은 섬들이 저마다 원시림을 가득히 안고 있다. 서부 태평양에 있는 팔라우 공화국에도 양쪽이 산호초 방벽 안에 감싸인 거대한 초호 안에 바위섬 제도라고 불리는 조그만 섬들이 이렇게 많이 있다. 그러나 바위섬 제도의 섬들은 이곳 마로보 라군 안에 있는 섬들보다 크기가 작고 섬의 모양은 마치 달걀을 반으로 잘라놓은 형태이다. 그리고 섬이 바위로 되어 있어 멀리서 보면 섬 전체가 원시림으로 덮여 있는 것처럼 보이나 가까이 가 보면 뿌리가 얕고 크기도 작은 관목과 풀만이 바위섬을 덮고 있는 것을 알 수 있다.

그러나 마로보 라군의 섬은 여러 모양으로 생겼으며 모든 섬이 울

하늘에서 본 마로
보 라군

마로보 라군을 감
싸고 있는 두 줄로
된 산호초. 더블
배리어

창한 원시림으로 덮여 있고 그곳에 갈 수 있는 교통편이 팔라우보다
어려우므로 사람의 발길이 닿지 않는 원시 그대로의 모습을 간직하고
있다. 푸타기타 항을 떠나 아웃보드 엔진을 붙인 카누로 1시간을 달
리면 이 아름다운 마로보 초호에 들어가게 된다. 파도 치던 외부 바다
를 지나 일단 초호 안에 들어가면 산호초 방벽을 경계로 그 넓은 바
다가 거울 같이 맑고 잔잔한 바다로 변하는 것을 보고 우선 안도감을
갖게 된다. 그리고 뒤를 돌아보면 카누 아웃보드 엔진이 뒷면 바다에
넓은 부채꼴 물결을 일으키며 가슴을 시원하게 터트려 준다. 앞에는

열대의 강렬한 햇빛이 거울 같이 맑은 수면에 반사되어 바라보는 사람의 눈을 부시게 하는데 그 사이로 주위에는 그림 같은 섬들이 헤일 수 없이 나타난다.

나는 회사일로 이곳을 여러 번 방문하였다. 방문할 때마다 카누를 타고서 거울 같은 바다를 만날 때나, 이곳에 오고가면서 도중에 집채만 한 파도를 만날 때나 '참 아름다와라, 주님의 세계는 저 아침해와 저녁 노을 밤하늘 별들이, 망망한 바다와 늘 푸른 봉우리, 다 주 하나님 영광을 잘 드러내도다' 라는 찬송가가 절로 나온다.

뉴조지아, 벨라라벨라, 초이셀 등 서부 솔로몬은 예로부터 부족들 사이에 싸움이 끊이지 않았다. 부족들은 전쟁카누(War Canoe)를 타고 바다를 건너 서로 다른 섬의 마을을 공격하는 부족전쟁을 수백 년에 걸쳐서 20세기 초까지 해왔다. 길이가 10에서 16m인 전쟁카누에 40명에서 백 명의 장정이 타고 노를 저어 보통 200km~300km 떨어져 있는 다른 섬을 공격하곤 했던 것이다. 이 카누의 앞부분과 뒷부분은 곡선으로 높게 만들고 조개로 만든 장식품을 박아 넣었다. 이들은 상대방의 마을을 불시에 공격하여 남자들은 죽인 뒤 머리를 잘라서 카누에 싣고 여자들은 사로잡아 태우고 와서 노예로 삼기도 하고 데리고 살기도 하였다. 마로보 사람들은 멀리 떨어진 벨라라벨라까지 가서 마을을 공격하였고 벨라라벨라 사람들도 마찬가지로 보복공격을 하곤 하였다.

호니아라에는 호주인이 경영하던 도모코(Tomoko) 식당이 있었는데 몇 년 전에 내란 때문에 문을 닫았다. 나는 이 음식점 이름이 일본 여자 이름처럼 들려서 처음에는 혹시 식당 주인의 부인이 일본 여자라서 부인 이름을 식당에 붙였나 하고 혼자 생각했으나 곧 전쟁카누에서 유래된 것을 알게 되었다.

벨라라벨라 섬의 전사들(1920년)

1920년대, 서부 솔로몬을 탐험하였던 영국인 솔즈베리(Edward Salisbury)와 쿠퍼(Merian Cooper)는 벨라라벨라 섬 사람들이 전쟁카누를 타고 나가서 싸우는 장면을 1924년에 발간한 《바다의 집시》(The Sea Gypsy)라는 책에서 다음과 같이 상세하게 설명하였다.

다른 섬을 기습하기 위해 몸이 건장한 마을 남자들은 나무 끝에 날카로운 뼈를 붙인 창, 돌 또는 단단한 나무로 만든 곤봉, 정글에서 구한 재료로 만든 방패를 손에 들고 해안에 모인다. 이들은 적에게 겁을 주기 위해서 씹으면 붉은 물이 나오는 비틀넛을 씹어 이빨을 붉게 물들였다. 출발 전 추장이 해안 모래 위에 각 그룹을 지휘할 자들을 둥글게 둘러앉혀 놓고 작전회의를 하는 동안 마을 여자들은 남자들이 카누를 타고 먼 항해를 하는 동안 필요한 음식을 만들어 카누에 싣는다.

이제 마을을 떠날 준비가 끝나자 추장은 전사들 앞에서 한바탕 연설을 하여 사기를 북돋우었다.그러자 전사들은 손에든 창을 미친 듯이 아

래 위로 흔들고 괴성을 질러
추장의 연설에 답하였다. 그
리고 모두 자기가 탈 카누로
달려가 모래밭 위에 있던 카
누를 밀어 물에 넣으면서 카
누에 올라타 노를 젓기 시작
했다. 해안에서는 이들을 전
송하기 위해 나온 여자들과
아이들이 물가까지 따라 가
면서 손을 흔들며 작별인사
를 한다.

문다 근처에 있는 해골 무더기와 조개로 만든 돈

카누에 올라탄 전사들은
구령에 맞춰 모두 하나처럼 노를 들어올렸다가 물속에 넣으면서 익숙한
솜씨로 바다를 가로지르며 나아간다. 1분에 50회씩 노를 젓다가 15분에
한번씩 젓는 속도를 높여 카누의 속도를 빨리하다가 다시 정상적인 속
도로 떨어트리는 등 이들은 노를 저으면서 마을에 예로부터 내려오는
전통적인 뱃노래를 부른다. 한편 다른 섬 마을에서는 언제 적이 카누를
타고 기습하러 올지 몰라 마을 주위에 돌로 벽을 만들어 놓고 그 위에
보초를 세워 야간에도 경비를 하였다. 상대방을 기만하는 전쟁의 원칙
은 원시사회에서도 마찬가지다. 공격할 적의 마을이 경비가 심하다는
정보를 사전에 입수한 공격팀은 일부러 공격목표인 마을을 우회하여 다
른 곳으로 가는 것처럼 하다가는 불시에 원래 목표였던 마을을 공격하
여 양측 사이에 격렬한 싸움이 시작된다. 드디어 목표로 했던 마을을 점
령한 공격팀은 이제 죽인 적의 머리를 잘라 카누에 싣고 돌아온다.

이들 카누가 먼 바다에 보이기 시작하면 남편과 아버지를 싸움터에 보내고 마음 졸이고 있던 부인네들과 아이들은 기뻐서 물가에 나와 소리치며 전사들을 맞는다. 카누를 타고 돌아오던 전사들은 자기네 마을이 보이면 노를 들어 천천히 저으며 싸움에서 죽은 동료들을 위해 슬픈 노래를 부르고 나서 다시 카누 대열을 정비한 뒤 승리를 알리기 위해 있는 힘을 다해 마치 카누를 해안에 들이박을 듯이 노를 저어 해안으로 향한다.

해안에 상륙한 전사들은 잘라온 적의 머리를 이미 여인네들이 피워 놓은 모닥불 위에 던져 살을 태운 뒤 남은 해골을 야자열매 잎사귀로 싸서 해안에 일렬로 세워 놓고는 해골 주위를 돌며 춤을 춘다.

그러므로 1920년 당시까지도 마을 근처에서는 해골을 쌓아 놓은 무더기를 쉽게 볼 수 있었다고 한다. 문다 주위에는 아직도 추장과 전사들의 해골을 모아 놓은 곳이 남아서 과거 이 지역에서 일어났던 불행한 머리사냥(Head Hunting)의 역사를 증언하고 있다. 나도 가끔 카누를 타고 마로보 라군을 지날 때면 눈앞에 펼쳐진 평화스러운 모습에 감탄사가 저절로 나오다가도 당시의 끔찍한 머리사냥이 이 바다에서 벌어졌다는 것을 생각하면 머리를 가로 젓게 된다. 이 끔찍한 머리사냥의 풍습은 물론 오늘날에는 더 이상 존재하지 않는다. 그러나 서부 솔로몬에서는 어느 마을에서나 쉽게 볼 수 있는, 적의 머리를 두 손으로 잡고 있는 조각을 통해 옛날의 머리사냥 전통이 전해지고 있다.

이 마로보 라군 안에는 섬 길이가 1km 정도 되는 미치(Michi)라는 조그만 섬이 있다. 이 섬 안에는 언덕도 없고 만조 때는 섬 전체가 바다 위로 1m도 안되게 나오는 현상이어서 얼마 뒤에는 해수면 상승으로 물에 잠길 염려가 있다. 1996년 당시 이 섬에는 백여 명의 주민이 살고 있었는데, 이들은 언젠가 바닷물에 섬이 잠길 것을 염려하여 토

라군 속에 있는 조
그만 섬

지를 소유하고 있는 주위의 큰 섬으로 이주해 가기를 바랐다. 그러나 집과 예배당 터를 닦을 장비를 구할 수 없자 우리에게 불도저로 한 번 땅을 밀어 달라고 부탁하였다. 주민들은 이미 솔로몬 정부에 여러 해에 걸쳐 탄원을 하였지만 재정이 약한 정부에서는 이들의 요구를 들어주지 못했다.

주민대표에게 부탁을 받은 우리는 1996년 6월, 곧 불도저를 바지선에 실어 보냈다. 그러나 불도저가 해안에 내릴 때 그만 바위 지대에 있는 큰 웅덩이에 빠져 버렸다. 그 소식을 듣고 우리는 불도저 2대를 다시 보내 빠진 불도저를 꺼냈으나 하부가 손상을 많이 입었다. 솔로몬에는 부품이 없어 호주와 싱가포르에 주문한 지 3개월 뒤에야 수리를 끝낼 수 있었다. 비루 항구에서 이곳까지 오려면 아웃보드 엔진이 달린 카누를 타고 1시간 동안 거친 파도를 뚫고 라군 안에 들어온 뒤 다시 반 시간을 더 달려야 한다.

결국 우리는 불도저를 고친 뒤 주민들이 이주해서 살 수 있도록 새로운 마을터를 만들어 주었다. 불도저를 고치려고 정승락 계장은 여러 차례 이곳을 다녀갔다. 항상 말없이 맡은 일을 하던 정 계장은 키누를 타고 죽을 고비를 몇 번 넘기고서도 흔한 무용담 한번 자랑하지 않았다. 그러나 많은 원주민이 미래의 새로운 생활 터전을 갖게 된 배경에는 말없이 일해 온 정계장을 비롯한 우리 회사 한국인 동료 직원들의 희생이 깔려 있다는 것을 나는 알고 있다.

7. 우정의
다리를 넘어서

18년 뒤

🌿 1962년, 초등학교 3학년일 때 나는 만화방에서 신동우 화백이
그린 만화책을 많이 읽었다. 그 가운데에는 외계인의 지구 침
공을 물리치는 《지구함대》, 우리나라 세 소년의 모험과 활약상을 그린
《천하무적 삼총사》 등이 있었다. 특히 《천하무적 삼총사》는 세 명의
소년(육돌이, 해돌이, 공돌이)이 남태평양에 가서 원주민들을 위해 일
하면서 벌어지는 희한한 일들을 그린 것으로(물론 신화백은 현지 방
문 없이 상상으로 그렸지만) 나는 초이셀 섬을 다니면서 문득 그 장면
들을 떠올리며 어린 시절로 돌아가 만화 속의 소년이 되곤 하였다. 어
릴 때 읽었던 만화 속 이야기의 일부가 현실이 되어 버린 것이다.

　언젠가 텔레비전에서 본 적이 있는 신 화백을 기회가 되면 직접 만
나 《지구함대》에 나오는 주인공 철호와 《천하무적 삼총사》의 활약을
이야기 하면서 어떻게 그런 발상을 젊은 나이에 했었는지 묻고 싶었
다. 그러나 그가 너무 빨리 세상을 떠나는 바람에 만날 기회를 갖지
못했다. 하지만 2002년 3월, 대신이나마 그의 아들 신찬섭 씨를 만날
수 있어서 다행이었다. 먼저 전화로 통화하면서 내가 앞서 나온 만화
들의 제목뿐만 아니고 주인공들의 이름까지 말하자 그는 매우 놀라워
했으며, 신 화백이 그린 그 만화책들을 집에서 찾아내 나를 만날 때
가지고 와서 나를 감동시켰다.

　1959년 10월, 내 아버지는 이태원 언덕에 조그만 개인집을 빌려 전
도사로 개척교회를 시작하였다. 서울고등학교를 졸업하고 서울대학
교 의과대학에 다니시던 아버지는 대학교 시절 우연한 기회에 예수를

믿게 되었으며, 육체의 병을 고치는 의사가 되는 것보다 인간의 영혼을 고치는 목사가 되겠다고 결심하고 의학을 도중에 포기하고 신학교에 들어가셨다.

아버지는 전도사 생활을 끝내고 소원대로 목사가 되셨고 몇 년 전에 은퇴하신 뒤에도 73살의 나이로 박사과정을 공부하기 시작하여 3년 뒤인 2002년에 미국 대학에서 목회학 박사학위를 받으셨다. 아버지는 요새도 옛날과 변함 없이 성경 공부에 여념이 없으시다.

한국전쟁 당시 통역장교였던 아버지는, 교회를 개척하시면서 당시 미8군 공병단에 근무하던 코스키(William N. Koski) 중령을 우연한 기회에 알게 되었다. 장로교 장로인 코스키 중령은 용산에 있는 미8군에서 군인들끼리 모여서 성경 공부하는 모임의 회장이었다. 그는 내 아버지의 이야기를 듣고서 회원들과 함께 모금하여(모금액 대부분을 코스키 중령이 냄) 이태원 언덕에 3백만 원으로 453평의 토지를 구입해 예배당을 짓도록 도와주었다. 공병 장교였던 그는 다음 해인 1960년 여름에 불도저를 보내 교회 터를 닦아 퀸셋을 세워주었다. 당시 복숭아밭뿐이던 이태원 언덕에 불도저 한 대가 대형 트레일러에서 내려지더니 순식간에 언덕을 밀어 내렸으며, 여러 명의 미군 공병대원들이 잠깐 동안에 퀸셋을 세워주었다. 이렇게 해서 퀸셋 예배당이 탄생하였다. 그때 불도저를 구경하려고 몰려든 동네 사람들 속에서, 초등학교 1학년이던 나는 처음 본 불도저가 일하는 속도에 놀란 적이 있다.

우리가 '고' 장로라고 한국식으로 부르던 코스키 중령은 그 뒤에도 우리 교회를 여러모로 도와주었다. 그는 한국에서 임기가 끝나 1961년 여름에 미국으로 돌아갔다. 중령이 가족과 함께 한국을 떠날 때 우리 가족과 교인들은 모두 김포 비행장에 나가 이세는 다시 못 볼 것

포로포로 마을 예배
당에 모인 교인들

으로 생각하고 눈물을 흘리면서 '우리 다시 만나 볼 동안 하나님이
함께 계서……' 찬송가를 부르며 이별을 슬퍼하였다.

> 우리 다시 만나 볼 동안 하나님이 함께 계서
> 훈계로써 인도하며 도와 주시기를 바라네
> 다시 만날 때, 다시 만날 때 예수 앞에 만날 때
> 다시 만날 때, 다시 만날 때 그때까지 계심 바라네

포로포로 마을에는 큰 풀밭이 있다. 마을 아이들은 인천 동명초등
학교에서 보내 준 축구공으로 축구를 하기도 하고 달리기도 하며 이
곳을 운동장으로 사용하였다. 그러나 이 운동장은 한쪽으로 심하게
기울어져 마치 낮은 언덕처럼 되어 있었다. 1997년에 우리 회사는 불
도저와 그레이더(땅을 깎고 고르는 중장비)를 투입하여 초이셀 만에
서 포로포로 마을을 연결하는 자동차 길을 뚫어 주었다. 숙원이던 길
이 뚫리자 마을 사람들은 너무나도 좋아했다. 마을의 유지들은 그 뒤
회사에 마을 운동장을 평평하게 만들어 달라고 당시 초이셀 캠프 책

이건산업의 그레이더로 포로포로 마을에 운동장을 만들고 있다. 마을 어린이들 그리고 그 레이더 앞에 서 있는 저자의 아내와 마을 유지들

임자 김한길 차장을 통해 부탁했으며, 나는 기꺼이 즉시 도와주도록 김 차장에게 지시하였다.

　얼마 뒤 아내와 함께 포로포로 마을을 방문하였다. 나는 수십 번도 넘게 이미 이 마을을 방문하였으나 아내는 나한테서 여러 번 듣기는 하였지만 한 번도 방문할 기회가 없다가 이때 처음으로 찾게 되었다. 마침 그레이더가 운동장 평탄작업을 거의 끝낸 상태였으므로 아이들은 이제 제대로 평평하게 된 운동장에서 즐겁게 뛰놀고 있었다. 이 모습을 보고 나는 문득 40여 년 전에 본 코스키 중령의 얼굴이 떠올랐다. 내가 어릴 때 어려운 우리를 외국인이 도와주었는데, 이제 우리의 국력이 커져 남태평양 한 곳에 박혀 있는 초이셀 섬까지 와서 우리보다 어려운 사람들을 도와주게 된 것이 너무나도 가슴 뿌듯하였고 코스키 장로에게 진 사랑의 빚을 다 갚는 기분이었다. 2003년 핀란드를 방문하였을 때 '코스키'란 지명과 인명을 여러 곳에서 보았다. 그래서 사람들에게 그 뜻을 물어 보니 '빠른 물살'이라고 한다. 호수와 강이 많은 핀란드 출신 미국인인 코스키 장로의 이름 뜻을 43년만에 알게 된 것이다.

2001년 12월 16일 일요일 아침 나는 타레쿠쿠레에 있는 캠프를 떠나 카누를 타고서 오랜만에 포로포로 마을을 방문하였다. 이날 방문 목적은 포로포로 마을 예배당에서 주일 예배를 인도하기 위해서였다. 바로 전날인 토요일, 남부 초이셀을 방문하다가 아주 거친 바다를 만나 내가 탄 카누는 제대로 운항을 할 수 없었다. 저녁 때 파도가 약간 잔잔해져서 다음 날 포로포로 마을에서 설교를 하기 위해 나는 카누를 타고 바가라 마을을 떠났다. 아직도 파도가 심한데 떠나는 것이 염려되는지 여러 명의 마을 사람들이 나를 만류하였으나 하나님 말씀 전하기 위해 가는데 하나님께서 지켜 주시고 책임져 주실 것이라고 믿고 그대로 출발하였다. 카누는 파도를 타거나 피하면서 무사히 초이셀 만에 이르렀다.

　나와 강양술 과장이 탄 카누가 다음 날인 주일날 아침에 포로포로 마을에 도착하자 마을 사람들이 나와 반가이 맞아 주었다. 내가 남부

포로포로 마을 입구(바다쪽에서)

초이셀에 간 것을 들어 알고 있었던 이들은 어제 날씨가 나빠 카누를 타지 못할 것이라고 염려했었는데 이렇게 와 주어서 고맙다고 했다. 그리고 나를 예배당 옆에 있는 공회당 건물에 안내하고서 예배가 시작되기 전에 잠깐 쉬라고 했다. 나와 강양술 과장이 건물 안에 들어가 마루 바닥에 앉자 곧 부녀자들이 우리가 도착하기를 기다려 준비한 각종 음식을 가지고 들어왔다. 음식을 너무 많이 먹으면 배가 불러 설교를 제대로 못 할 것 같아 예배가 끝난 뒤에 먹겠다고 하고 간단하게 바나나 한 개를 먹고 물 한 잔만을 마셨다.

조금 앉아서 묵상하다가 옆에 있는 예배당에 들어가니 이미 예배당은 마을 사람들로 발 디딜 틈이 없이 가득 차 있었다. 시멘트 바닥에 멍석 돗자리를 깔아 놓은 우리나라 옛날 시골 예배당을 연상시키는 이 예배당에는 교인들이 남자, 여자로 갈라 앉아 있어 보기에 더욱 좋았다. 수도 호니아라에 있는 연합교회만 해도 남녀석이 구별되지 않

포로포로 마을을 방문한 박영주 회장 부부를 마을 사람들이 꽃대문을 만들어 환영하고 있다. 사진 오른쪽, 모자를 쓰고 뒤를 돌아보는 저자. 왼쪽으로 박 회장 부부. 오른쪽은 박승준 과장(현재 이건리빙의 상무). 박 회장의 아들인 박 상무는 초이셀에서 1년을 근무하였다.

고 긴 의자에 섞여 앉아서 현대식으로 예배를 드린다. 그러나 초이셀에 있는 이런 예배당에서는 아직도 남녀가 갈라 앉아서 예배를 드리고 있다. 나는 설교를 시작하면서 세상 풍조에 따르지 않는 이런 방식이 좋다고 격려하였다. 물론 필요하다면 세월이 가면서 발전되는 물질문명의 혜택을 이용해야겠지만(앞으로 마을에 전기가 들어오면 마이크도 이용하고 전등도 설치하고 또 의자도 현대식으로 설치하는 등), 세월이 가도 바뀌지 말아야 될 것이 있다는 점을 강조하고, 교역자는 만에 하나라도 교인들에게 인기를 얻는 일에 관심을 기울이지 말 것을 당부하였다.

이날 나는 기독교의 진수인 구원에 대해 설명하였다. 영원히 영광된 기독교의 구원에는 기본구원과 건설구원이 있다는 것을 설명하자(구원은 하나이나 이해를 돕기 위해 두 단계로 나눈 것이다) 참석한 모든 교인들이 아주 열심히 귀를 기울였다. 성경 한 절 읽고서 세상일에 관한 것이나 도덕적인 것을 설교하면 지루하지 않고 알아듣기 쉽겠지만 보통 사람들이 별로 관심을 갖고 있지 않는 영원한 생명과 그 세계에서 우리가 할 생활에 대해 이야기 하면 아주 지루해 할 것같아 염려되었다. 그러나 나는 그저 그런 이 세상을 중심으로 한 도덕 정도의 이야기를 하는 것보다 성경에 나오는 인간의 구원과 영원한 세계에 대해 듣기 어렵더라도 이들에게 전해주고 싶었다. 그러므로 나는 이 일에 대해 기도를 많이 하고 구원도리에 관해 설교를 한 것이다. 설교가 끝난 뒤 많은 교인들이 여태까지 모르던 말씀을 듣게 되어 고맙다고 일부러 찾아와서 이야기해 줄 때 내 기도를 들어 주신 하나님께 감사하였다.

2001년 9월, 나는 호니아라 연합교회에서 듣기에 딱딱한 기독교의 구원에 대해 설교를 하였다. 그때도 예배가 끝난 뒤 나이 든 많은 교인들이 찾아와서 처음 듣는 내용이나 이제야 기독교에 대해 명확하게 알게 되어 고맙다고 인사하였다. 나는 그때 내 설교를 듣고 이해해 준 것에 대해 오히려 고마움을 느꼈었다. 이날 설교를 누군가가 녹음을 하여 그날 저녁 이 나라 유일한 라디오 방송국(솔로몬 군도에는 텔레비전방송국이 없다)에서 전국에 방송하도록 하였다. 그러므로 포로포로 마을 사람들 가운데에는 이미 기독교의 구원에 관한 내 설교를 들은 사람도 있었다. 이들은 포로포로 교회에서 내가 같은 내용의 설교를 하자 이미 라디오에서 들었으나 오늘 실제로 직접 들어보니 구원에 대해 더 이해가 된다고 말하였다.

예배 뒤 우리는 다시 예배당 옆에 있는 공회당 건물 안에 들어갔다. 그곳에는 이미 동네 아낙네들이 우리를 위해 많은 음식을 차려 놓고 있었다. 마을 앞 맹그로브 숲에서 잡은 게는 앞발이 어린 아이들 주먹보다 크며 그 속에는 살이 꽉 차 있었다. 이것은 초이셀만이 제공할 수 있는 일품요리이다. 이런 게는 홍콩 음식점에서라면 한 마리에 몇 십만 원을 주고도 사먹기 힘들 것이다. 이밖에도 야자열매 속에 있는 코코넛의 흰 부분을 긁어내 만든 요리, 우리나라 음식 같은 조그만 빈대떡 등 이 사람들로서는 정성을 다해 만들어 낸 음식이 차려졌다. 내가 1983년 초부터 18년 동안 이 마을에 와서 먹어본 음식 가운데 이날 먹은 음식이 가장 맛이 있었고 가장 정성이 담겨 있었다.

우리가 마을의 빌레몬 목사와 함께 음식을 먹는 동안 아낙네들은 보자기를 흔들면서 음식에 달려드는 파리떼를 쫓으면서도 연신 기쁜 표정들이었다. 그리고 성경에 대해 궁금한 것을 물어보기에 나는 내가 아는 대로 설명하여 주었다. 피부색, 언어, 문화가 달라도 영원에 대해 같은 소망을 갖고 있는 우리가 이렇게 서로 주고받는 형제자매의 기쁨을 알 사람은 많지 않을 것이다. 점심 식사를 끝내고 카누를 타기 위해 카누를 띄어 놓은 마을 입구에 내려가는데도 마을 사람들이 배웅하러 거의 다 따라서 내려왔다. 청년들은 내가 물에 발을 적시지 않도록 하려고 먼저 물속에 들어가 카누를 끌고 와서 나를 편안하게 해 주었다. 우리가 탄 카누가 맹그로브 숲을 통해 사라질 때까지 그들은 우리에게 손을 흔들었고 우리는 카누에 둘러 앉아 그들이 맹그로브 숲에 가려 보이지 않게 될 때까지 손을 흔들어 주었다.

영원한 부자

솔로몬 국민들은 자기 나라를 소개할 때 '행복한 제도(Happy Isles)'라고 말해 왔다. 그러나 요즈음에는 이 말이 쏙 들어가 버렸다. 이유는 2000년 6월에 극렬하게 벌어진 내전 때문이다. 영국에서 독립한 뒤 이름 그대로 행복한 제도에서 평화롭게 살던 사람들이 토지문제 때문에 과달카날과 말라이타 원주민들이 서로 무기를 들고 싸운 것이다. 처음에는 원시적인 무기를 들고 싸우다가 점점 싸움의 강도가 높아지면서 마침내는 외국에서 총기류를 구입하거나 경찰의 무기고를 탈취하여 현대식 무기를 가지고 싸움을 했다. 이 때문에 평화롭던 과달카날 섬은 하루아침에 유혈극의 무대가 되어 버렸다. 수도 호니아라가 있는 솔로몬에서 가장 큰 과달카날 섬에서 유혈극이 벌어져 정부 기능이 마비되고 경찰력이 무너지자 곧 솔로몬 군도의 다른 섬들도 법과 질서가 완전히 무너졌다. 그리고 주민들의 관대하던 마음씨도 어느 날 갑자기 흉흉해졌다.

내가 1980년 처음 호니아라에 도착했을 때는 한밤중에 호니아라 어느 곳에라도 걸어다닐 수 있을 정도로 평화스러웠다. 그러나 내전이 일어난 뒤인 요즈음은 대낮에조차 시내를 걸어 다니기가 위험할 정도다. 순수한 마음을 갖고 있던 사람들이 마치 돈에 환장한 것처럼 행동한다. 원래 겨울이 없는 열대 지방 사람들은 온대 지방 사람들에 견주어 열심히 일하지 않는다. 내전이 일어나면서 사회가 흉흉해지자 무기를 사용해서 남을 위협하거나 물건을 강탈하여 쉽게 돈을 버는 풍조가 전국에 퍼졌다. 적지 않은 사람들이 게으르게나마 일하던 자세를 팽개쳐 버리고 범죄행각에 나서는 일이 벌어졌다. 이 나라에 투자한 외국 회사들은 자산을 강탈당해 손해를 입자 어선, 중장비, 공장 등의 자산을 포기하고 떠나기 시작했다. 이에 따라 전력·수도·통신·교통·의료·교육 등의 사정이 아주 나빠졌다.

초이셀에서 일하던 우리 회사도 피해를 보았다. 선량한 많은 주민이 총기로 무장한 소수의 범죄집단에 눌려 초이셀은 무법천지가 되었다. 다행히 뉴조지아 섬에서 하는 우리 회사의 작업은 정상적이었다. 수도와 멀리 떨어져 있어 교통, 통신이 불편한 초이셀에서는 중앙정부의 경찰력이 내전을 일으킨 부족에 의해 와해되었다는 소식이 전해지자 초이셀의 일부 경찰은 소지하고 있던 총을 범죄집단에 빌려 주었다. 이들은 이 총으로 회사 직원들을 위협하여 많은 장비를 빼앗아 갔다. 그리고 돈을 요구하였다. 정부는 이 범죄집단을 응징할 힘이 없었다. 나라의 공권력이 회복되지 않고서는 빼앗긴 장비를 찾아 올 수도 없어 보였다.

회사가 이렇게 어려운 상황에 빠지자 호니아라 사무실에서 근무하던 박재홍 과장과 유승상 차장(당시 과장)이 서로 자기를 신변이 위험한 초이셀에 보내 달라고 자원하였다. 나는 회사를 사랑하는 그들의 마음에 깊은 감동을 받았고 결국 박 과장의 요구를 받아들여 초이셀에 보냈다. 그때 장비는 다시 찾지 못하였어도 다행히 박 과장은 그때까지 초이셀 만에 용감하게 혼자 남아서 범죄집단을 설득하고 있던 이동훈 과장과 함께 얼마 뒤 아무 사고없이 호니아라로 돌아왔다. 함께 몸을 담고 일하는 회사가 어려움에 빠졌을 때 이렇게 자기 몸을 돌아보지 않고 용감한 행동을 하는 부하직원들과 내가 함께 일했다는 사실은 앞으로도 내 뇌리에서 잊혀지지 않고 가슴 뿌듯한 추억으로 남아 있을 것이다.

2000년 11월, 나는 범죄자들이 살고 있는 마을에 카누를 타고 직접 찾아가 "당신들의 행위는 범죄이므로 회사는 단돈 1달러도 줄 수 없으니 빨리 범죄행위를 중지하고 장비를 돌려 달라"고 요구하였다. 범죄 주동자들 가운데에는 나를 납치하자고 주장하는 사람도 있었으나 이에 강력하게 반대하는 샘(Shemson Vangalo)이라는 마을 지도자 덕분으로 나는 그 마을에서 안전하게 나올 수 있었다.

그 마을을 방문하기에 앞서 나는 예감이 이상하여 혹시 이것이 내 마지막이 되지 않을까 하는 생각이 들었다. 그래서 새벽에 일어나 아내와 아이들에게 보내는 유서를 써서 유승상 차장에게 주고, 만약 내가 돌아오지 않으면 이 편지를 내 가족에게 전해 줄 것을 부탁하였다. 그리고 초이셀행 비행기를 타기 위해 아침에 숙소를 떠나 헨더슨 비행장으로 향하였다. 하나님의 은혜로 며칠 뒤 나는 무사히 호니아라로 다시 나올 수 있었고, 2001년도에 우리 회사는 범죄 집단으로부터 장비를 다 찾았다. 호주, 말레이시아, 중국, 일본 회사들 가운데 많은 회사들이 장비를 빼앗겼으나 우리 회사의 경우 지프차 한 대도 잃지 않았다(물론 작업을 못한 면에서는 손해를 입었지만). 그러므로 우리는 이제 초이셀에서 다시 일을 할 수 있게 되었다.

나는 외국인으로서 20여 년을 솔로몬에 있으면서 평화스럽던 곳이 갑자기 재앙의 중심으로 되는 참담한 변화를 목격하였다. 이 평화롭던 나라가 어떻게 하루 아침에 이런 상태에까지 이르게 되었는가. 나는 이 나라 사람들이 너무 불쌍해서 내 개인 돈으로 의약품을 구입해서 병원에 기증하려고 생각하였다. 그러나 그 뒤 나는 이 생각을 바꿨다. 필요하다면 의약품은 호주나 뉴질랜드 정부가 쉽게 원조해 줄 수 있을 것이라는 생각에서였다. 외국 정부라도 할 수 없는 것을 하고 싶었다.

그래서 나는 이 사람들에게 기독교 정신을 전하기 위해 조그만 책자를 쓰기로 작정하고 2001년에 이른 새벽과 밤마다 집필 작업을 하여 완성했다. 인간에게는 눈에 보이는 칠팔십 년 인생이 다가 아니요, 보이지 않는 영원세계가 있다는 것과 날마다 우리가 하는 땅에서의 일상생활을 통하여 영원한 나라에서 실력자로, 부유한 자로 영광된 생활을 하기 위해 준비하고 건설해 나갈 수 있다는 성경말씀을 중심으로 한 이야기를 이 책 속에서 말하였다. 또 이것이 기독교의 도리요 남이 모르는 비밀이란 것도 말하였다.

책이 간단하여 큰 비용이 들지 않아 처음에는 나 혼자 부담하려고 했으나 책이 나올 때쯤 되어 이 선한 일에 다른 한국인 직원들도 참여할 기회를 주고 싶어 솔로몬에 있는 한국인 직원들 가운데 기독교인들에게 말하였다. 이들은 즉시 큰돈을 내놓겠다고 하길래 그것은 원래 내 뜻이 아니며 선한 일에 함께 동참하는 것이 취지라고 설명하였다. 우리 모두는 이 선한 일에 함께 참여하였다. 책이 인쇄되어 나오자 일부는 무료로 나눠주고 일부는 교회에서 판매하도록 하였으며 판매금은 모두 교회 일에 쓰도록 하였다. 뜻밖에 많은 솔로몬 사람들로부터 책을 읽어보고 감동을 받았다는 말을 들었다. 나중에 박 회장도 이 이야기를 듣고 추가 인쇄를 하도록 개인 돈을 내면서 이 일에 참여하여 주었다. 나의 조그맣고 간단한 책자가, 아직까지도 순수하고 너그러운 이 나라 사람들의 마음 문을 열고 들어가 선한 씨앗을 뿌리고 삼십 배, 육십 배, 백배의 열매를 맺게 되기를 하나님께 기도드리고 있다.

환경 기업으로의 길

경제문제는 인간이 처음 지구상에 나타날 때부터 등장하였지만 근대에 들어 산업혁명이 일어나면서 인간 생활과 더욱 밀접해짐에 따라 불가분의 관계가 되었다. 지구 위에 있는 모든 사람들이 경제, 경제 하다 보니 돈을 벌고자 인류가 갖고 있는 자원을 남용하게 된 것이 오늘날의 현실이다. 특히 미국을 비롯한 선진국들은 자국의 경제 이익을 위해 지구 생태계를 파괴하고 있으면서도 인류 전체의 이익에 대해서는 그다지 신경을 쓰지 않고 있다. 예를 들어 지구 온난화의 현상은 주로 생태계가 감당하지 못할 만큼의 과다한 이산화탄소(CO_2)를 방출하는 데서 일어난다. 이산화탄소의 주범은 에너지 과다소비형 산업(전력 · 제철 · 화학 · 자동차 산업 등)을 갖고 있는 선진국들의 공장과 자동차에서 나오는 배기가스이다.

이것은 지구의 미래에 심각한 영향을 미치는 문제이므로 국제적인 합의로써 해결해 가야 한다. 그러나 현실은 그렇지 못하다. 강대국들은 입으로는 세계 환경보호를 위해 떠들지만 실제로는 인류 전체를 위하기보다는 국익을 앞세우는 바람에 단타적인 환경보호 선언으로만 겉치레를 하고 있을 뿐이다. 그러므로 현재로서는 국제적인 합의가 이루어질 지라도 이를 이행하려는 조치나 의지가 없으므로 인류의 미래를 위해서 불행한 일이라 아니할 수 없다.

2002년 3월 20일 밤 텔레비전 뉴스는 지구 온난화 때문에 남극의 거대한 5대 빙붕 가운데 하나인 '라르센B'에서 2002년 1월말부터 3월 초에 걸쳐 7천 2백억 톤의 빙산이 녹아 붕괴되어 내리는 장면을 보여주었다. 물론 이전에도 이런 종류의 뉴스를 들었으나 그날 밤 뉴스에서 보여준, 미국 국립빙설자료센터(NSIDC)가 촬영한 최신 영상사진을 통하여 거대한 빙산이 마치 눈사태처럼 녹으며 무너져 내리는 것을 보고 지구 온난화의 결과가 점점 재앙으로 다가오는 것을 실감하였다. 여기에 더해 세계의 지붕이라는 히말라야산맥 에베레스트산 주위의 빙하도 지구 온난화의 영향으로 매년 급속도로 녹아내리고 있다. 지구온난화와 연계되어 산성비, 열대림 감소, 급속도로 진행되는 사막화, 오존층 파괴, 해양오염 등이 하나로 뭉쳐 이제 종합적인 재해로 나타나고 있는 것이다.

18세기 산업혁명이 일어날 때는 공해가 해당 국가나 일부 지역에만 나타났으나 현대에 들어서는 국경을 넘어 이동하거나 퍼지고 있다. 3월 21일 밤 뉴스에서는 '오늘 중국에서 황사가 우리나라에 날아오니 시민들은 조심하라'고 알려 주었다. 이번 황사는 지난 40년 동안 발생한 것 가운데 규모가 가장 커서 초등학교도 휴교하지 않을 수 없다는 내용이었다. 이제 지구촌의 공해와 오염은 국경을 넘어 진행되고 있는 것이다.

이산화탄소를 효과적으로 흡수할 수 있는 것은 삼림(森林)이다. 물론 삼림을 아주 먼 태고 때부터 그대로 유지할 수 있었다면 더 말할 나위 없이 좋았겠지만 현실적으로 인류가 살아오면서 집을 짓거나 물건을 만들기 위해 삼림을 이용하지 않을 수는 없었다. 문제는 이용의 정도다. 오늘날도 아마존 지역, 동남아시아, 아프리카 등지에서 원주민들이 밭을 개간하기 위해 삼림을 태우고 있다. 여기에 더해 일부 몰지각한 사람들 때문에 일어나고 있는 과도한 벌목은 지구 생태계를 심각하게 위협하고 지구 온난화를 가속시키고 있다. 그러므로 지구 온난화를 막으려면 각국이 이산화탄소 배출량을 줄여야 하고 한편으로 나무를 많이 심고 가꾸어야 한다. 여기에는 인류를 생각하는 기업도 동참해야 한다고 생각한다. 물론 이 일에 동참하는 기업은 원가를 생각해야 하므로 경제와 환경 양면을 고려하여 지속적인 생산을 할 수 있는 조림사업을 해야 할 것이다.

오늘날, 우리 사회에서는 인격이 돈과 겉모습으로 계산되고 있는 것이 현실이다. 인격과 실력을 갖추기 위해 힘 쓰는 것보다는 외모를 그럴듯하게 꾸미는 것이 사회의 풍조가 되어 버린 것이다. 돈을 벌기 위해서는 여성을 노예처럼 유린하는 반사회적인 직업이라도 개의치 않으며 조직적인 폭력으로 돈을 갈취하고 많은 사람들에게 불행을 끼치는 일을 뻔뻔하게 하고 있는 사람들도 적지 않다. 설사 그런 직업이 아니더라도 겉으로는 공익을 위해 일하는 사회의 유명 인사들 가운데에도 오직 돈을 위해 인생을 보내는 사람들이 적지 않다.

재벌 회사의 사외이사를 맡고서 정기적으로 사례금을 받는 대학총장, 국민을 위해 받은 직책을 개인 재산 늘이기에 이용하는 공무원, 국가와 민족의 백년대계를 위한다며 큰소리치지만 뒤로는 큰돈을 받으며 이권에 개입하는 정치가, 돈을 받고 진급심사를 하는 군대 풍토(그러므로 군기가 곳곳에서 허물어져 2002년 초에 우리나라에서 최정예부대라는 수도방위사단과 해병대에서 불량 대학생들에게 총과 총알을 탈취당하는 사건이 일어난 것이 놀랄 만한 일이 아니다), 돈이면 다 된다고 생각하며 주가조작 또는 정치인과 야합하여 큰돈을 버는 악덕 기업가……. 이런 풍조 속에서 자라난 젊은이들이 인간성을 잃고서 남에게 불행을 주더라도 나만 편하면 된다는 생각에 사로잡혀 예의와 도덕도 없고 자신의 편함과 쾌락을 위해서는 양심의 가책 없이 범죄행위조차 마다하지 않는 사회가 되었다. 그리고 쉽게 돈 벌려고 하는 풍조가 우리 사회에 넓고 깊게 퍼져 있다.

오늘날, 의료·교통·통신이 불편한 남태평양의 아직도 원시생활에 가까운 생활을 하는 주민들과 함께 여러 해를 보내며 일하고 있는 사람들은 그 수가 지극히 적다. 많은 젊은이들이 대학을 졸업하고서도 일자리를 얻지 못해 방황하거나 좌절하고 있는 오늘의 우리 현실에서 쉽게 거액을 버는 일부 소수의 사람들에게 나 같은 사람은 우습고 우둔하게 보일 수도 있다. 한낱 한 회사직원이 인류를 들먹이면 너무나 거창하게 들릴지도 모른다. 그러나 나는 내가 심고 있는 한 그루의 나무가 자라면서 산소를 방출하고 이산화탄소를 흡수하여 지구 환경을 지키는 데 이바지하고 있다는 보람을 가지고 어느 누가 알아주지 않지만 스스로 만든 보이지 않는 훈장을 내 가슴에 자랑스럽게 달고 있다. 현재 남태평양과 동남아시아에는 수많은 목재 회사들이 있지만 이 가운데 삼림에서 인류가 필요한 목재를 생산하는 한편, 조림을 하며 삼림자원을 보존, 재생시키는 회사는 손가락을 꼽을 정도다. 우리 회사는 이 몇 안 되는 회사들 가운데 하나다. 내가 보이지 않는 훈장을 내 가슴에 달고 있듯이 나와 함께 일하는 동료 직원들도 모두 스스로 만든 훈장을 가슴에 달고 있을 것이다. 우리는 환경 기업의 전위부대이다. 이건(利建)이라는 우리 회사 이름은 '이로운 것을 세운다'라는 뜻을 갖고 있다. 비록 크기는 작더라도, 인류를 위해 이로운 것을 세우는 기업에 종사하는 보람을 가지고 남은 회사 생활을 마무리 하고 싶다.

21세기는 환경의 세기이다. 환경기업의 리더로서, 과거 백년에 걸쳐 파괴된 지구 위의 열대림을 다시 살리는 우리의 도전은 끝이 없을 것이다.

저자후기

앞에서도 말했지만, 나는 회사생활을 시작하면서 진급에는 전혀 관심이 없었다. 그러므로 평생을 사원으로 있어도 족하다고 생각했다. 그러나 만약 진급을 한다면 과장까지는 되고 싶었다. 과장이 될 경우에는 내 분야에서 가장 실력 있는 과장으로서 회사를 위해 힘껏 일하다 정년이 되어 퇴직하고 싶었다. 그런데 어쩌다가 과장 이상의 직책을 맡아 여태까지 회사에서 일하고 있다. 그러나 나는 오늘 아침에도 출근하면서 마음속으로 '나는 영원한 과장의 위치에서 일하겠다'고 다짐하였다.

초등학교 4학년 때 우연히 학교 근처 헌책방에서 학원사가 발간한 세계위인문고 60권 가운데 한 권인 《아문센》을 사서 읽은 적이 있다. 꿋꿋하고 굽히지 않는 기상으로 뒷날 유명한 극지 탐험가가 된 아문센은 나에게 강한 감동을 심어 주어 나중에 크면 아문센과 같은 훌륭한 탐험가가 되고 싶었다. 그 전에는 신현성 씨가 지은 《요격편대》, 이근철 씨가 지은 《출격기》 등의 만화를 보고서 전투기 조종사가 되기를 꿈꾸었으나 《아문센》을 읽고 장래 희망을 바꾼 것이다. 아문센은 장래 저런 사람이 되고 싶다는 꿈을 나에게 처음으로 심어준 인물이다.

아문센의 책 속에는 프랭클린이라는 탐험가가 나온다. 아문센은 어렸을 때 프랭클린이 쓴 탐험기를 읽고 극지 탐험가가 되기로 결심하였다. 책을 읽고 존경하게 된 아문센을 따라서 나도 프랭클린의 전기를 읽고 싶어서 찾아보니 학원사 위인문고 가운데 이 책도 들어 있어 역시 같은 책방에서 중고책으로 구입하여 읽어보았다. 그런데 뜻밖에 이 프랭클린의 책에는 탐험이야기는 나오지 않고 미국 독립운동에 대해서만 써 있었다. 나중에 중학교에 들어가서야 아문센이 존경하던 영국인 탐험가 존 프랭클린 경(卿)과 미국 독립운동가인 벤자민 프랭클린과는 성만 같을 뿐 전혀 다른 사람인 것을 알게 되었다. 아무튼 아문센 덕분에 벤자민 프랭클린에 대해서도 알게 되었다.

초등학교 5학년이 되자 국어 교과서에 3개의 탐험이야기가 나왔다. 콜럼버스가 미국대륙을 발견한 내용인 '아메리카의 발견', 영국인 탐험가로서 선교사이던 리빙스턴과 미국인 신문기자 스탠리가 아프리카의 오지에서 만나는 장면을 설명한 '정으로 맺어진 탐험' 그리고 남극과 북극에 제일 먼저 도착한 아문센과 피어리에 대해 설명한 '극지탐험'이 그것이다. 이 이야기들은 탐험가의 꿈을 나에게 더욱 부채질하여 주었다. 그런데 중학교에 입학해서 생각해 보니 20세기 초에 벌써 지구의 남극과 북극이 탐험되었고 또 아프리카 지역도 탐험되었는데, 내가 성인이 되면 그때는 이미 내가 처음으로 탐험을 했다는 기록을 남길 만한 곳이 지구 위에 남아 있지 않겠다 싶어 탐험가의 꿈을 포기하고 원래대로 군인이 되려고 마음먹었다.

중학교 1학년 때는 학원사에서 발간한 중·고등학생용 월간 잡지 《학원》에 나온 과달카날 전투 기사를 읽고 꼭 나중에 과달카날 전투의 중심이 된 헨더슨 비행장을 가 보기를 원했다. 고등학교에 들어가서는 육군사관학교에 입학하려고 준비했으나 주일 성수문제 때문에 군인이 되는 꿈을 포기하고 일반 회사에 들어왔다. 일반 회사에 들어와 어릴 때 꿈꾸었던 극지탐험, 열대 지방 정글탐험, 그리고 헨더슨 비행장 탐방을 대부분 이루리라고는 전혀 생각하지 못했다.

나는 이건산업에 들어와서도 남들이 원하는 것처럼 진급도 바라지 않았고, 외국 출장 다니는 것(1970년대에는 외국에 나가는 것이 선망의 대상이었으므로)과 큰돈을 받는 것도 바라지 않았다. 다만 하나님께서 현실에서 내게 주신 임무에 세상 떠나는 날까지 있는 힘을 다하여 충성하며 일하고 싶었다. 그러나 나는 회사일을 하면서 어릴 때 꿈꾸었던 정글 탐험도 실컷 하였고(물론 누가 알아 줄 만한 거창한 사건은 아니지만 초이셀 섬의 중부 지역 정글 속에는 내가 처음 들어가 조사한 기록을 남겼다) 바다에서 죽을 뻔한 아슬아슬한 모험도 많이 겪어 보았으며 어릴 때 그렇게 보고 싶었던 헨더슨 비행장 근처에서 오랜 기간을 살았다. 또 소년 시절의 꿈이었던 직업군인이 되지는 못했지만 태평양전쟁의 전환점이 된 헨더슨 비행장을 둘러싼 전투에 관해 책을 쓸 기회도 얻었다. 한편, 직장생활을 하면서 누구나 겪어 보는 좌절감을 나도 겪어보았다.

나는 입사한 뒤로 능력 있는 젊은이들이 회사를 떠나는 것을 안타까운 마음으로 보아 왔다. 이들 대부분은 회사에 다니면서 진급도 빨리하고 싶었고, 자기 생각으로는 회사를 위해 큰일을 하는데 회사에서는 그것을 인정하지 않고 봉급도 많이 올려 주지 않는다고 여기는 등 여러 가지 이유를 들어 회사를 떠난 것이다. 입사할 때는 회사를 위해 어떠한 어려운 일이라도 하겠다는 굳은 결의를 보이던 신입사원들 가운데도 몇 년이 지나면 봉급이 다른 회사보다 적고, 굴뚝산업은 IT산업, 금융산업 등에 견주어 장래가 없다는 등 여러 가지 이유로 회사에 있는 동안에는 꾹 참고 일을 배웠다가 언젠가는 독립하겠다는 생각을 갖는 사람들이 적지 않다. 이들 가운데에는 자기가 독립해 나갈 것을 염두에 두고 회사 거래처 사람들에게 가격이나 여러 가지 조건에서 호의를 베풀며 사귀다가 언젠가는 이들 거래처를 빼앗아 차고 나가는 사람들도 있다. 있는 힘을 다해 회사를 위해 오랜 기간 일하는 사람들이 이들에게는 무능하고 어리석어 보일지도 모른다.

그러나 나는 이러한 방법과 이유로 회사를 떠나는 것은 순리라고 생각하지 않는다. 이것은 내 기독교적인 신앙 관점에서 이야기하는 것이다. 하나님께서 현실에서 주신 일을 소중하고 감사히 여긴다면 쉽게 판단할 수 있다. 나도 역시 회사일을 하며 갈등을 겪은 적이 여러 번 있었으나 '항상 기뻐하라. 쉬지 말고 기도하라. 범사에 감사하라. 이는 그리스도 예수 안에서 너희를 향하신 하나님의 뜻이니라(데살로니가 전서 5장 16-18절)'라는 하나님 말씀에 의지하여 부족한 가운데서도 이 말씀대로 해 보려고 힘쓰고 있다.

만약 요즈음의 많은 젊은이들처럼 나도 회사에 여러 가지 불만을 갖고 도중에 그만두고 다른 일을 했다면 내 어린 시절의 조그만 꿈들을 이루지 못했을 것이다(물론 내 꿈을 이루려고 회사생활을 열심히 한 것은 아니다). 시간은 시위를 떠난 화살처럼 빨라, 지난 세월을 되돌아보니 모든 사건이 나에게 금생과 내생에서 유익을 주시려고 섭리하신 하나님의 은혜임을 알 수 있다. 이 책을 읽는 젊은이들이 각자 맡은 일에서 보람을 느끼고 선한 일을 통하여 잠깐 있다가 안개처럼 사라지는 나그네 인생길에서 다른 사람들에게 유익을 주는 삶을 살기 바란다.

우리 회사가 남태평양의 솔로몬 군도에서 사업을 시작한 지도 어느덧 20년 이상이 흘렀다. 물론 기업의 설립 목적인 영리 추구에 기본을 둔 사업이지만, 이 사업으로 재벌기업도 아닌 우리 회사는 한국에서는 외국에 가장 큰 토지를 소유한 회사가 되었다. 군인, 정치가, 학자, 외교관 또는 다른 어떤 직종의 사람들도 하지 못한 대규모 국토 확장 사업을 우리 민간기업에서 일하는 직원들이 이룬 것이다. 과거 서구열강 국가들과 일본은 무력으로 아시아와 아프리카의 여러 나라를 식민지로 만들어 착취하였다. 그러나 우리는 이들처럼 남의 나라를 짓밟지 않고 대신 사랑에 바탕을 두고 남태평양 주민들과 열매를 함께 나누는 우정의 다리를 만든 것이다.

뒤를 돌아보면 사업을 처음 시작할 때 경험이 없던 저자를 이끌어 주시고 여러 가지로 조언해 주신 최명행 감사(오래 전에 이미 고인이 되셨다)와 어려운 자연환경을 이기며 있는 힘을 다해 회사일을 해 준 한국인 동료 직원들에게 감사하지 않을 수 없다. 그리고 이미 고인이 된 당시의 솔로몬 마마로니(Solomon Mamaloni) 총리, 므낫세 소가바레(Manasseh Sogavare) 총리, 고인이 된 알란 구루스(Allan Qurusu) 의원, 제이슨 도로보로모(Jason Dorovolomo) 의원, 알란 케마케사(Allan Kemakeza) 총리, 바톨로뮤 울루팔루(Bartholomew Ulufalu) 총리, 크리스토퍼 아베(Christopher Abe) 장관, 클레멘 캥가바(Clement Kengava) 의원, 피터 케닐로레아(Peter Kenilorea) 총리, 삼손 가비로(Samson Gaviro)차관, 욥 다우싱가(Job Tausinga) 서부주지사, 스나이더 리니(Snyder Rini)

의원, 알파 기마타(Alpha Kimata)의원, 기드온 보우로(Gideon Bouro) 산림청장, 데이빗 남구(David Naqu) 산림국장, 잭슨 키로에(Jackson Kiloe) 초이셀 주지사, 클레멘 바세(Clement Base)서부 주지사, 프랭클린 파파바투(Franklin Papabatu) 부주지사, 남부 초이셀 지역 지도자 윌슨 피타(Wilson Pita)를 비롯하여 우리를 도와준 많은 분들에게 감사를 드린다.

특히 저자가 초이셀 섬에 도착했을 때부터 변함 없이 우리 회사를 밀어주고 있는 초이셀 섬의 포로포로(Poroporo) 마을, 몰리(Moli) 마을, 바가라(Vaghara) 마을, 수비수비(Subisubi) 마을, 포사라에(Posarae) 마을, 시로방가(Sirovanga) 연합회 소속 주민들에게도 감사를 표한다. 그리고 초이셀 섬 사람들과 우리 회사를 위해 항상 의롭게 일하고 있는 잭슨 바이코타(Jackson Vaikota), 쥬다 쿨라불레(Judah Kulabule), 디모데 토카보니(Timothy Tokaboni), 사무엘 불라카나(Samuel Vulakana), 데이빗 누알라(David Nuala), 해리슨 벤자민(Harrison Benjamin), 마튜 바콜라(Mattew Vakola), 랜스방갈로(Rence Vaqalo), 샘손 방갈로(Shemson Vaqalo), 경찰부청장 존 호멜로(John Homelo), 초이셀 경찰서장 필립 이두포아(Philip Idufoa), 기쁠 때나 어려울 때나 변함 없이 함께 회사를 위해 일하는 동료 윌리암 피타(William Pita)와 그린필드 메가불레(Greenfield Megabule)에게도 이 기회를 빌어 깊은 감사와 동료애를 전한다.

참고도서

■ 단행본

권주혁, 《메마른 땅을 종일 걸어가도》, 중앙미디어, 대구, 2003

권주혁, 《여기가 남태평양이다》, 지식산업사, 서울, 2002

이윤영, 《평사원에서 대기업 정상에 오른 사람들》, 산동회계법인, 서울,
    1993

Ann Stevenson, *Solomon Islands*, Auckland, New Zealand, Lahood Publications
    Ltd, 1988

Daniel J.H.Kwon, *Christian Life in the Solomon Islands*, Honiara, Solomon
    Islands, Provincial Press, 2001

Gideon Zoleveke, *Zoleveke, a Man from Choiseul*, Suva, Fiji. The University of the
    South Pacific, 1980

Honiara, *The Solomon Islands, Islands lost in Time*, Solomon Islands, Solomon
    Islands Tourist Authority,1995

Lamont Lindstorm, *Island Encounters*, Geoffrey White, Washington D.C. USA.
    Smithsonian Institution Press. 1990

North West Choiseul Constituency Project Proposal, Honiara, Solomon Islands,
    Ministry of Finance, 1996

Survey Report for Choiseul Island Forest Development Project, Honiara, Solomon
Islands, Eagon Industrial Co., Ltd. 1983

■ 잡지 · 설명서

《가이드 포스트》 4월호, 서울, 가이드포스트사, 2002

Gizo, *Gizo, Solomon Islands*, Solomon Islands, Adventure Sports, 2001

Gizo, *The Gizo Guidebook*, Solomon Islands, Western Provincial
Government, 1989

Solomons, Honiara, Solomon Islands, Solomon Airlines, 1991

Solomons, Honiara, Solomon Islands, Solomon Airlines, 1996

The News Letter, Bulolo, Papua New Guinea, PNG Forestry College, Sep.
1979

The Solomon Islands, Honiara, Solomon Islands, Visitors Bureau, 2000

부 록

1. 솔로몬 군도의 일반사항

- 지리상 위치: 동경 155-170도, 남위 5-12도 (호주의 동북쪽)
- 면적: 29,785 km²
- 수도: 호니아라
- 국제공항: 헨더슨 비행장
- 인구: 409,042명 (2001년 12월 말 기준)
    * 주(州)별 인구
        초이셀 20,008
        웨스턴 62,739
        이사벨 20,421
        센트럴 21,577
        런넬, 벨로나 2,377
        과달카날 60,275
        말라이타 122,620
        마카라, 울라와 31,006
        테모투 18,912
        호니아라(수도) 49,107
- 일인당 GDP: 875 미국달러 (1999년 기준)
- 화폐: 솔로몬 달러 (1 미국달러는 약 7 솔로몬 달러 ; 2003년 1월 기준)
- 의회: 단원제 (임기 4년)
- 정부: 내각책임제 (영연방의 일원으로 국가수반은 영국여왕)
- 기후: 열대 (연평균 기온은 섭씨 29도)
- 종교: 기독교
- 인종: 멜라네시아계 94퍼센트, 폴리네시아계 4퍼센트, 기타 (백인, 아시아계) 2퍼센트
- 역사: 1578년 - 스페인 탐험가 멘다나가 발견
        1893년 - 영국의 보호령

1942년 - 일본군 점령(연이어 미국군 점령)

1945년 - 미국이 영국에 반환

1978년 - 독립(영국으로부터)

● 산업: 어업, 농업, 임업, 광업

2. 솔로몬 군도의 애국가

God save Solomon Islands from shore to shore

Bless all our people and all our lands

With your protecting hands

Joy, peace, progress and prosperity

That men should brothers be, making nations see

Our Solomon Islands, our Solomon Islands

Our nation Solomon Islands

Stands for ever more.

하나님께서 솔로몬 군도를 해안 한쪽 끝에서 다른 끝까지 지켜주시고

우리 국민과 우리 국토에 복을 주소서

하나님의 보호하는 손으로 기쁨, 평화, 전진 그리고 번영을

우리에게 주소서

모든 사람이 형제가 되는 우리 솔로몬 군도를 모든 나라가 보게 하소서

우리 솔로몬 군도 영원하여라!

* 솔로몬 군도의 애국가를 작사, 작곡한 발레카나(Panapasa Balekana)는 솔로몬 군도의 유일한 축구 국제심판이며 호니아라 연합교회 성가대 지휘자이다.

3. 이건 나비에 관련한 호주 곤충학회지(2000년 4/4분기호)

lines finer, the discal pair separate from postmedian series, hindwing with pair of postmedian lines closer together, less displaced than in *D. tenebrosa*, tornal iridescent markings blue-green, extensive, subtornal spot large. Genitalia (fig. 38) like *D. tenebrosa* (fig. 36); valve apices longer, less squat; aedeagus longer, more slender. Female unknown.

Distribution. Papua New Guinea (New Ireland).

Comments. This distinctive butterfly is named after Chris Muller of Dural, New South Wales, who collected the unique holotype and whose efforts in the field under difficult conditions on New Ireland has resulted in many significant new discoveries.

Deudorix rathsi sp. nov.
(Figs 13, 28, 39)

Deudorix species c; Parsons, 1998: 406, pl. XIV, pl. 62, figs 1710-1713.

Types. Holotype ♂, PAPUA NEW GUINEA, Dampier Island, ii.&iii.1914, [Meek's Expedition] (gen. prep. BMNH (V) 1016) (BMNH). *Paratypes*: 1 ♂, Vulcan Island, xi.1913-i.1914, [Meek's Expedition] (gen. prep. BMNH (V) 1115) (BMNH); 1 ♂, 6 km S[outh] E[ast] of Bulolo, Pinetops Bridge, Bulolo river gorge exit, 730 m, 22.xi.1973, Thomas W. Davies (California Academy of Sciences Collection, San Francisco, USA [CAS]); 1 ♀, Watit r[iver] gorge, 8 km W[est] of Bulolo, 600 m, 27.viii.1972, T.W. Davies (CAS).

Description. Male forewing length 18 mm; similar to *D. woodfordi* and *D. confusa*; upperside with markings pale orange (red in *D. woodfordi* and *D. confusa*); underside typical of the *epijarbas* species-group; pale brown (darker brown in *D woodfordi*, grey-brown in *D. confusa*; the greenish-tinged colour of Parsons 1998, plate 62, fig. 1711 is misleading), white lines prominent. Genitalia typical of the group but distinctively large; dorsal indentation of tegumen shallow; valve long, irregular in shape; aedeagus long. Female upperside dark brown (Parsons 1998); underside as in male.

Distribution. Papua New Guinea.

Comments. The male holotype and female paratype of this taxon were illustrated by Parsons (1998). The latter has not been examined by the present author.

Deudorix eagon sp. nov.
(Figs 14, 29, 42)

Type. Holotype ♂, SOLOMON ISLANDS, Choiseul, northwest, 3-7 km north of Mole, 40-120 m, 17.iv.1997, W.J. Tennent (gen. prep. BMNH (V) 5141) (BMNH).

Description. Male forewing length 15 mm; resembles the male usually associated with the female holotype of *Deudorix (Virachola) affinis* Rothschild (see discussion); upperside with cobalt blue (bright silvery-blue in '*P. affinis*') less extensive on both fore and hindwings, tornal markings not possible to assess due to wing damage; underside grey-brown (brown in

'*D. affinis*'); arrangement of fine lines like '*D. affinis*', hindwing with pale (off-white) patch reduced, underlying markings distinct (patch white, extensive, obscuring underlying markings in '*D. affinis*'). Genitalia (fig. 42) similar to '*D. affinis*' (fig. 41); valve median lobe smaller, less angular, dorsal indentation of tegumen more shallow. Female unknown.

Distribution. Solomon Islands (Choiseul).

* *Comments.* This taxon is named in recognition of the staff of the Eagon Resources Development Company (S.I.), who were generous in providing hospitality and transport for the author on Choiseul island, without which several new taxa described in this paper would not have been discovered.

Deudorix wabens sp. nov.
(Figs 15, 30, 43)

Virachola democles affinis; Parsons, 1998: 410, pl. 63, figs 1737, 1738 [misidentification].

Types.   Holotype ♂, SOLOMON ISLANDS, Guadalcanal, [Mount] Gallego, vegetation around camp 2, 13.vii.1965, Royal Society Expedition (gen. prep. BMNH (V) 5142) (BMNH). *Paratype* ♂, Guadalcanal, Betikama river, 6.viii.-2.x.1960, W.W. Brandt (Australian National Insect Collection (ANIC), Canberra).

Description.   Male forewing length 19.5 mm; superficially resembles '*D. affinis*' and *D. eagon* above but larger, the forewing longer and apex more angular; upperside markings dull steely-blue (shining silvery-blue in '*D. affinis*', cobalt blue in *D. eagon*); underside resembles *D. eagon*, the markings less regular, hindwing with pale patch more extensive. Genitalia (fig. 43) typical of *Deudorix*; median lobe of valve large, flattened (less broad in '*D. affinis*' [fig. 41], rounded in *D eagon* [fig. 42]); valve apices long. Female unknown.

Distribution. Solomon Islands (Guadalcanal).

Comments.   The paratype male was illustrated by Parsons (1998) as *Virachola democles affinis*. The explanation for this arrangement relates to a cabinet drawer note in the ANIC, Canberra, made by the late G. E. Tite, who suggested that the specimen might be associated with the Australian taxon *D. democles* Miskin, which Tite knew only from the illustrations of Waterhouse and Lyell (1914). Although clearly related to *D. democles* (and other 'blue' *Deudorix* taxa), both the phenotype and the male genitalia (cf. fig. 40 [*D. democles*] and fig. 43 [*D. wabens*]) suggest that they are not conspecific.

Discussion

Two *Deudorix* species, *D. woodfordi* and *D. viridens*, were described from the island of Guadalcanal by Druce (1891) but there appear to be no published reports of any other species from the Solomon Islands prior to Parsons (1998). There is a female in the collection of The Natural History

* 참고: 이 (학명상의) 분류 이름은 초이셀 섬에서 이건산업(솔로몬 현지법인) 직원들이 저자에게 교통편(나비 채집을 위한) 제공과 아낌없이 베풀어 준 친절에 보답하기 위해 지어졌습니다. 만약 그들의 도움이 없었다면 이 학술지에 보고 된 여러 새로운 종은 발견될 수 없었을 것입니다.

4. 이건 나비에 관련한 영국 자연사 박물관 자료(2002년)

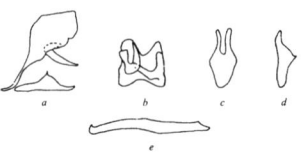

Fig. 13: Male genitalia, Deudorix brilligi: a: genitalia (lateral view); b: uncus (posterior view); c: valvae (posterior view); d: right valva (lateral view); e: aedeagus (lateral view).

Deudorix diovis Hewitson, 1863 ?ssp. (plate 44, figs. 15, 16)

Deudorix diovis Hewitson, 1863, *Illustrations of new species of exotic butterflies, selected chiefly from the collections of W. Wilson Saunders and William C. Hewitson:* 20, pl. 7, figs. 10-12, TL: Australia

Deudorix epijarbas diovis Hewitson; Seitz, 1926: 999; D'Abrera, 1990: 302; *Deudorix diovis* Hewitson; Parsons, 1998: 404

Range: Northern Australia, New Guinea, Solomon Islands.

Adult Characteristics: Male like *D. woodfordi*; ups orange paler, brighter; uns similar to other *epijarbas*-group species. Female large; ups grey-brown; uns pale in comparison with other *epijarbas*-group species in the Solomons.

Flight/Habitat: No information in the Solomons.

Host-plants: A number of host-plants have been reported for *D. diovis* in Australia and New Guinea, including plants of the families Sapindaceae, Protaceae, Connaraceae, Elaeocarpaceae and Pittosporaceae (Le Souëf & Tindale, 1970; Meyer, 1996; Monteith & Hancock, 1977).

Distribution: In the Solomons, known from two female specimens from Alu and Rendova.

Deudorix eagon Tennent, 2000 (plate 44, figs. 17, 18)

Deudorix eagon Tennent, 2000, *Aust. Ent.,* 27 (1): 20, figs. 14, 29, 42, TL: Choiseul

Range: The Solomons Archipelago.

Adult Characteristics: Male similar to the male usually associated with *D. affinis* Rothschild, 1915 (see notes, below). Ups blue areas and unh pale discal patch reduced. Uns ground colour grey-brown (orange-brown in *D. affinis*). Female unknown (but see Tennent, 2001f; also pl. 44, figs. 21, 22). The status of this and the following species are not clear (see notes, below).

Flight/Habitat: Several males were seen on Choiseul in disturbed secondary growth, flying in company with other *Deudorix* species, with the same fast and erratic flight, difficult to follow with the eye. It was feeding on flowers of *Mikania* sp. (Asteraceae). Only the holotype was collected. See also notes following *D. confusa*, above.

Host-plants: Not known. In Australia associated species have been recorded feeding inside the fruits of *Strychnos* sp. (Loganiaceae) (Common & Waterhouse, 1981).

Distribution: Choiseul.

Note: The female holotype of *D. affinis*, illustrated by D'Abrera (1990: 304) and Parsons (1998: plate 63, figs. 1739, 1740), was taken on Dampier (Karkar) Island, north of Madang (Papua New Guinea), in 1914 by Meek (Rothschild, 1915: 395) and remains unique. A male *Deudorix*, illustrated by D'Abrera (1990: 304) as *affinis*, was taken on Sudest (Tagula) Island, the largest of the Louisiades, in 1916 by the Eichhorn brothers. The localities are more than 1200 km apart and it is possible that these specimens are not conspecific (Tennent, 2000b). Males of three different 'blue' *Deudorix* taxa are now known from New Guinea ('*affinis*'), Choiseul (*eagon*) and Guadalcanal (*wabens*). No female has been reported from any of these localities and it remains to be seen whether any of the males is correctly associated with the female holotype of *D. affinis*. Based on uns colour and markings, the Sudest male is the best contender, but only examination of a male from Dampier, or a female from Sudest, will provide a definitive answer.

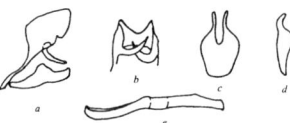

Fig. 14: Male genitalia, Deudorix eagon: a: genitalia (lateral view); b: uncus (posterior view); c: valvae (posterior view); d: right valva (lateral view); e: aedeagus (lateral view).

Deudorix wabens Tennent, 2000 (plate 44, figs. 19-20)

Deudorix wabens Tennent, 2000, *Aust. Ent.,* 27 (1): 22, figs. 15, 30, 43, TL: Guadalcanal

Virachola democles affinis Rothschild; Parsons, 1998: 409 (misidentification)

Range: The Solomons Archipelago.

Adult Characteristics: Male similar to *D. eagon*, above, as well as to the male usually associated with *D. affinis* (see notes following *D. eagon*, above) and *D. smilis* Hewitson (Burma to northern Australia). Larger than *D. eagon*, fw long, narrow, apex angular (fw more squat, apex more rounded in *D. eagon*). Ups blue areas dull slate-blue (cobalt blue in *D. eagon*). Uns dark brown with prominent pale unh costal patch. Genitalia typical of the group, valve median lobe large, flattened (rounded in *D. eagon*); valve apices long. Female unknown.

Flight/Habitat: No information.

Host-plants: Not known. See *D. affinis* (above).

Distribution: Known from two males from Guadalcanal.

Note: Parsons (1998: 409) placed *affinis* as a subspecies of *Virachola* [=*Deudorix*] *democles* from Australia. A Guadalcanal male illustrated as *democles affinis* (Parsons, 1998: pl. 63, figs. 1737, 1738) is the paratype of *D. wabens*.

5. 초이셀 젊은이의 편지

NATI
Fote Campus
SICHE
P. O. Box 18
Malaita Province.

* General Manager
Eagon Forest Development Co.
P. O. Box 529
Honiara.

17/9/98.

Dear sir,
SPONSORSHIP

I take this opportunity to record my sincere and humble thank and appreciation to you and your company for the most valuable financial assistance given to me in sponsoring my tertiary education at the SICHE for the last 2 (two) years.

I am looking forward to my successful 1998 year-end completion of my agricultural course and to my Career in the agricultural field next year onward or for further continuation on further study agriculture.

Thankyou for being such a wonderful company in assisting such a student such as my self without whose financial assistance we can never able to acquire higher tertiary education for the benefit of ourselves and our nation and people. Concerning my academic performance I really do a best result from last year 1997 and also for this year 1998 last first semester. And I am for sure will do my very best for this last second semester for my very good results.

Thankyou once again

Yours sincerely

Everleyn Qilakiu
Sponsored student (EAGON)

* 호주 뉴질랜드 지역에서 general manager는 일반적으로 사장을 뜻함

5-1. 초이셀 젊은이의 편지(번역)

친애하는 사장님께

지난 2년 동안 솔로몬 군도 전문대학(SICHE)에서 제가 학업을 잘 할 수 있도록 사장님과 이건산업이 저에게 귀중한 재정지원을 해주신 데 대해 마음에서 우러나오는 감사를 드립니다.

저는 1998년에 농학과정을 잘 끝내고 내년에는 농학 실무 분야에서 일해 경력을 쌓든가 또는 농학과정을 더 공부할 계획입니다.

저 같은 학생에게도 재정적인 도움(장학금)을 주신 훌륭한 회사에 감사합니다. 이러한 재정적 도움으로 우리들과 솔로몬 군도 그리고 국민이 유익한 고등교육을 받을 수 있게 되었습니다. 저의 공부 성적에 대해 말씀드리면, 저는 1997년과 1998년 1학기에 좋은 성적을 받았습니다. 그리고 이번 학기에도 아주 좋은 성적이 나올수 있도록 최선을 다하겠습니다.

다시 한번 감사를 드립니다. 안녕히 계십시오.

1998년 9월 17일

말라이타 주의 SICHE, 포테 캠퍼스에서
이건산업으로부터 장학금을 받은 학생
기라키우 에벌린 올림

6. 몰리병원 진료활동

(단위 : 명)

연도	유아출산	유아면역주사	외래환자	입원환자
1989	6	113	2,105	78
1990	21	214	6,224	136
1991	41	325	7,562	147
1992	36	347	10,995	163
1993	46	425	9,638	166
1994	45	385	8,882	171
1995	42	693	9,089	164
1996	40	338	6,119	121
1997	50	389	4,261	55
1998	25	452	4,104	44
1999	32	506	5,284	53
2000	34	418	3,551	53
2001	39	439	2,618	57
2002	31	510	2,696	56
계	478	5,554	83,128	1,464

7. 1983년도 제1차 지상 산림조사 현지인 명단(서북부 초이셀)

(1) 남쪽팀(18명)

Philip Naolomo	Peter Vuquru	Robin Reqabule
Luke Matarikisi	Ellae Tana	Geral Makoy
Watson Siba	Riggie Saevopala	Stephen Podokana
Jack Taraloda	Levi Tokona	Lawrence Supala
Benjamin Tatana	Lamech Mikibatu	Luke Pitakaka
Grahme Tovekolo	Philemon Apele	Allan Ukipitu

(2) 중앙팀(18명)

Joseph Daisaru	Gabriel Gavere	Gabriel Vanakana
Michael Tukenao	Alpheus Kapisibatu	Savona Baksaru
John Belili	Edwin Kimata	John Busi
N. Biloko	P. Gerando	Lud Bendley
Luke Visara	Peter Telovaka	Samuel Vulekana

3) 북쪽팀(18명)

Greenfield Megabule	James Bara	Greenville Jamuru
Mesach Jele	Beverly Kubebatu	Willie Pitakaji
Gordon Pitakaka	Adias Mago	David Niabana
Dudley Vachorobatoho	Morris Raeta	Jairus Tagele
Graham Pitakia	Timothy Tipala	Silas Vudukesa
Trevor Sosimo	Andrew Lokuru	Peterson Dorovoqa

* 베이스캠프 지역(2명)

Keleb Subuna   Robert Geral

* 총원 56명

8. 1983년 초이셀 마을 조직자 명단(23명)

Ward(구)	이름	마을
12	Teinamati Mereki	Nikumaroro
	Tebaua Takaia	Arariki
13	Nelson Sogati	Varuqa
	Beasa Zesapa	Tingibangara
	Philip Lago	Nuatabu
14	Jonathan Qalokisa	Pangoe
	Emu Nenele	Kamaqa
15	Isa Valaka	Koloe
	Nason Zaqe	Susuka
	Selverio Rusu	Kalekubo
16	Cornelius Aluva	Ogo
	John Salevolomo	Vurango
	Anthony Asavalaka	Sirovanga
17	Lucas Sore	Sipokana
	Vanavae Luke	Maqatarava
	Livitcus Pelesebatu	Voza
	Milton Buta	Vagara
18	Thadeaus Rukumana	Sasamunga
	James Takubala	Boe
19	Nathan Maqasa	Katurasele
	Gordon Qalosadere	Tuzu
	Pentani Poloso	Loloko
	Kamai Pitamama	Liruni